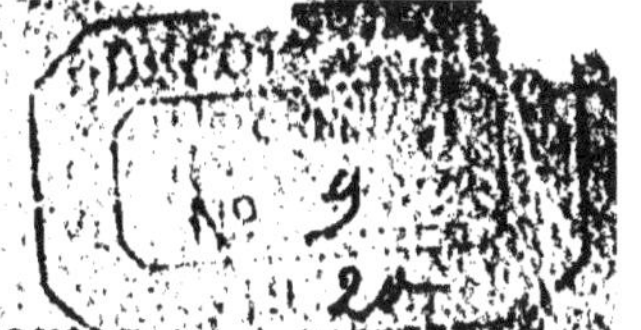

SOCIÉTÉ GÉNÉRALE D'ÉDUCATION ET D'ENSEIGNEMENT

L'Enseignement Secondaire Féminin

PAR

Fénelon GIBON

SECRÉTAIRE

DE LA SOCIÉTÉ GÉNÉRALE D'ÉDUCATION ET D'ENSEIGNEMENT

Avec une lettre d'approbation
de Son Éminence le Cardinal de Cabrières
ÉVÊQUE DE MONTPELLIER

PRIX : 6 FRANCS

AUX BUREAUX
DE LA SOCIÉTÉ GÉNÉRALE D'ÉDUCATION ET D'ENSEIGNEMENT
14 bis, rue d'Assas
PARIS (VIᵉ)
1920

L'Enseignement Secondaire Féminin

SOCIÉTÉ GÉNÉRALE D'ÉDUCATION ET D'ENSEIGNEMENT

L'Enseignement Secondaire Féminin

PAR

Fénelon GIBON

SECRÉTAIRE

DE LA SOCIÉTÉ GÉNÉRALE D'ÉDUCATION ET D'ENSEIGNEMENT

Avec une lettre d'approbation
de Son Éminence le Cardinal de Cabrières
ÉVÊQUE DE MONTPELLIER

PRIX : 6 FRANCS

——— >|< ———

AUX BUREAUX
DE LA SOCIÉTÉ GÉNÉRALE D'ÉDUCATION ET D'ENSEIGNEMENT
14 bis, rue d'Assas
PARIS (VI·)
1920

Le 15 Octobre 1919.

Honoré Monsieur,

Vous avez bien voulu me demander de lire et d'approuver le travail que vous aviez rédigé avant la guerre et que vous venez de compléter sur l'Enseignement secondaire féminin. Ce sujet est de ceux qui ne peuvent pas être indifférents à un Évêque, encore moins à un Cardinal de la sainte Église.

Votre nom, d'ailleurs, Monsieur, et vos longs services auprès de la Société d'Éducation recommandent à la confiance et à l'attention sérieuse de tous les Catholiques les écrits que vous publiez, tous empreints de sagesse, d'érudition et de piété, et tous animés de l'ardeur de la foi la plus vive et la plus éclairée.

Qu'il faille aujourd'hui s'occuper, avec le plus grand soin, de l'instruction et de l'éducation des jeunes filles, nos ennemis nous dispensent de le démontrer, puisqu'ils ont fait à cet égard tout ce qui leur a été possible, afin de généraliser cet enseignement, de le rendre facilement accessible aux familles et aux élèves, et de leur donner, chez eux, tous les avantages que peuvent assurer la protection spéciale et la faveur de l'État.

Et du moment que les futures épouses et les futures mères sont ainsi, de par les lois civiles, et avec tant d'avantages précieux, remises à la discrétion de

*maîtres ou de maîtresses qui ne sont pas souvent préoc-
cupés de servir utilement les intérêts religieux de ces
jeunes filles, il est évident que les Catholiques, avec
leurs ressources, diminuées par tant de causes,
doivent encore essayer de créer des Écoles normales,
ou du moins des Écoles préparatoires plus modestes,
dans lesquelles les jeunes catholiques, appelées, par
une sorte de vocation, à s'occuper de l'enseignement
pourront apprendre d'abord les connaissances convenables et ensuite les moyens de les communiquer.*

*Votre travail si documenté montrera, d'une part,
quels sont les dangers d'une instruction assez étendue, quand elle est volontairement isolée de la religion, et d'autre part, comment on pourrait, dans nos
écoles libres et dans nos couvents, si Dieu nous permet de les rouvrir, ajouter à la perfection traditionnelle de l'éducation celle, nécessaire aussi, de l'instruction qui, chez nous, ne doit pas être donnée
contre la vraie foi, mais pour elle.*

*Les derniers renseignements dont vous l'avez enri-
chi sur les délibérations de la commission extra-parlementaire ajoutent à l'actualité de cet ouvrage.*

*Je suis sûr, Monsieur, que personne ne lira votre
nouveau livre sans en tirer un profit personnel et
sans y puiser le désir de rendre plus général, dans
tous les milieux chrétiens, le dévouement aux œuvres
d'enseignement créées et propagées en faveur des
jeunes filles françaises.*

*Agréez, Monsieur, mes humbles félicitations et
mon respect.*

✝ A. Cardinal DE CABRIÈRES.

AVANT-PROPOS

On se propose d'exposer ici, d'une part, les origines, l'esprit, les programmes, la combativité, les développements, les ressources et les crises mêmes d'un enseignement d'Etat qui compte quarante ans d'existence ; — d'opposer à l'enseignement officiel l'orientation, le mouvement, les programmes et plans d'études, les succès grandissants des libres initiatives, sans en dissimuler les lacunes. Les conditions dans lesquelles l'enseignement secondaire peut être légalement donné aux jeunes filles sont l'objet d'une étude approfondie, hautement justifiée par la pensée maîtresse, inspiratrice de cet ouvrage sur l'Enseignement secondaire féminin : *Stimuler les catholiques dans l'amélioration et l'extension incessantes d'un enseignement que l'Etat prétend nous ravir pour déchristianiser la France et que notre foi nous impose le devoir de lui disputer*.

M. Etienne Lamy, dans son beau livre : *La Femme de demain*, dont les enseignements sont d'hier, observait justement que, « si la femme d'aujourd'hui, chrétienne toujours, regarde le combat au lieu de le livrer, la responsabilité de ce grand mal n'est pas à elle, mais à son éducation ».

Elle a encore l'éducation des temps de paix, celle qui forme à vivre selon des croyances universellement acceptées : elle n'a pas l'éducation des temps de lutte, celle qui instruit à soutenir ses croyances contre les objections de l'histoire, des sciences, de la philosophie. Elle continue à être formée surtout aux connaissances de détail qui la rendent agréable, et aux habitudes pieuses qui doivent maintenir dans le devoir sa vie individuelle (1)...

L'éducation peut être sérieuse à tous les degrés d'enseignement. Elle sera telle, si elle apprend à chaque femme le défaut des lieux communs et des sophismes, qui ont faveur où elle est appelée à vivre. Qu'à l'appui de ses croyances, cette femme possède un choix

______

(1) Et. Lamy : *La Femme de demain*, pp. 278, 279.

bien ordonné de raisons et de faits ; qu'elle se sente capable de défendre les vérités de tous les temps par les armes de son temps : la femme d'aujourd'hui redeviendra, pour l'homme, la collaboratrice qu'était la femme d'autrefois (1).

Pour rétablir les forces perdues, la coopération de l'homme et de la femme est nécessaire. Le premier effort incombe à l'homme, qui doit ce secours à la femme :

Plus le chrétien réfléchira, plus il comprendra que l'élan de notre temps pour la science est un élan vers la vérité ; que, si le savoir superficiel contient un péril pour la foi et la morale, un savoir plus profond apporte des appuis à l'un et à l'autre, et que la vérité ne se contredit pas. Il sentira que la femme a besoin, comme l'homme, de ces témoignages, de ces preuves, de ces clartés. Il partagera avec elle généreusement le bien qui leur est commun. Il aura, s'il est conséquent avec lui-même, plus de sollicitude, de fiertés et d'ambitions, pour l'associée au foyer durable, de la vie entière et des espérances immortelles, que le sceptique et le matérialiste pour la voisine de hasard, l'amie de plaisir, la compagne d'un jour. Et plus il s'inspirera de ses croyances pour rendre la femme instruite, honorée, influente, plus il fera un acte habile ; mieux il la servira, mieux il se servira (2).

Ces judicieux conseils de l'éminent académicien, Mgr Dupanloup les eût certes ratifiés, dans son expérience consommée d'éducateur.

Non seulement l'illustre évêque d'Orléans voulait que nos jeunes filles fussent expertes et actives à la conduite matérielle de leur maison ; mais, à la fois disciple de Fénelon et devancier de nos féministes chrétiens d'aujourd'hui, il réclamait pour elles une large participation à la vie intellectuelle. Il eût surtout été ravi, lui le grand promoteur de l'instruction féminine, au spectacle de ces jeunes filles qui mettent leur coquetterie à préparer, avec leurs frères, le « latin-grec » ; qui envisagent la vie comme une chose sérieuse, et non comme un conte de fées.

L'étude qui va suivre ne peut que gagner, semble-t-il, à se retrancher derrière ces hautes autorités.

La question qui se pose tout d'abord est celle de savoir s'il y a, ou s'il n'y a pas un enseignement secondaire féminin. L'enseignement secondaire a-t-il une existence légale ? (L. II, chap. v.)

(1) Et. LAMY : *La Femme de demain.* p. 281.
(2) IDEM, *Ibid.*, p. 283.

En droit, non, puisque l'Etat ne reçoit pas de déclaration d'établissements secondaires féminins, sauf dans le cas, très rare encore, où la Directrice pourrait justifier non seulement des diplômes secondaires, mais encore d'un stage de cinq ans dans des établissements reconnus par l'Etat comme secondaires.

En fait, les cours primaires font, très souvent, de l'enseignement secondaire, c'est-à-dire préparent au baccalauréat, de préférence au brevet ou concurremment avec le brevet. L'enseignement secondaire libre des jeunes filles a, parfois, des programmes de fortune ; souvent, le baccalauréat est préparé en deux ans, avec cinq heures de latin par semaine ; ailleurs, cet enseignement est encore réduit.

Quant au programme, très intéressant, élaboré par le *Comité d'Enseignement secondaire féminin* de la *Société Générale d'Education et d'Enseignement* (l. II, chap. III), il convient d'observer que cet enseignement, très libre, très souple, que rien ne réglemente, s'adaptant aux circonstances et aux esprits, donne de bons résultats ; qu'il faudra veiller seulement, pour éviter qu'il devienne un minimum dont on soit tenté de se parer pour briller, et qui ne laisse aucune trace de formation sérieuse.

Cet ouvrage allait paraître lorsque la guerre éclata. On s'est efforcé de le mettre à jour, notamment en prolongeant les statistiques des établissements d'enseignement libre jusqu'au mois d'octobre 1918 et en publiant les intéressantes résolutions présentées par la *Commission extra-parlementaire de l'Enseignement des jeunes filles* qui s'est réunie, ces deux dernières années.

Le *projet de relèvement des traitements des fonctionnaires des lycées, collèges et cours secondaires des jeunes filles* (Extrait du projet de loi déposé à la Chambre des Députés le 21 mars 1919, annexe n° 30) suggère une dernière observation : Son entrée en pratique aura certainement pour effet d'enrayer la crise du recrutement de l'Enseignement public des jeunes filles. Elle devra aussi stimuler la générosité des catholiques pour accroître les ressources indispensables à nos établissements libres d'éducation ; ils se souviendront que la prospérité de ces maisons si méritantes est intimement liée aux meilleurs intérêts de la France chrétienne.

LIVRE PREMIER

L'ENSEIGNEMENT PUBLIC

CHAPITRE PREMIER

Il devient de plus en plus rare de rencontrer des hommes qui nient l'action prépondérante de la Franc-Maçonnerie sur le régime que nous subissions avant la guerre. Nous nous attachons ici à faire tomber la dangereuse illusion de ces « gens sages ». Que la Franc-Maçonnerie ait eu le pouvoir de faire traduire en actes les résolutions des Loges, on se sait en mesure de le démontrer péremptoirement, dans l'ordre d'idées que l'on aborde. Il suffira, à cet effet, de rapprocher les origines et l'esprit de l'enseignement d'État : après quoi, la preuve sera faite, victorieuse (1).

§ I. — Les origines
et l'esprit de l'enseignement d'Etat.

La filiation maçonnique se dégage, irrécusable, de ces recherches que viennent éclairer les affiliés de marque, portés par les FF. ∴ à la tête de nos grandes administrations publiques, à l'époque où il fallait enlever le vote de la loi de 1880. La Franc-Maçonnerie se manifeste la décisive inspiratrice de l'entreprise antichrétienne qui s'attaqua aux croyances comme aux droits de la femme ; son travail souterrain ne date pas d'hier, on en pourrait citer de nombreux exemples.

C'est ainsi que le F. ∴ Ch. Cousin, celui-là même qui, en qualité de vénérable de la loge la Clémente Amitié, initia M. J. Ferry le 8 juillet 1875 et qui devint

(1) Cette preuve se dégage, irrésistible, notamment de l'ouvrage : *Les Sociétés secrètes et la Société*, par N. DESCHAMPS, avec préface de Claudio JANNET, t. II.

grand maître, a pu donner le mot d'ordre suivant, par
circulaire, à toutes les loges maçonniques de France (1) :
« Il n'est pas une grande question religieuse, politique
ou sociale dont nos ateliers n'aient préparé la solution.
AVANT TOUT, *réformons et développons l'instruction et
l'éducation des femmes.* TOUT LE RESTE NOUS VIENDRA PAR
SURCROIT. C'est le mot de la fin, mes FF∴. » — Oui,
ajouterons-nous, la fin de toute dignité au foyer domestique, de toute saine influence chrétienne ; la libre vie
substituée à la foi et à la bonne éducation.

C'est ainsi que le député Colfavru, haut dignitaire de
la Franc-Maçonnerie en même temps que membre influent
de la Chambre, ne craignait pas de déchirer tous les
voiles, s'il en pouvait rester :

Il ne faut pas oublier, écrivait-il dès avril 1887 (tous les journaux ont reproduit ses déclarations), que *nous sommes deux cents
députés francs-maçons à la Chambre,* que nous sommes l'ennemi
du cléricalisme et celui que l'Eglise craint le plus. La Franc-Maçonnerie française n'a plus aucun caractère religieux... *Notre
influence est indiscutable...* Nous avons été les pires ennemis de
l'Empire, *comme nous sommes aujourd'hui les plus actifs alliés
de la République radicale,* mais nous sommes une société secrète
agissant secrètement... N'est-il pas ridicule de supposer que notre
organisation puisse être l'objet d'une remontrance ministérielle,
alors que nous sommes les plus ardents défenseurs de la liberté
et de la libre pensée républicaine ?

Nous pourrions ainsi fournir de nombreux témoignages
qui établiraient l'étroite corrélation entre les origines et
l'esprit de la législation sur l'enseignement secondaire public des filles, entre le mot d'ordre des Loges
et sa traduction littérale, servile dans les actes législatifs. « Il faut que la femme n'appartienne plus à
l'Eglise, mais à la science. » La transformation a été récla-
mée dès 1870 par J. Ferry, devenu, en 1880, l'exécu-
teur des complots de cette démocratie, condamnée sous
peine de mort, selon son expression, à enlever la femme
à l'Eglise.

(1) *Le Monde maçonnique,* novembre 1885. La pièce dont on extrait
ces lignes est une sorte de testament spirituel que le grand maître
démissionnaire adresse à tous les maçons de France.

Il s'agit, avant tout, de détruire l'influence du clergé sur la femme, et la loi du 20 décembre 1880 rentre dans le plan de campagne contre l'Eglise ; elle est, au premier chef, une loi de combat contre l'enseignement chrétien. Avant d'être réduit en article, ce projet, on vient de le voir, fut longuement élaboré dans les Loges maçonniques. Il ne paraît pas d'ailleurs essentiel à notre thèse de suivre pas à pas la discussion de la loi : MM. Chesnelong, Keller, de Broglie, Jules Simon, de Ravignan, Fresneau, ont opposé aux H. Martin, J. Ferry, Ferrouillat et Camille Sée des considérations aussi fortes qu'élevées qui, devant des Chambres moins sectaires, eussent amené le retrait de la loi. Le docteur Camille Sée, son principal promoteur, est un franc-maçon juif. La filiation de la loi de 1880 se résume en une ligne : la Juiverie a imposé cette réforme aux Loges, les Loges aux Chambres et les Chambres au pays.

Nos adversaires n'ont cessé de déclarer que l'œuvre de déchristianisation de la France n'aurait atteint son plein succès que lorsque les femmes auraient, toutes, reçu l'éducation laïque. Telle est l'opinion dès longtemps professée dans les Loges. Telle fut la pensée portée à la tribune par le premier auteur de la loi qui a établi les lycées de filles, le juif Camille Sée. Dans son rapport à la Chambre, il disait : « Tant que l'éducation des femmes finira avec l'instruction primaire, il sera presque impossible de vaincre les préjugés, les superstitions, la routine. »

La routine, c'est l'Evangile, ce sont les traditions léguées par dix-neuf siècles de christianisme ! M. Sée parlait ainsi dès 1880.

Pour rendre compte de tant de fanatiques violences servies par la savante hypocrisie des lois, il convient de présenter ici une rapide revue du rapport de M. Camille Sée. De remarquables travaux du R. P. Lescœur ont victorieusement établi, dans les Congrès catholiques de 1883 et de 1884 — et nous nous en aiderons, — que « le projet, devenu une loi aujourd'hui appliquée, est sorti de toutes pièces des Loges franc-maçonnes, comme Minerve est sortie tout armée du cerveau de Jupiter ».

Nous insistons à dessein sur cette corrélation, l'idée maîtresse qui domine la présente partie, rétrospective, de cette étude.

Il fallait, tout d'abord, dissimuler le véritable but de la loi : nul n'était plus capable que le F.·. Ferry d'opérer une aussi perfide diversion (1) :

Comment ! un mouvement qui tend à relever l'instruction des femmes dans notre pays constitue une campagne contre l'Eglise ! Parler aux filles de la France de l'histoire nationale, des sciences naturelles, les habituer à se servir de leur raison, leur enseigner la morale, tout cela constitue une guerre faite à l'Eglise ! Enfin, avoir placé dans un domaine plus relevé, plus libre, plus indépendant, l'enseignement religieux, le remettre dans des mains plus compétentes, les seules compétentes pour le donner, c'est bannir de l'école l'enseignement religieux !... Il n'y a sans doute pas en France une religion d'Etat, mais il n'y a pas non plus une irréligion d'Etat ! La loi en discussion marque notre respect pour la liberté de conscience !

Et, répondant à M. Chesnelong qui s'était fait l'interprète éloquent de tous les catholiques, il l'accusait superbement de vouloir, au nom du parti théocratique, « l'écrasement de la science, la science servante de la théologie. — Pour nous, ajoutait l'impudent ministre, nous, les représentants, les chefs de l'Université, nous voulons la liberté, l'indépendance de la science ; voilà de quel esprit nous voulons pénétrer les nouvelles écoles de filles : c'est

(1) C'est une tradition de la *Ligue de l'Enseignement* de présenter toutes les attaques contre l'enseignement chrétien comme des progrès de l'instruction populaire. Les lois des 28 mars 1882 et 30 octobre 1886 ont été défendues avec le même caractère d'hypocrisie que la loi sur l'enseignement des filles. Notez que M. Gréard, vice-recteur de l'Académie de Paris, qui seconda si efficacement l'action de M. Sée, appartient, lui aussi, à la Franc-Maçonnerie. Il semble que M. Gréard soit devenu maçon vers le même temps que M. J. Ferry. M. Gréard est affilié à la Loge des Amis bienfaisants (*Chaîne d'Union*, 1877, p. 37, citée par Deschamps, t. II, p. 455). — En joignant aux noms des FF.·. J. Ferry et Camille Sée celui du F.·. Gréard, on se rend compte que les trois hommes qui ont exercé pratiquement une influence considérable sur l'enseignement public durant ces dernières années, sont les hommes-liges de la Franc-Maçonnerie.

de cet esprit-là et non d'un autre. Nous ne voulons pas faire des femmes savantes, des femmes incrédules ; non, mais des femmes qui sachent raisonner. »

L'enseignement donné par l'Etat à la jeune fille — avec l'argent que nous savons — aura donc pour effet de « substituer l'école au couvent, où cette pauvre jeune fille a trop longtemps gémi, soumise à je ne sais quel entraînement mystique, dont la conséquence peut être de *détruire en elle le libre arbitre*, de l'abstraire de la vie terrestre, *au point de ne plus avoir la notion exacte du bien et du mal* ». Ainsi, concluait M. Camille Sée : « La femme, c'est-à-dire la moitié de la France, celle qui est appelée à exercer le plus d'influence sur l'autre. n'est pas instruite. Elle ne l'est pas, parce que son ignorance est la condition même du rôle que le clergé lui fait jouer, de l'action qu'il l'appelle à exercer. Il ne veut pas qu'elle soit instruite, parce qu'instruite elle échappe à sa direction. »

D'aussi odieux travestissements devaient ramener ce grand esprit à la théorie des *deux Frances,* qu'entretient au cœur du franc-maçon un amour-propre tout paternel. « C'est l'enseignement de l'Etat qui rétablira l'unité. L'Etat donne l'enseignement dans les lycées de jeunes garçons (1) : il devra *a fortiori* le donner dans les lycées de jeunes filles, je dis *a fortiori,* parce que l'enseignement que ne donne pas l'Etat est, en France, accaparé par le clergé. » — Voilà bien le dernier mot de la consultation de ce docteur infaillible !

Le ministre de l'Instruction publique et le directeur de l'enseignement secondaire emboîtent le pas derrière

____

(1) Veut-on avoir la réfraction de ces lumineuses vues ? Que l'on écoute le député Chalamet, celui même qui eut son heure de gloire comme sous-secrétaire d'Etat à l'Instruction publique : « Il y a, en France, un enseignement secondaire donné, au nom de l'Etat, dans 80 lycées, dans 230 collèges, qui s'adresse à 80.000 garçons. Nous voulons que ce même enseignement soit donné, au nom de l'Etat, aux sœurs de ces garçons. Voilà, Messieurs, une lacune que nous voulons combler. Et puis, vous serez libres, Messieurs qui n'êtes pas partisans de l'Etat, de ne pas y envoyer vos filles, vos sœurs : personne ne vous y obligera. »

M. Camille Sée, champion des Loges maçonniques : ils se félicitent du développement de leurs nouveaux établissements de filles, même dans les milieux les plus réfractaires en apparence, ajoutent-ils avec leur coutumière imposture.

Les promoteurs de l'enseignement laïque vont répétant partout que personne, avant la Révolution, ne songeait à l'éducation des filles : ils ne font que répéter les mensonges de Lakanal. L'idée de créer pour les jeunes filles des collèges et lycées, déjà exposée par Condorcet et Lakanal, appartient bien en propre à la Révolution, et c'est à notre époque qu'était échu le triste honneur de la mettre en application. Le véritable enseignement secondaire ne devait paraître avec la loi Camille Sée qu'en 1880. Et, n'en déplaise à la Revue (1) destinée à former l'esprit de la nouvelle éducation féminine, cette éducation a pour patriarches, admirés et célébrés dans tous les lycées de filles, Condorcet, un matérialiste voltairien, et Lakanal, un prêtre défroqué : l'israélite Camille Sée et les autres ne peuvent se réclamer que du titre de parrains.

Ce baptême, selon le rite maçonnique, a été réglé de compte à demi avec la *Ligue de l'Enseignement*. En voici une preuve palpable.

Le Congrès de la *Ligue de l'Enseignement*, tenu à Rouen en 1886, avait manifesté solennellement sa sympathie en faveur des institutions chères à la libre pensée. Il avait exprimé « l'avis que la Ligue affecte désormais d'une façon plus spéciale le produit du sou des écoles laïques à la création de pensionnats laïques de jeunes filles dans les centres importants, chefs-lieux de département ou d'arrondissement qui en sont dépourvus. Il appartiendra au Conseil général de la Ligue, avait-il conclu, de porter ce vœu à la connaissance de tous les cercles, de déterminer les moyens d'action et la mesure dans laquelle il pourra prêter son concours moral et

---

(1) *L'Enseignement secondaire des jeunes filles*, revue mensuelle, fondée et dirigée par Camille Sée, avec le concours de Carnot, E. Legouvé, Henri Martin et Germain Sée (Lib. Cerf, 13, rue de Médecis).

matériel à l'œuvre des pensionnats laïques de jeunes filles. »

Nous faisons grâce aux lecteurs de toutes ces élucubrations maçonniques, des déclamations sur le relèvement de la France par la virile éducation de la femme, sur Rome la cité cosmopolite, etc. Nous arrivons à la justification du système; c'était la digne conclusion d'aussi odieuses prémisses :

Depuis quelques années, en effet, ému, à juste titre, de la situation déplorable dans laquelle se trouvent les jeunes filles confiées à des mains cléricales, le gouvernement de la République a pris à tâche de combattre ces institutions perverses en ouvrant le plus grand nombre possible d'écoles primaires laïques, en créant des cours d'enseignement secondaire et des collèges de jeunes filles, en confectionnant, pour ces écoles et ces cours, des programmes en harmonie avec les besoins de l'époque.

Satisfecit bien naturel quand on songe à l'étroite corrélation des complots de la *Ligue de l'Enseignement* et des actes législatifs, des volontés sectaires et des institutions qu'elles ont réalisées durant une ère de persécution que nous espérons définitivement close ! Voilà bien, dépourvue de toute équivoque et telle qu'elle parut alors dans son odieuse crudité, la profession de foi maçonnique !

Mais il eût été difficile d'invoquer auprès des masses d'aussi révoltantes considérations. Les fils de Voltaire savent le pouvoir de la calomnie : ils ont donc usé d'une double calomnie, l'une, à l'adresse de l'Eglise catholique, qu'ils présentaient comme l'amie intéressée de l'ignorance féminine ; l'autre, à l'adresse des instituts étrangers pour l'éducation des femmes, qu'ils prétendaient imiter.

(1) *Revue des Travaux de la Maçonnerie de la région du Nord*, publiée sous la direction du chapitre la *Fidélité sub-rosâ*, novembre 1886. Lille, 24, rue de Lens.

Leur première calomnie consistait à soutenir que l'Eglise ayant intérêt à maintenir les femmes dans l'ignorance, l'Etat comblait une lacune en s'emparant de leur éducation.

Quelques extraits des *Lettres de Mgr Dupanloup sur l'éducation des filles*, lettres que Fénelon eût signées, et qui demeureront l'un de ses impérissables titres à la reconnaissance des catholiques, seront notre décisive et courte réponse :

Les droits des femmes à la culture intellectuelle ne sont pas seulement des droits, mais en même temps des devoirs. Le travail intellectuel doit avoir sa place réservée parmi les occupations qui leur sont propres et parmi leurs obligations, dans la mesure où elles en ont la possibilité et l'aptitude (1).

L'éducation de la femme ne doit laisser sans culture aucune des facultés dont elle est douée. Négliger dans l'éducation un des côtés, une des puissances de la nature féminine, c'est rompre infailliblement, dans cette nature, l'équilibre et l'harmonie ; c'est, avec une lacune, créer tout à la fois une souffrance et un danger. La règle, la règle véritable et évidente, c'est la culture complète, c'est l'expansion entière, c'est le plein et harmonieux développement de tout ce qui constitue la richesse, la force et la beauté de cette créature.

Les préjugés du monde, qui poussent à la mutilation de l'éducation dans la femme, à l'étouffement de telle ou telle de ses facultés, sont odieux et barbares. Mais quelque chose encore de plus odieux, je ne craindrai pas de le dire, c'est la complicité qu'on voudrait établir parfois entre les préjugés mondains et la piété. Au nom de la piété et de la vérité chrétienne, vouloir étouffer les dons de Dieu dans une âme ! Mais ce serait un attentat, non pas seulement contre cette âme, mais contre Dieu lui-même (2).

Gardons-nous d'entendre la piété de cette sorte ; comprenons, au contraire, que, la perfection chrétienne étant la beauté complète de l'âme reconquise par la vertu, on ne peut y parvenir par la mutilation des facultés et des dons de Dieu, mais par leur entière et parfaite consécration au service de Dieu (3).

(1) *Lettres sur l'éducation des filles et les études qui conviennent aux femmes dans le monde*, par Mgr Dupanloup. 8ᵉ édition, 8ᵉ lettre : les grands principes, p. 92. Libr. Téqui, 1911.

(2) *Ibid.*, 10ᵉ lettre : le plan divin, p. 124.

(3) *Ibid.*, même lettre, p. 125.

Quel est l'homme de notre temps qui avait les titres de l'illustre évêque d'Orléans pour faire, au nom des catholiques, d'aussi péremptoires déclarations? Combien stupéfiante est l'impudence des athées de nos jours : voilà qu'ils s'essayent à nous battre avec nos propres armes !

Leur seconde calomnie, d'une part, prétendait qu'en fait d'éducation des jeunes filles, la France a été jusqu'à eux la nation la plus arriérée du monde, et, d'autre part, alléguait comme modèle les nations étrangères :

Mais, voyez le malheur! Quand ils nous citent les pays étrangers, ou bien on se trouve en présence de vrais lycées d'État comme en Russie, et l'on sait quels foyers de nihilisme sont devenus ces collèges : triste argument, on en conviendra, en faveur du système de l'internat officiel qu'on s'efforce de créer chez nous; ou bien on allègue l'exemple de l'Angleterre, de l'Allemagne, des États-Unis; mais partout, dans ces illustres nations, je vois les institutions qu'on nous propose à imiter, fournir des arguments, non pas pour nos adversaires, mais pour nous-mêmes, c'est-à-dire contre l'enseignement donné directement par l'État et surtout contre l'enseignement laïque, je veux dire d'où la religion soit systématiquement exclue; or, c'est là, nous le savons, le seul point auquel tiennent nos législateurs...

§ II. — L'organisation, les programmes
et les premiers résultats de la loi.

L'enseignement secondaire public des jeunes filles, ainsi que l'a excellemment dit Mgr Perraud, le cardinal évêque d'Autun, « prétend mettre la main sur l'enseignement secondaire des filles qui appartiennent à la bourgeoisie, au commerce, à la classe des gros fermiers et des agriculteurs aisés, en mettant à leur portée des établissements où l'appât d'études libérales, de programmes compliqués et fastueux, compenserait pour les parents peu scrupuleux ou inattentifs l'absence systématique d'instruction religieuse ».

L'organisation des cours d'enseignement secondaire

donne la genèse des lycées et collèges de filles. Les cours secondaires, pépinières de lycées et collèges, sont effectivement des établissements provisoires : ils constituent, en quelque sorte, des instruments de recherche permettant de sonder le terrain... C'est par les cours secondaires que nos adversaires ont commencé à implanter cet enseignement qui compte déjà plus de trente ans d'existence : on peut les suspendre sans grand inconvénient, quand ils n'ont pas le succès que l'on en attendait ; on les transforme en établissements réguliers, quand ils répondent à l'attente des administrations locales et de l'autorité universitaire (1).

De 1879 à 1887, 149 établissements divers ont reçu de l'Etat le nom de cours secondaires de jeunes filles, ou ont été autorisés par lui à prendre ce titre.

A l'origine, ces établissements étaient à peu près exclusivement ou des institutions libres encouragées par les villes et par le Gouvernement, ou des associations de professeurs subventionnés par les caisses municipales et le Trésor public. On s'aperçut bientôt que ces deux genres de cours secondaires étaient difficiles à développer et à faire durer.

Il y avait donc lieu de craindre un insuccès analogue à celui des anciens cours fondés sous le ministère Duruy en 1867 et en 1868.

Voici d'intéressantes informations, produites sur ce sujet par l'important ouvrage de M. Gréard (2). La sagacité des lecteurs fera les réserves que comportent ces quelques citations (3) :

(1) Il ne faudrait, pas toutefois, prendre trop à la lettre ces assurances de sympathie des municipalités pour le nouvel enseignement. Nous lisons, en effet, dans l'*Enseignement secondaire des jeunes filles*, revue qui exalte cet enseignement, que, sur 149 cours secondaires reconnus par l'Etat en 1881, 5 sont redevenus des institutions libres, 31 ont été entièrement supprimés, soit par des municipalités défavorables, soit par l'Etat, soit par des Associations de professeurs qui reconnaissaient que ces institutions végétaient (Livraison du 15 février 1905, pp. 77-78).

(2) *Education et Instruction : Enseignement secondaire*, I., par Oct. Gréard, vice-recteur de l'Académie de Paris, membre de l'Académie française. Libr. Hachette, 1887.

(3) Voy. Annexe C.

L'un des effets les plus marqués de la loi de 1850, à Paris particulièrement, a été le développement des cours dirigés par les femmes, lequel a presque triplé, de 1852 à 1867. Ce mode d'enseignement, sans limites précises et plus propre à répandre le goût de l'étude qu'à en élever le niveau, était bien dans l'esprit de la législation nouvelle ; et, en rendant l'enseignement plus accessible, la loi de 1850 avait relevé, pour ainsi dire, les femmes de la subordination dont elles se plaignaient. Aux termes de l'article 15, les hommes devaient obtenir du Conseil départemental l'autorisation de recevoir les enfants d'un autre sexe, et généralement le Conseil se montrait peu disposé à faire des exceptions. Un certain nombre de pensionnats avaient été transformés en externats sous le coup des circonstances ; plus d'un externat se transforma en cours. Les frais d'entretien étant relativement peu considérables, il était plus facile d'y offrir aux familles de la classe moyenne, dans des conditions douces, l'assistance ou la direction qu'elles cherchaient. Si d'ailleurs les hommes n'y régnaient plus en souverains, ils n'en étaient pas exclus, et c'étaient le plus souvent des professeurs de lycée qui apportaient à cet enseignement le concours justement estimé de leur savoir et de leur autorité. Quelques foyers universitaires étaient même devenus le berceau d'une éducation qu'on appelait non sans raison l'*éducation de famille*... Sur les 3.164 jeunes filles brevetées en 1881, 187 seulement sortaient des établissements publics, écoles normales, cours normaux, écoles primaires élémentaires ou supérieures : 3.005 (94 pour 100) étaient des élèves de l'enseignement libre (1).

Ce n'est pas d'aujourd'hui qu'on s'inquiète du danger de ce qu'on appelle, dans un langage emprunté à l'économie politique, la surproduction des brevets. D'actives associations cherchaient, pour leurs élèves, dans le développement d'une instruction professionnelle préparée par une solide éducation générale, un élément de sécurité matérielle en même temps qu'une garantie de dignité morale : le souvenir de Mmes Elisa Lemonnier, Jules Simon (2), Toussaint, Dufaure, Marchef-Girard, est inséparable de ces fondations, aujourd'hui consacrées par vingt ans de succès. Le premier essai de cette éducation remontait à 1856. Avec l'aide de quelques amies, Mme Lemonnier s'était employée à placer un certain nombre de jeunes filles pauvres dans des établissements où elles apprenaient un état. Ce fut le berceau de la *Société de protection maternelle pour les jeunes filles*, transformée huit ans plus tard (1864) en *Société pour l'enseignement professionnel des femmes*. L'école de la rue de la Perle, la première créée par la

(1) *L'enseignement secondaire des filles*, III, pp. 143-144.

(2) Voy. les rapports annuels de Mme Jules Simon, qui a succédé à Mme Elisa Lemonnier dans la direction générale. L'œuvre, qui a été fondée sous les auspices de Mme Dufaure, et qui comprend 25 établissements, porte le nom de *Société des écoles professionnelles catholiques*.

Société, comptait, au début de la première année, six élèves, à la
fin, quarante. Il n'y en a pas moins de six cents, aujourd'hui, dans
les quatre maisons de la rue des Francs-Bourgeois, de la rue de
Laval, de la rue d'Assas et de la rue de Reuilly, établies sur le
type de la première (1).

A la fin de l'année 1867, une Société se constituait, à la Sorbonne, sous le titre d'*Association pour l'enseignement secondaire
des jeunes filles*. Des professeurs éminents, des membres de
l'Institut, s'y inscrivaient, non pas seulement à titre de patrons,
mais comme professeurs, ayant à cœur de tenir leur place dans
les cadres. Ils avaient eux-mêmes défini leur rôle avec précision :
« L'Association, disaient-ils, a pour but de compléter l'instruction
des jeunes filles et de leur procurer le moyen de s'élever au-dessus des connaissances primaires par un enseignement analogue à
celui des établissements d'enseignement secondaire spécial pour
les garçons », c'est-à-dire par un enseignement fondé sur l'étude
des lettres sans les langues mortes, des sciences et des arts. Dès
l'année suivante, des cours reposant à peu près sur les mêmes
bases furent fondés dans les mairies des Ier, IIIe et XIVe arrondis-
sements. L'impulsion était donnée ; les créations se propagèrent.
Dans le ressort de Paris, Bourges, Chartres, Orléans, Reims, Vitry,
Versailles, Beauvais ; dans les autres Académies, cinquante villes
plus ou moins importantes furent dotées du nouvel enseignement (2).

Interrompus par la guerre de 1870, les cours eurent quelque
peine à reprendre, en 1871, dans les villes où ils existaient, et il
n'en fut créé qu'un petit nombre de nouveaux. En résumé, au
commencement de l'année scolaire 1886-1887, il existait en France
101 cours, recevant 4.206 élèves, et la part de l'Académie de
Paris, dans cet ensemble, était de 10 cours et de 746 élèves
(17,50 pour 100) (3).

M. Gréard dénonce le défaut capital des cours à l'époque, le flottement de la direction générale, le manque
d'ensemble d'éducation uniformément divisé :

La difficulté la plus considérable, la seule réelle à nos yeux,
c'est qu'au fond l'institution n'est pas réglée. Le défaut n'est pas
que le programme de l'enseignement embrasse, suivant les villes,
un plus ou moins grand nombre de matières. Ailleurs enfin, et
*presque partout, les cours ont le caractère d'une éducation abso-
lument libre*. Les élèves s'inscrivent sans avoir à justifier d'aucune garantie d'âge, de savoir ou d'aptitude. Où ont-elles été pré-

(1) *L'enseignement secondaire des filles*, III, pp. 145-146.
(2) *Ibid.*, p. 148.
(3) *Ibid.*, pp. 149-151.

parées et comment le sont-elles? Il n'importe ; il suffit qu'elles se présentent. Bien plus, elles ont le droit de choisir les enseignements qui leur conviennent, de les suivre tous ou de n'en suivre qu'un, de venir assidûment ou de ne paraître qu'à intervalles. Est-on sûr, au moins, qu'elles en profitent? Elles peuvent en fournir le témoignage ; elles n'y sont pas tenues (1)...

Telle n'avait pas été l'idée première du ministre sous le patronage duquel l'association avait été fondée, et qui voulait en faire le type d'une institution générale. Dans le plan de M. V. Duruy, les cours comprenaient un ensemble d'éducation régulièrement divisé en trois ou quatre années, chacune de six ou sept mois d'études, avec une ou deux leçons par jour, des devoirs remis par les élèves et des compositions mensuelles. On ne pouvait passer d'une année à une autre qu'après examen. L'enseignement complet avait pour sanction la délivrance d'un diplôme. C'était, en un mot, toute une discipline suivie.

Et c'est de cette pensée, appliquée à des établissements de plein exercice, lycées et collèges, qu'est sortie la proposition qui, déposée par M. Camille Sée le 28 octobre 1878, amendée par Paul Bert le 10 décembre de la même année, a finalement abouti, sous le ministère de M. J. Ferry, à la loi du 21 décembre 1880 (2).

Et de fait, des essais qui réussirent sur divers points du territoire avaient démontré, dès 1881, qu'un moyen sûr de prévenir les échecs auxquels M. Gréard avait fait allusion, consistait à créer, dans des locaux appartenant aux villes ou loués par elles, des établissements provisoires destinés à être transformés en lycées ou en collèges, et où l'enseignement, non gratuit, comprendrait non seulement des années secondaires, mais encore des classes primaires, et serait donné en partie par des dames et en partie par des professeurs hommes.

L'annexion des écoles primaires est, d'ailleurs, un mode de recrutement auquel l'administration recourt avec d'autant plus d'empressement qu'il y a là un trompe-l'œil intéressant pour l'opinion.

Les promoteurs des lycées de filles connaissent la magique influence de la bourse sur notre société positive : la bourse fut donc la solution vitale, et dans le début surtout, la principale source du recrutement des

<hr>

(1) *L'enseignement secondaire des filles*, pp. 155-156.
(2) *Ibid.*, pp. 158-159.

élèves. L'institution a été décorée d'un nom qui sonne agréablement à l'oreille ; la jeune personne, objet des faveurs administratives, s'appelle une « boursière nationale ! »

D'après l'article 3 de la loi du 21 décembre 1880, des bourses peuvent être « fondées par l'Etat, les départements et les communes au profit des internes et des demi-pensionnaires, tant élèves qu'élèves-maîtresses ». Une année s'était à peine écoulée, et un certain nombre de ces bourses était accordé, sous le nom de *bourses familiales,* à des élèves qui, tout en suivant les cours des lycées ou collèges, demeureraient chez leurs parents ou seraient logées et nourries, soit dans des familles, soit dans des institutions libres. Depuis, M. Goblet, ministre de l'Instruction publique, décida (26 octobre 1886) que les filles des professeurs et fonctionnaires des lycées de garçons seraient admises gratuitement, sans examen et sans distinction de classe, dans les lycées de filles ; que les fils des professeurs, hommes ou femmes, des lycées de filles, seront admis, avec les mêmes privilèges, dans les lycées de garçons. Le *Bulletin du Ministère de l'Instruction publique* témoigne combien ces préoccupations obsèdent les chefs qui se succèdent à la rue de Grenelle. Pour n'en citer que plusieurs, parmi les plus anciennes en date, rappelons les circulaires ministérielles du **28 juillet 1883,** du **3 décembre 1886,** du **20 janvier 1887,** ayant trait à l'extension des bourses.

.·.

Arrivons aux programmes et aux premiers résultats qui se dégagent de la loi de 1880.

M. Berthelot, ministre de l'Instruction publique, donne brutalement la note générale qui se dégage des nouveaux programmes. C'était au jour de l'enterrement solennel et très laïque de Paul Bert. Ecoutez l'éloge descendu des lèvres ministérielles sur la fosse du résident général de l'Annam :

Son rôle fut surtout éclatant dans les discussions qui préparè-
rent l'organisation nouvelle de l'instruction publique... Il vit que
*la grande œuvre de la République, c'était de former des généra-
tions oublieuses des vieux préjugés du trône et de l'autel...* Lorsqu'il a quitté la France, l'instruction moderne commençait à associer la femme à ses bienfaits et l'arrachait enfin à ces influences
rétrogrades que son éducation traditionnelle perpétuait dans la
famille... *Voilà l'œuvre fondamentale de notre temps.* Paul Bert a
été l'un des promoteurs de cette grande rénovation : cela suffirait
à sa gloire.

Quant à la préoccupation du sincère progrès des études,
de l'extension à donner aux matières de l'enseignement,
elle était bien peu de chose auprès de l'idée fixe de soustraire la femme à l'influence de l'Église. Oui, c'est une
nécessité de salut public, et le R. P. Lescœur, supérieur
de l'Oratoire de Paris, a pu dire en toute vérité : « L'éducation par l'État est devenue une sorte d'axiome indiscutable, une des formes de la liberté républicaine, la
partie essentielle et non revisable de la Constitution. »
L'article 4 de la loi désigne les matières nécessaires de
l'enseignement : la religion en est bannie, elle devient
facultative (1). C'est la stricte application du mot d'ordre
des Loges. L'enseignement religieux devra être, sinon
supprimé, du moins « rendu facultatif et complètement
séparé de l'enseignement civique, littéraire et scientifique, et donné en dehors de l'école (2) ». La religion,
dans l'éducation des filles comme des garçons, est désormais assimilée à un art d'agrément, la danse ou l'es-
crime, qui est donné facultativement aux enfants, suivant le désir ou à la demande des parents ; les prétendus
amis de la liberté de conscience mettent ce symbole dans
la circulation.
Admirez plutôt comme M. Camille Sée déguise cette
séparation ostensible, officielle, de l'enseignement « obligatoire » de toutes les parties du programme, y compris
la morale, et de l'enseignement « facultatif » de la reli-

____

(1) En revanche, la gymnastique, non moins que la chimie, fait partie obligatoire du programme.
(2) Conférence sur *l'éducation morale et l'enseignement.*

gion ! Quelle prudence cauteleuse, disons le mot qui s'échappe des lèvres franchement chrétiennes, quelle hypocrisie ! « S'il y a dans les classes enseignement de la morale commune à toutes les croyances, déclare le franc-maçon israélite, il y a enseignement, hors des classes, de la religion, conformément à la volonté des parents. »

Mensonge et duperie, reprendrons-nous, que cette séparation de l'enseignement religieux et de l'enseigne-ment littéraire. Ce que vous voulez et obtenez, c'est la ruine de l'éducation chrétienne ; vous savez bien qu'en entretenant la jeune fille dans le doute, sinon dans l'oubli de l'importance capitale de la religion, vous la familiarisez avec ce qu'il y a de plus mortel pour la conscience chrétienne. Vous savez que l'éducation est une œuvre d'ensemble, d'harmonie, d'unité, d'autorité, qu'un même souffle, qu'un même esprit doit animer les parties de ce tout ; mais vous avez froidement calculé qu'une âme de quatorze ans, de seize ans, ne résistera pas au conflit que vous provoquez entre le catéchisme et votre lycée de filles.

Les catholiques n'ont qu'une opinion sur cette soi-disant neutralité, qui est une véritable exclusion de l'enseignement religieux. Cette exclusion, voilà l'idée fondamentale qui a présidé à la nouvelle organisation. Pour le reste, le programme des études du nouvel enseignement a été emprunté le plus généralement aux établissements d'instruction supérieure de jeunes filles de la Suisse et de l'Allemagne (1).

Le programme officiel de ces études effraie, par l'immense étendue des connaissances qui s'y trouvent accumulées, au moins à titre de *desiderata*. Le cours est divisé en cinq années, sans parler d'une sixième année

(1) Dans ces derniers établissements, l'enseignement officiel de l'athéisme a déjà pénétré avec le « cours d'histoire des religions » préparé par l'introduction d'un cours de mythologie. — En France, on n'a osé introduire que plus tard le cours d'histoire des religions dans lequel le bouddhisme et le brahmanisme tiennent autant de place que le christianisme et le judaïsme. Quant au cours de mythologie, c'est-à-dire de religion grecque et latine, il a été déjà pratiquement introduit, bien qu'il ne figure pas sur les programmes officiels.

pour les élèves qui recherchent l'enseignement supérieur.
Il comprend la grammaire, la littérature grecque, la littérature latine et la littérature française, l'histoire, la géographie, les mathématiques, la chimie, la physique, l'algèbre, la géométrie, la cosmographie, l'histoire naturelle, les langues vivantes, le droit .suel, le droit constitutionnel, la physiologie, la philosophie, la psychologie, etc., etc. Il est à souhaiter qu'une bonne partie de ces programmes demeure, en fait, à l'état de lettre morte !

Ce programme a été sévèrement jugé, et à d'autres points de vue, par des esprits que l'on ne saurait taxer de cléricalisme.

Laissons de côté les programmes, les déclarations et les critiques qu'ils ont inspirés.

Les fruits déjà portés par le nouvel enseignement, pour avoir parfois belle apparence, sont souvent gâtés, presque toujours secs. Chacun a présente à l'esprit la saisissante peinture que M. Octave Feuillet présente, dans *la Morte*, des affreuses conséquences où, sans faire la moindre violence à la logique, peut être poussée la jeune fille qui aura puisé, dans un lycée de l'Etat, ces principes à l'aide desquels elle aura la chance d'appartenir « au même âge de l'humanité que son mari » dont la « superbe raison » se rit de la Bible et de Dieu. Les nouveaux établissements de l'Etat fournissent au romancier de précieux sujets, nous le voulons bien, mais les conséquences qu'ils entraînent réclament un impartial examen.

Nous appelons, comme autorités, M. Jules Simon, M. Francisque Sarcey, voire le *Cri du Peuple*, organes républicains indépendants, d'une compétence dont nous marquons les degrés ; tous reconnaissent que l'on a fait fausse route.

M. Jules Simon écrivait, dans le *Matin* du 29 décembre 1886, sous ce titre : « les Déclassés », les lignes suivantes où se retrouvent sa verve étincelante et son sens foncièrement droit :

Les écoles de filles préparent leurs élèves pour les brevets d'institutrices et sont des doublures des écoles normales. Ces belles institutions, qui coûtent 2 millions à la seule ville de Paris... font ce qu'on ne leur demande pas et ne font pas ce qu'on leur demande. Les jeunes filles qui aspirent au brevet d'institutrices peuvent entrer à Sèvres ou à Fontenay et, si elles poursuivent les grades universitaires, elles ont des lycées à leur disposition. Celles qui ont le brevet d'institutrices et qui sont incapables de tenir une école forment un gros régiment dans lequel on sait l'algèbre. On n'y sait pas être modeste, on y sait rarement être aimable. C'est ce régiment qui fournit aux ministres l'occasion de faire un gros mensonge, tout en disant la vérité. Quand on leur dit : « Vous chassez toutes les institutrices congréganistes et vous ne savez par qui les remplacer », ils répondent : « J'ai mon régiment. » Par un malheur, c'est un régiment qui n'est pas mobilisable. Les pauvres filles que la République pousse dans l'abîme des déclassées, grâce à ses lois scolaires, se comptent par milliers chaque année !

M. Francisque Sarcey, dont le bon sens a prévalu sur la passion politique, dans cette question des lycées de filles, combattait également avec vigueur et persistance la surabondance des jeunes filles à brevet. Voici ce qu'en écrivait, à la même époque, le journaliste normalien :

Je ne parle pas des devoirs de science proposés aux examens, il n'est pas bien étonnant qu'ils passent ma portée. Je n'ai jamais su de mathématiques, de physique et de chimie que ce qui m'en était absolument nécessaire pour comprendre et suivre une conversation mondaine, et c'est fort peu de chose. Mais, en histoire et en littérature, je suis sur mon terrain. Je déclare que, sur dix des questions posées à ces jeunes personnes et sur lesquelles il leur est enjoint de disserter au courant de la plume, il y en a huit, au moins, que je serais fort en peine de traiter ainsi, au pied levé, sans étude, sans réflexion préalable... J'aurais bien des réserves à faire sur l'instruction secondaire, telle qu'on la donne aux filles dans les nouveaux lycées. Je crains que l'on ne nous jette sur le pavé une foule de déclassées ; l'étendue et la variété des programmes m'effrayent un peu.

Le *Cri du Peuple* lui-même constatait, vers le même temps, qu'après avoir, d'une manière déraisonnable, poussé à l'obtention des diplômes, on n'a évidemment obtenu d'autre résultat que d'augmenter le nombre des déclassées :

Combien y a-t-il aujourd'hui, en France, de jeunes filles « diplômées », de jeunes filles munies d'un brevet d'institutrice?

Je l'ignore, et je n'ose le demander, car cette statistique, si elle a été faite, constitue un des plus lamentables bilans qu'une société malade puisse déposer dans ses archives. C'est avec une mélancolie noire que je songe à toutes ces pauvres petites dupes qui partent en campagne pour toute la vie, n'ayant rien autre chose que leur bonne grâce et un parchemin plié en quatre, serré dans leur frais corsage. Que deviendront-elles ? Pourquoi leur a-t-on délivré ce funeste papier, qui leur est parfaitement inutile et qui les conduit à rater leur existence ?

On le leur donne, parce qu'elles le désirent. La belle raison ? Les examinateurs, qui devraient être des gens sérieux, sont inexcusables de flatter une manie qu'ils savent être absurde, et, s'ils sont obligés de donner un certificat d'instruction aux personnes qui ont rempli le programme des examens, leur devoir serait, en même temps, d'avertir ces illusionnées qu'elles font fausse route.

Il serait loyal de leur part, à Paris, par exemple, d'afficher, à la porte de l'Hôtel de Ville, un avis où serait consigné cet aveu : Que l'administration des écoles dispose de six places à répartir entre vingt mille postulants. Telle est, à peu près, la proportion. Vingt mille bouches pour six morceaux de pain menus.

J'espère qu'en province la situation est un peu moins affreuse. Je serais cependant étonné que, là aussi, elle ne fût pas fort triste. La faute première en est évidemment aux familles qui « poussent » leurs enfants à des études saugrenues ; mais peut-être n'a-t-on pas assez crié casse-cou aux parents que travaille un vague et sot orgueil, aux jeunes filles qui, par une certaine coquetterie mal déterminée, veulent « entrer dans l'enseignement ».

Où conduit l'enseignement des lycées de filles, Mlle Réval, ancienne élève de l'École Normale de Sèvres, auteur d'ouvrages intéressants et sincères sur les lycées de jeunes filles, le dit crûment dans l'une de ses préfaces : « Qu'on l'avoue ou qu'on ne l'avoue pas, les lycées de jeunes filles aboutissent à l'idée socialiste, en aidant à la libération des femmes par l'émancipation de leur cerveau. » Le socialisme d'État, qui envahit chaque jour la législation de notre pays, comprend fort bien que, pour réussir, il lui faut l'aide de la femme. Bebel le disait au Reichstag, dès le 6 février 1892 : « Là où se portera la femme pour le grand mouvement social, là sera la victoire. » Cette victoire se rapproche de jour en jour, car les progrès de la population scolaire dans tout cet enseignement sont effrayants.

C'est ce que l'on va voir sous le chapitre suivant.

CHAPITRE II.

M. Camille Sée présente la loi du 20 décembre 1880
comme une orientation nouvelle que l'on a voulu donner
à l'enseignement secondaire des jeunes filles, « en le
régénérant et en le rendant tributaire surtout de la philosophie et de la raison ». Ce que l'éducation ainsi comprise peut valoir, les résultats qu'elle doit nécessairement
produire, on vient d'en avoir le rapide exposé. Les statistiques officielles, que nous allons étudier désormais,
révèlent la situation matérielle de l'enseignement secondaire public, décrété par les lois nouvelles. La situation
matérielle, ainsi résumée et mise en relief, permettra
d'apprécier la situation morale, ainsi que l'accueil fait
par l'opinion publique et par les familles à ces innova-
tions.

L'auteur du projet tenait à ce que l'internat fût, comme
il le disait, « la base de la loi ». Le principe de l'internat fut rejeté, comme devant imposer à l'Etat une charge
redoutable. Paul Bert réussit à faire adopter un amende-
ment permettant aux municipalités de créer et d'entrete-
nir elles-mêmes des internats annexés aux lycées et
collèges. Mais le budget de l'Etat s'en désintéresse. Aux
termes de l'article 2 de la loi organique, les internats
ne devaient constituer qu'une exception, puisque le
législateur même ne les avait acceptés qu'après de longues
délibérations, persuadé que, s'ils entraînaient un régime
fâcheux pour les garçons, ils auraient bien plus d'inconvénients encore pour les filles. Les nécessités du recrutement sont venues, qui ont exigé l'abandon de ces principes. Le collège féminin ne séduisait pas les familles

qui lui préféraient l'éducation des familles ou celle des congrégations religieuses, si bien que, pour triompher de leurs répugnances, il fallut leur offrir l'attrait d'une grosse économie à réaliser. La concurrence est, en effet, difficile contre des établissements qui, grâce au concours de l'argent des contribuables, peuvent recevoir des internes au prix annuel de 485, de 480 et de 470 francs, suivant le degré plus ou moins élevé des cours où elles sont inscrites. L'esprit de la loi a donc été méconnu, et le nombre des internes formait, sept ans après sa promulgation, plus du quart de la population scolaire totale. L'attrait de l'internat est venu renforcer l'attrait des bourses, portant, le plus souvent, sur les mêmes têtes.

La loi de 1860, en posant le principe de la création d'établissements destinés à l'enseignement secondaire public des jeunes filles, n'avait pas imaginé la classification et la hiérarchie de ces divers établissements. Pour la première fois, le décret du 21 juillet 1881 distingua les lycées de l'État et les collèges communaux. Les premiers, fondés à perpétuité à l'aide de sacrifices consentis par le Gouvernement et par les villes ; les seconds, créés en vertu d'un engagement réciproque contracté également entre le Gouvernement et les municipalités, mais pour une durée de dix années seulement. Enfin, l'État, les départements et les villes se réservèrent de subventionner, par une décision renouvelable chaque année, de simples cours où les jeunes filles, en dehors des lycées et des collèges, sont admises à recevoir l'instruction secondaire.

Les statistiques officielles, qui passent en revue successivement ces trois catégories d'institutions, tracent notre division. Nous nous attacherons plus spécialement à deux de ces documents qui permettent de discerner l'évolution accomplie, la statistique de 1887, sept ans après la promulgation de la loi, et le rapport de M. Veber, député, présenté en 1914, sur le budget de l'Instruction publique.

Statistique de 1887.

1º LYCÉES DE JEUNES FILLES.

Au mois de décembre 1887, la France possédait vingt lycées, savoir : deux à Paris, le lycée Fénelon et le lycée Racine, et un dans dix-huit de nos villes.

Les comptes de premier établissement et d'entretien, le chiffre des dépenses annuelles, le montant des traitements des directrices et professeurs, montrent tout d'abord l'énormité des charges imposées aux contribuables par l'application de la loi de 1880 et du décret de 1881.

Le chapitre des frais de premier établissement s'élève à la somme totale de 13.125.000 fr.

Quant aux dépenses annuelles, les tableaux en donnent le chiffre pour l'année 1887. Elles comprennent :

La contribution de l'État	496.820 fr.	»
La subvention des villes.	13.800	11
Les bourses payées par l'État	36.655	37
Les bourses payées par les départements.	444	»
Les bourses payées par les communes .	35.472	50
Soit une somme totale de. .	583.191 fr.	98

En face de ces chiffres, le compte officiel, faisant la comparaison des recettes et des dépenses, accuse une différence de 35.586 fr. 35 en faveur des premières.

Ce résultat surprenant serait, en même temps, très satisfaisant s'il était exact, et s'il ne reposait pas sur un manifeste artifice de comptabilité. Cette statistique compte, comme recettes effectuées en réalité, le total des subventions que l'on vient d'énumérer, soit :. . . . . 583.191 fr. 98

Elle y ajoute :

1º Le prix de pension payé par les élèves non boursières	138.226	49
2º Le prix de pension payé par les externes surveillées	87.586	50
3º Le prix de pension payé par les externes simples.	192.443	25
4º Certaines rétributions spéciales . .	62.627	32
Et elle arrive ainsi à un total de recettes de	1.064.075 fr.	54
Les dépenses étant de	1.028.498	99
Le bénéfice apparent est de . .	35.576 fr.	55

Ce qui revient à dire que l'État, les départements et les communes commençant par débourser près de 600.000 francs, l'administration des lycées de jeunes filles donne en effet un léger excédent actif. La vérité est que cette administration est annuellement en déficit de 550.000 francs environ. Encore ne faisons-nous pas figurer dans ce calcu l'amortissement des treize millions de frais de premier établissement !

Le nombre des jeunes filles admises dans les lycées, tant externes qu'internes, est de 3.330, ce qui donne une dépense moyenne de 309 francs par tête. En 1881, au moment de la mise en vigueur de la loi, le nombre des élèves n'était que de 71 ; on comprend, dès lors, que l'administration se félicite d'un accroissement rapide qui s'est traduit par une augmentation annuelle et moyenne de 550 élèves. C'est, évidemment, la gratuité presque complète de cet enseignement qui en a assuré le succès. Qu'on en juge ! Les frais de pension et de demi-pension acquittés par les familles ne se sont élevés qu'à la somme de 127.991 fr. 73, ce qui, déduction faite des subventions de l'Etat, des départements et des communes, réduit la dépense pour chaque élève à 38 fr. 43. Il est, à coup sûr, impossible de faire élever ses enfants à meilleur marché et de se rapprocher davantage, en matière d'instruction, des doctrines du socialisme d'Etat.

Il y a, d'ailleurs, beaucoup d'enfants pour qui la gratuité est absolue. Parmi les internes notamment, il en est bien peu qui ne jouissent d'une bourse entière, d'une demi-bourse ou d'une bourse dite *familiale*. De ce chef, l'Etat paie chaque année 30.781 fr. 60, les départements 5.507 fr. 50 et les villes 2.850 francs. La modicité relative de la contribution départementale ou communale établit péremptoirement le peu d'empressement de la population à solliciter la faveur du lycée, tandis que l'importance de la subvention de l'Etat démontre que ce sont surtout ses employés, ses agents, ses subordonnés, qui acceptent cette faveur. Quelle que soit la catégorie dans laquelle on veuille les ranger, les lycéennes sont manifestement des enfants élevées aux frais des contribuables. Au mois de décembre 1887, 238 jeunes personnes, filles des proseurs des lycées et celles de condition peu aisée, se destinant à l'enseignement secondaire, profitaient des remises des frais et de pensionnat, et les boursières étaient au nombre de 156.

2° Collèges de jeunes filles.

Au mois de décembre 1887, les collèges communaux de jeunes filles étaient au nombre de vingt-trois.

Les frais de construction et de premier établissement ont nécessairement été fort variables, suivant les localités. La moyenne a été de 485.000 fr., soit pour les vingt-trois collèges une somme totale de 10.695.000 fr., un peu atténuée par ce fait que quelques municipalités s'en tinrent à des installations provisoires. Liées pour dix années par un contrat avec l'Etat, elles semblent avoir voulu se prêter plutôt à un essai qu'à une organisation définitive, et elles n'ont accepté que la charge strictement indispensable :

on ne peut que les louer de cette prudence, lorsqu'on voit que certains de ces collèges, fondés cependant depuis un temps assez long, n'ont pu réunir qu'une cinquantaine d'élèves. Beaucoup de villes, qui s'étaient disputé l'honneur de la désignation officielle, dans l'espoir que leur collège deviendrait une source de fortune pour leurs finances, semblent s'être trompées dans leur calcul et avoir reconnu leur erreur.

Le personnel des professeurs comprend 385 fonctionnaires, savoir : 283 maîtresses et 102 maîtres. L'ensemble des traitements et des indemnités diverses qui leur sont alloués s'élève à la somme
de. . . . . 486,631 fr. 68
Les frais matériels de toute nature sont
de. 90,886 73
d'où résulte une dépense totale de . . 577,518 fr. 41
Les recettes sont les suivantes :
Subvention de l'État 375,530 16
Subvention des départements 10,030 00
Subvention des communes 205,778 52
Rétributions des boursières. 27,888 35
Rétributions payées réellement. . . . 174,626 84
Recettes diverses 9,174 81
Soit, au total, une recette de . . . . 587,229 fr. 16

Comparant les recettes et les dépenses, la statistique accuse un bénéfice de 9.710 fr. 75. Ce bénéfice modeste est mathématiquement exact, mais il n'en cache pas moins un énorme déficit, puisqu'il faut ne pas oublier qu'une somme de 403.427 fr. 15 figurant dans les revenus représente la part imposée aux contribuables, sous forme de subventions ou de bourses. En réalité, l'enseignement des collèges communaux est encore plus dispendieux que celui des lycées, et les fonds qu'il réclame sont fournis, jusqu'à concurrence de près de 70 %, par les caisses de l'État, celles des départements ou celles des communes. Il est juste de reconnaître que l'État garde pour lui la plus grosse part, sans doute afin de ne pas décourager la bonne volonté souvent un peu hésitante des conseils généraux et des conseils municipaux.

Le nombre total des élèves admises dans ces collèges est de 2.678, d'ailleurs très inégalement réparties. La moyenne est de 110 par établissement ; 679 jeunes filles sont internes, soit dans les collèges eux-mêmes, soit dans des pensionnats annexes.

Le nombre des boursières externes est de 140, et celui des boursières internes de 148, ensemble 288. Le taux des bourses d'internat est de 190 francs pour les pensionnaires et de 240 francs pour les demi-pensionnaires. Le prix des bourses d'externat est essentiellement variable. Plusieurs villes offrent à certaines familles privilégiées une somme annuelle de 300 francs, les autorisant à retenir pour leurs besoins, et à titre de prime, celle de 260 francs, sauf à verser entre les mains de l'économe le surplus, soit 40 francs : c'est ce qu'elles appellent la bourse familiale.

Le règlement des collèges communaux est le même que celui des lycées. Comme dans les lycées, la morale, la *morale pratique*, a sa place dans l'enseignement, mais comme dans les lycées, cet enseignement ne commence qu'à la troisième année, afin, dit le rapport officiel rédigé par le Conseil supérieur de l'instruction publique, qu'il ne s'adresse qu'à « des esprits d'une certaine maturité ». La même maturité n'est pas requise pour l'étude de l'histoire naturelle ou de la zoologie ! L'enseignement religieux est complètement passé sous silence.

3° Cours secondaires.

Les cours d'enseignement secondaire pour les jeunes filles ont joui, pendant quelque temps, d'une assez grande faveur. Comme ils exigeaient une installation moins complète et moins coûteuse que celle des lycées ou des collèges, et comme il leur était permis d'utiliser, pendant quelques heures seulement par semaine, les professeurs appartenant à d'autres établissements, comme le personnel de surveillance et d'administration y pouvait être singulièrement réduit, ils n'entraînaient pas pour les villes une dépense très considérable et pouvaient assez aisément obtenir un vote favorable des Conseils municipaux. D'autre part, ils offraient aux familles cet avantage de ne point s'immiscer dans les questions d'éducation et de se borner à un enseignement littéraire ou scientifique qu'un peu de prudence suffisait à rendre acceptable pour toutes les consciences. Aussi, leur nombre s'était-il assez rapidement accru de 1879, date de leur fondation, à 1887, date choisie pour notre statistique. La faveur publique semble cependant les abandonner ; dans le courant de l'année 1887, sept de ces cours ont été fermés, si bien que leur nombre total est inférieur, à la fin de l'année 1887, à ce qu'il était à la fin de l'année 1886.

A quelles causes convient-il d'attribuer ce discrédit ? Sans doute, les municipalités auront reconnu que leurs sacrifices pécuniaires étaient hors de proportion avec les résultats obtenus. Le nombre des élèves n'a jamais été bien élevé. En 1886-1887, il était de 4.694 et, en 1887-1888, il n'est plus que de 4.395, donnant une moyenne de 64 jeunes filles pour chaque cours. Si l'on songe que le taux de la rétribution scolaire annuelle ne dépasse pas 220 francs et s'abaisse parfois jusqu'à 20 francs, on est en droit de s'étonner du peu d'empressement des parents à profiter de leçons offertes à si bon marché. Serait-ce la qualité de l'instruction qu'il faut accuser ? Si les professeurs savent eux-mêmes toutes les matières qui figurent sur le programme et s'ils prennent la peine de les enseigner, on peut certes répondre de la *quantité*, sinon de la *qualité*. Peut-être y a-t-il des familles qui préfèrent continuer de confier leurs filles à des femmes modestes et instruites, portassent-elles le costume religieux, que de les livrer à la science plus ou moins discrète d'un professeur de l'Université. Il est à remarquer, en effet, que, tandis que l'administration fait de louables efforts pour n'admettre que des maîtresses dans les lycées et les collèges de jeunes filles, presque tout le personnel enseignant des cours secondaires appartient au sexe masculin. On y compte 957 professeurs contre 280 maîtresses, directrices, chargées de cours, surveillantes. Peut-être enfin, quelques mères chrétiennes se sont-elles inquiétées de l'esprit de l'Université, si maladroitement engagée par le Gouvernement et si ardemment entrée dans la lutte religieuse.

Quel qu'en soit le motif, la décadence des cours secondaires est certaine, avouée par la statistique officielle, et l'on peut se demander si elle est arrivée à son terme. L'Etat, qui prodigue ses largesses aux lycées et aux collèges, se montre ici beaucoup plus parcimonieux et laisse peser la plus grosse partie de la charge sur les budgets municipaux, déjà écrasés par les dépenses de l'instruction primaire. Les Conseils locaux hésitent à voter des subsides qui viendraient grever sous une autre forme les contribuables, et il semble qu'il y en ait plus d'un qui songe plutôt à réaliser des économies en renonçant à un mode d'enseignement dont le succès demeure douteux. Nous trouverons la trace de cette lassitude explicable, si nous comparons les ressources de l'exercice 1886-1887 et celles de l'exercice 1887-1888, en étudiant le tableau suivant :

	1886-1887	1887-1888
Subvention de l'Etat	288 856,70	270.525,97
» des départements	23.500,00	26.200.00
» des villes	323.292,41	304.772,51
Rétributions scolaires	291.580,10	257.771,13
Totaux	927.229,37	859.272,61

Il importe peu que, par un jeu d'écritures déjà signalé, les comptes, oubliant que 69 % des prétendues recettes ne sont, en réalité, que des subventions puisées dans les caisses publiques, accusent un bénéfice apparent de 12.700 fr. 71 pour l'exercice 1886-1887 et de 10.686 fr. 24 pour l'exercice 1887-1888 ; l'opération n'en est pas moins foncièrement désastreuse pour les communes, et l'on comprend, du reste, que quelques-unes soient disposées à céder au découragement.

C'est, au surplus, l'un des caractères distinctifs de l'œuvre scolaire de la troisième République, qu'elle périclite et menace ruine aussitôt que, l'Etat cessant de la soutenir, elle ne peut plus compter que sur la sympathie des populations et sur le zèle des conseils électifs : les cours secondaires de jeunes filles n'échappent pas à cette règle générale. Nous ne nous en plaindrons pas, cette fois encore, puisque ces cours sont destinés à donner autant de coups de sonde en vue de la fondation des néfastes lycées et collèges féminins.

4° Ecole Normale supérieure de Sèvres.

L'histoire administrative et financière de l'Ecole Normale supérieure de Sèvres tient une large place dans la statistique que nous avons sous les yeux. Nous y retiendrons d'autant plus volontiers l'attention des lecteurs que nous les en entretenons ici pour la première fois, au cours de la présente étude.

Cette école, créée par la loi du 26 juillet 1881, a été installée dans les immenses bâtiments de l'immense manufacture de porcelaines, et les seules dépenses d'aménagement se sont élevées à la coquette somme de 2.400.000 francs, dans lesquels ne se trouve pas comprise la valeur de l'immeuble désaffecté et affecté à sa nouvelle destination.

Le personnel administratif et enseignant y est considérable, mais la part faite à l'élément féminin y est bien modeste, beaucoup trop modeste même, si l'on réfléchit qu'il s'agit d'un établissement uniquement destiné à des jeunes filles et où viennent achever leur éducation celles qui vont être prochainement appelées à diriger l'enseignement et à former le cœur et l'âme d'autres jeunes filles. Seize professeurs appartiennent au sexe masculin et sont assistés par huit maîtresses seulement. La direction est, il est vrai, confiée à une femme, mais sous l'autorité prédominante d'un fonctionnaire qui porte le titre d'inspecteur général.

Il n'y a pas d'aumônier, bien qu'il s'agisse d'un internat. Si l'on parcourt le programme des études, on y rencontre au chapitre de la *Morale* la sèche mention suivante : *Notions relatives à l'existence de Dieu, à l'immortalité de l'âme et aux devoirs envers Dieu.* Cela est fort bien, à coup sûr, et une telle indication permettrait de donner aux élèves d'excellentes leçons, mais elle permet aussi de leur en donner de bien funestes ; il faut regretter que la garantie de cet enseignement ne réside pas dans le caractère du maître chargé de le distribuer, que ce ne soit pas un maître qui ait mission de parler de

Dieu à toutes ces jeunes filles, enfin, que ce soin soit abandonné on ne sait à qui, car, si le règlement nous fait connaître la répartition des matières entre les différents professeurs, il ne prend pas la peine de nous dire à quel cours est rattachée l'étude de la morale. Ce règlement est tristement significatif, à un autre point de vue. Moins respectueux encore de la liberté et des droits des consciences que celui des lycées, il n'a point d'heure réservée à la prière du matin et du soir ou à l'audition de la messe, le dimanche. Cette dernière omission est plus particulièrement odieuse, en ce qui touche les enfants qui ne peuvent pas profiter de la permission de sortie dans leurs familles. Pour celles-là, la promenade seule est obligatoire !

Matériellement, l'école de Sèvres est traitée par l'Etat avec une générosité fastueuse. La gratuité absolue est la règle pour toutes les élèves, et tous les frais, quels qu'ils soient, demeurent à la charge du Trésor public, qui a dépensé de ce chef, en 1887, la somme de 272.414 fr. 95, sur lesquels 172.871 fr. 65 ont été prélevés par les traitements et indemnités du personnel. Non seulement, les jeunes filles admises n'ont aucune rétribution scolaire à acquitter, mais encore, à leur entrée, elles reçoivent une indemnité égale à la somme qu'elles ont dû dépenser pour venir à Paris, et, à leur sortie, elles touchent une autre indemnité de 100 francs. Chacune d'elles, pendant toute la durée de ses études, coûtait à l'Etat 3.620 francs en moyenne : cette évaluation, faite avant la guerre, donne une idée du prix de revient d'une Sévrienne, en 1919-1920.

Ces avantages considérables expliquent surabondamment le grand nombre de vocations scolaires qu'a suscitées, dès l'abord, la création de cet établissement. Il est loin de pouvoir accueillir toutes les candidatures, et, si difficiles que soient les examens d'admission, il est obligé de tenir ses portes fermées à beaucoup de jeunes filles dont la préparation eût pu cependant être jugée suffisante. Elles subissent durement la loi du concours, concours loyal, on veut le croire, en dépit de certaines suspicions dont on n'appréciera pas ici le fondement, mais concours infiniment rigoureux et qui est devenu une véritable *lutte pour la vie*. Au début, les admissions, assez nombreuses, contribuèrent à grossir le flot des aspirantes. L'Administration espérait alors que beaucoup de lycées et de collèges s'ouvriraient, qui réclameraient les jeunes maîtresses sortant de l'Ecole Normale, mais ces espérances furent, sinon déçues, du moins imparfaitement réalisées, et les jurys ont dû se montrer de plus en plus sévères, sous peine de voir le ministre dans l'impossibilité d'assigner un poste à toutes leurs élèves.

Aussi, tandis qu'en 1881 et 1882 l'école recevait 40 élèves, elle n'en reçut que 22 en 1886 et 25 en 1887. Or, le nombre des aspirantes suivait une progression inverse ; il était de 89 en 1881 et s'est élevé à 191 en 1887. On peut apprécier, par le petit nombre des ambitions satisfaites, le grand nombre des mécontentements et des désillusions.

Ces mécontentements et ces désillusions porteront-ils leurs fruits ? La monomanie des examens et des diplômes pour les jeunes filles a-t-elle fait son temps ? La carrière de l'enseignement cessera-t-elle d'être considérée comme la seule où une jeune fille puisse s'engager lucrativement, et redeviendra-t-elle, avant tout, une carrière de dévouement et d'abnégation ? Enfin, les parents, prudents et sages, comprendront-ils qu'elle offre plus de dangers que toute autre, lorsqu'elle ne conduit pas au but, et même souvent lorsqu'elle y conduit, car le diplôme seul ne donne pas de pain et — nous l'avons établi plus haut — ne fait souvent que des déclassées ? — nous osons à peine l'espérer. La France n'a pas seulement besoin d'institutrices savantes et patentées ; il lui faut aussi des ouvrières laborieuses, des ménagères expérimentées et modestes, à la ville comme à la campagne, de bonnes mères de famille et de bonnes chrétiennes.

*
* *

L'optimisme officiel célébrait, en termes dithyrambiques, les gloires du nouvel enseignement, les développements que l'on qualifiait de rapides, avec une évidente exagération.

M. Burdeau, député, qui fut le chef du cabinet de Paul Bert, déclarait, dans son rapport à la Chambre, que l'enseignement secondaire des jeunes filles s'adressait, dès le 5 novembre 1885, à 9.001 élèves (merveille de statistique !) :

Dès à présent, 31 établissements (14 lycées, 17 collèges) sont en plein fonctionnement ; 9 autres (3 lycées, 6 collèges) ouvrent en octobre 1886 ; 16 enfin (8 lycées, 8 collèges) seront mis en activité au courant de 1887, ce qui en portera le nombre à 56, dont 25 lycées et 31 collèges. Ajoutons que 23 établissements (14 lycées, 9 collèges) sont à l'étude.

La situation comparée, au 30 avril 1905, accuse, sur le 30 avril 1904, les chiffres d'accroissement suivants de la population scolaire : Lycées, 1.080, collèges, 1.883, cours secondaires, 666, soit, en une année, une augmentation totale de 3.629 élèves (1).

Voici, d'après le tableau publié au rapport présenté par M. Viviani sur le budget de l'instruction publique pour 1912, p. 320, les accroissements respectifs de la population scolaire dans les établissements officiels, sept, vingt-cinq et trente ans après la promulgation de la loi Camille Sée.

PÉRIODES	Lycées	Collèges	Cours	Totaux
Au 15 juin 1887.	3.105	2.824	246	6.175
Au 30 avril 1905	12.806	7.710	7.648	28.164
Au 5 novembre 1910	18.093	11.592	5.756	35.441

Ces progrès sont, sans doute, importants. Mais sont-ils aussi considérables que pouvait le faire craindre la formidable pression administrative exercée sur les fonctionnaires, la bourgeoisie et le petit commerce ?

Nous avons tenu à présenter les quelques données statistiques sur cet enseignement, qu'il nous a été possible de relever entre les deux périodes principales auxquelles nous arrêtons le lecteur.

(1) Annexes XXXI, XXXII et XXXIII du rapport sur le budget de l'instruction publique pour 1906, présenté par M. Massé.

Statistiques de 1911, 1912 et 1914.

On a groupé ici des considérations et des chiffres empruntés aux trois rapports présentés à la Chambre des députés sur le budget de l'instruction publique, aux sessions de 1911 et de 1912 par M. Viviani, à la session de 1914 par M. Veber. Il a semblé d'autant plus utile de rapprocher ce dernier rapport des rapports de M. Viviani que son auteur lui-même s'est excusé d'une préparation insuffisante, causée à la fois par le trop tardif dépôt du budget de 1914 et par l'examen forcément rapide qu'il avait entraîné.

Voici, d'abord, quelques considérations générales, accompagnées de critiques, sur les résultats de l'Ecole Normale de Sèvres, que M. Viviani fait passer plus aisément, à la faveur des rengaines habituelles sur « l'honneur de la République d'avoir constitué ces lycées » :

C'est l'honneur de la République d'avoir constitué ces lycées et d'y avoir appelé les jeunes filles pour leur réserver les bienfaits d'une instruction brillante et solide. En le faisant, la République a montré qu'elle embrassait avec hardiesse tout le problème et qu'elle savait mettre à la disposition d'une noble réforme des secours financiers continus. La situation de la femme, certes, ne sera modifiée complètement que par l'instruction. Tributaire d'un Code civil qui reproduit, sans l'avoir même rajeunie, la tradition de l'ancienne Rome, mise à l'écart par la société civile, la femme ne pourra soulever le poids séculaire qui pèse sur elle, uniquement par l'instruction. Mais, par l'instruction, elle prendra conscience d'elle-même. S'il est vrai, moins vrai cependant qu'hier, que la seule carrière qui s'ouvre devant elle est le mariage, il est bon qu'elle y pénètre, ayant reçu une instruction sérieuse, et qu'elle puisse ainsi vraiment devenir l'associée, en même temps que la compagne. Si le mariage ne s'offre pas ou qu'elle le refuse, elle n'aura rien perdu à s'instruire, et ses chances économiques de succès dans le rude combat qui mêle les classes et les sexes en seront accrues.

L'enseignement repose sur le français et sur les sciences. Des cours facultatifs de latin, dont le caractère obligatoire a fait récemment l'objet d'un vœu devant le Conseil supérieur de l'instruction publique, y ont été créés. L'enseignement théorique y est complété par un enseignement ménager, qui, un peu rudimentaire en 1883, s'est étendu depuis, et ne comprend plus seulement la couture. Le diplôme de fin d'études, décerné à la fin de la

5e année, donne le droit, sous certaines réserves, de pénétrer dans les Facultés. Nous tenons, en effet, que la culture que consacre pour les jeunes filles le certificat d'aptitude vaut le baccalauréat...

Nous ne pouvons que plus amèrement regretter que l'École Normale de Sèvres ne paraisse pas répondre suffisamment aux sacrifices accomplis et aux vœux formés pour elle. Ce n'est pas le programme seul qui est en cause. Mais il est regrettable, nonobstant le dévouement et la compétence des maîtres, que, d'une part, le nombre des internes y soit aussi réduit (24 internes) et que, d'autre part, la proportion des candidates au certificat d'études soit si minime, quand on compare les candidates issues de l'école et ayant suivi son enseignement, et les candidates sortant des Facultés ou ayant, par d'autres méthodes, assuré leurs études (En 1911, sur 95 candidates au concours pour le certificat d'aptitude, 82 étrangères à l'école, et 13 de l'école). Nous aimons à placer notre espoir de rénovation dans le décret du 3 août 1911, qui a supprimé le désaccord entre l'enseignement et les programmes un peu vieillis.

L'augmentation de 45.000 francs, demandée sur le chap. 104 des Lycées de filles, est due, allègue le même rapporteur, à la nécessité de transformer, avant le 1er janvier 1912, le lycée de Beauvais et la nécessité de faire fonctionner, avant le quatrième trimestre de 1912, un lycée à Paris. Voici les renseignements que nous fournit, sur ce dernier point, l'Administration :

Le Parlement, avant de se séparer, a mis à la disposition du Ministère de l'Instruction publique, pour y établir un lycée de jeunes filles, les bâtiments occupés autrefois, rue de Babylone et boulevard des Invalides, par les Dames du Sacré-Cœur. Les constructions sont en excellent état de conservation, mais des réparations importantes et des travaux d'appropriation indispensables doivent être faits. Le devis a été établi par un des membres de la Commission des bâtiments des lycées et collèges, M. Umbdenstock, et communiqué au Ministère des Finances dès le 6 février dernier, et une demande de crédits supplémentaires de sept cent mille francs a été établie par la direction de l'Enseignement secondaire pour l'appropriation de l'immeuble.

Puis, le rapporteur déplore que, cette demande de crédits ayant été écartée par le Ministère des Finances, l'ouverture du lycée Duruy, qui aurait pu être effectuée au 1er janvier 1912, doive être reportée au 1er octobre de la même année. Il constate — et tous ceux qui connaissent l'importance des biens confisqués s'accordent avec lui — que le Ministère de l'Instruction publique dispose d'un emplacement unique, de locaux en parfait

état de conservation, « qui ne peuvent, conclut-il, être
utilisés sans travaux indispensables (1) » — pour ja
bagatelle de 700.000 francs.

Nous relevons, au rapport présenté, l'année suivante,
par le même M. Viviani, la demande d'une subvention
complémentaire de 30.000 francs pour le lycée Victor-
Duruy, aménagé dans les locaux de l'ancien couvent du
Sacré-Cœur, dont il vient d'être parlé, et d'une subvention de 10.000 francs pour un trimestre, en faveur du
lycée Jules-Ferry, ouvert, le 1er octobre 1913, dans
l'immeuble de la rue de Douai, confisqué aux Dames
zélatrices de la Sainte-Eucharistie (2).

Aux lycées Victor-Duruy et Jules-Ferry, ouverts en
1912 et 1913, était venue s'ajouter, en 1912, la création
du lycée de Beauvais. Le rapport présenté à la Chambre
des députés pour 1914 énonce un total de 55 lycées, la
création, pendant les années 1910, 1911, 1912, 1913,
des collèges de Tonnerre, d'Angoulême, de Perpignan,
Grasse, Vendôme, Saint-Nazaire, Dreux, Figeac, Remi-
remont, Brive, Dax, d'Orange, de Montbéliard, et de
neuf cours secondaires (3).

Il est à remarquer que, malgré ces nouvelles créations, la population scolaire tend à demeurer stationnaire. Le dernier rapport, présenté par M. Veber pour
1914, donne les chiffres suivants :

```
Au 5 novembre 1910 . . . . . . .   35.451 élèves.
       —        1911 . . . . . . .   36.291   —
       —        1912 . . . . . . .   37.345   —
       —        1913 . . . . . . .   38.358   —    (4)
```

Il est intéressant de relever les améliorations de traitements des fonctionnaires des lycées, collèges et cours

(1) Rapport sur le budget de l'instruction publique pour 1912, présenté par M. Viviani, pp. 52 et 315.
(2) *Ibid.*, pp. 197-198.
(3) Rapport sur le budget de l'instruction publique pour 1914, présenté par M. Veber, pp. 161-165.
(4) *Ibid.*, p. 163

secondaires de jeunes filles, relevées, depuis quatre ans, par le même rapporteur :

1° Ces fonctionnaires ont bénéficié, chaque année, depuis 1910, d'une augmentation de traitement de 100 francs, destinée à porter les anciens traitements aux taux fixés par le décret du 24 juin 1910.

La dépense prévue s'élevait à :

211.300 francs pour 1910
191.000 — — 1911
129.900 — — 1912
96.000 — — 1913

Un crédit de 105.000 francs est demandé au projet de budget de l'exercice 1914.

2° En 1913, les fonctionnaires ont bénéficié d'un reclassement qui a pour but de réparer, dans une certaine mesure, le préjudice causé à ceux d'entre eux qui ont changé de catégorie sous le régime des règlements antérieurs. La dépense prévue pour le quatrième trimestre s'élevait à 25.000 francs, et un crédit de 75.000 francs est demandé pour l'exercice 1914.

Emplois créés de 1910 à 1913.

1910. . . . . 63 emplois nouveaux.
1911. . . . . 75 —
1912. . . . . 71 —
1913. . . . . 180 — (1).

Le décret du 3 août 1911, sur lequel M. Viviani fondait, en 1912, ses espérances de rénovation pour l'École Normale supérieure de Sèvres, suggérait à M. Veber, en 1914, les explications suivantes (2) :

Un décret du 3 août 1911, relatif aux épreuves pour l'obtention du certificat d'aptitude à l'enseignement dans les lycées et collèges de jeunes filles (lettres et sciences) et pour l'admission à l'École Normale de Sèvres, a eu pour point de départ un vœu déposé par des membres du Conseil supérieur de l'Instruction publique et tendant à obtenir que les épreuves du certificat d'aptitude fussent désormais divisées en deux parties, dont la première constituerait un concours servant, en même temps, pour l'entrée à l'École Normale de Sèvres, et la seconde, un examen de capacité. Ce vœu, après avis favorable de la section permanente,

(1) Rapport sur le budget de l'instruction publique pour 1913, présenté par M. Veber, pp. 163-164.
(2) *Ibid.*, pp. 167-168.

a été étudié par une Commission spéciale composée de professeurs de l'école de Sèvres, de professeurs de l'enseignement secondaire des jeunes filles et des présidents des jurys du certificat d'aptitude (lettres et sciences). C'est du travail de cette commission qu'a été tiré le projet qui, après ratification du Conseil supérieur, est devenu le décret du 3 août 1911.

Le certificat d'aptitude comprend actuellement deux séries d'épreuves, séparées par un intervalle d'une année au moins, et la première de ces deux séries reste un concours. Le concours, se référant entièrement aux programmes de l'enseignement secondaire, garde le caractère de généralité qui est le propre de cet enseignement. S'il comporte, sur certaines matières, une liste d'auteurs ou de sujets, c'est qu'il a paru être utile de guider et de limiter ce travail de préparation. Au contraire, la seconde série d'épreuves, ou l'examen, propose aux aspirantes l'étude d'un certain nombre de questions spéciales qui doivent les initier à la recherche personnelle, méthodique et approfondie. C'est cette manière de différencier les deux préparations qui caractérise la réforme.

Le nouveau régime a commencé à fonctionner, *pour la première partie*, en 1912.

Le nombre des aspirantes à l'école de Sèvres, pendant les deux dernières années, a été le suivant.

Viennent deux tableaux, attestant que cette réforme n'a pas opéré, en faveur du recrutement de l'Ecole Normale de Sèvres, les résultats escomptés par M. Viviani.

Concours d'admission à l'école de Sèvres (ancien régime).

PÉRIODE TRANSITOIRE

	1912	1913
Lettres	216	189
Sciences	82	75

Concours du certificat d'aptitude (1re partie) et d'admission à Sèvres.

NOUVEAU RÉGIME

	1912	1913
Lettres	154	193
Sciences	123	134

Nous clôturons ce chapitre par le relevé comparé des dépenses inscrites aux budgets de l'enseignement secon-

daire public des jeunes filles en 1908, 1909 et 1913.
Les chiffres afférents aux années 1908 et 1909 ressortent du rapport présenté par M. Daniélou, député, portant règlement définitif du budget des exercices 1907, 1908 et 1909. Ceux afférents à l'année 1913 ont été recueillis dans le projet de loi présenté à la Chambre des députés, portant fixation du budget général de l'exercice 1914.

CHAPITRE des DÉPENSES	1908	1909	1913
École de Sèvres (Personnel.	149.000	149.000	155.200 f.
(Matériel .	95 500	129.076 20	101.499 f.
Lycées	1.386.500	1.436.500	1.611.500 f.
Collèges	571.372 50	631.443	773.925 f.
Compléments de traitements des fonctionnaires et professeurs des lycées et collèges	565.694 51	623.770 14	1.540.200 f.
Cours secondaires. — Frais généraux des lycées, collèges et cours secondaires .	338.772 62	331.231 26	365.650 f.
Subventions aux collèges et cours secondaires de récente création.	19.070	12.910	25.000 f.
Totaux :	3.128.909 63	3.313.941 60	4.573 974 f.

Un simple coup d'œil sur le tableau ainsi dressé permet de se rendre compte de la constante progression des dépenses : en cinq ans, près d'un million et demi !

Libre à M. Viviani de proclamer cet enseignement l' « honneur de la République » ! Bien des contribuables trouveront qu'il constitue une lourde charge.

Il semble inutile de poursuivre les chiffres de progression de ces dépenses, au cours de la grande guerre. La démonstration des charges énormes qu'elles nous imposent, dans une inspiration sectaire qui saute aux yeux, est faite.

CHAPITRE III

Les forces de l'adversaire se sont considérablement accrues par l'étranglement, froidement délibéré, de l'enseignement congréganiste. C'est cette raison qui nous détermine à placer ici ces mesures de persécution, qui devaient être si profitables à l'enseignement officiel.

La Chambre des députés et le Gouvernement, obéissant aux injonctions de la Franc-Maçonnerie, condamnèrent, en 1903, sans les entendre, les 81 Congrégations de femmes qui avaient sollicité l'autorisation législative prescrite par la loi du 1er juillet 1901. Proscription en masse, que Waldeck-Rousseau lui-même qualifia d'odieuse et d'illégale.

Le Souverain Pontife, dans sa mémorable lettre du 23 décembre 1900 au Cardinal Richard, archevêque de Paris, sur les dangers qui menacent les Congrégations religieuses en France, rendait ainsi témoignage des mérites et des vertus des Congrégations enseignantes : « Ces Congrégations, vouées à l'enseignement, disait Léon XIII, inculquent à la jeunesse, en même temps que l'instruction, les principes de religion, de vertu et de devoir, sur lesquels reposent essentiellement la tranquillité publique et la prospérité des États. »

Faisant écho au noble langage du Vicaire de Jésus-Christ, la *Société générale d'éducation et d'enseignement*, envisageant plus particulièrement les conséquences de la loi du 1er juillet 1901 au point de vue des Congrégations qui s'adonnent à l'enseignement, faisait entendre cette énergique protestation : « C'est une imitation tardive et servile de la politique de persécution inaugurée par la Prusse, après sa victoire. Bismarck proscrivait les Jésuites et les Ordres religieux qui étaient censés leur être affiliés, comme trop sympathiques à la France, trop dévoués aux intérêts français, et il avait, du moins, en vue de fonder une grande nation protestante sur les ruines du catholicisme et des races latines. Il dut s'arrêter en route et reculer devant le flot montant du socialisme qui menaçait d'envahir toute la place perdue par l'Eglise. En France, la Franc-Maçonnerie, qui veut détruire la religion en lui enlevant l'éducation de la jeunesse, compromet sans cesse la grandeur et l'existence même du pays. »

Pour justifier cette iniquité, le rapporteur, M. Rabier, avait accusé les Congrégations, dans un langage peu courtois, de donner un enseignement au-dessous du médiocre.

Quant à M. Combes, il estimait que la liberté d'enseignement n'est pas, comme on le soutient à tort dans un certain parti, une liberté naturelle; c'est une pure concession de la puissance publique, subordonnée à l'intérêt général de l'Etat. C'est à l'Etat qu'il appartient d'apprécier si les Congrégations de femmes doivent recevoir une délégation de ce genre. Or, si l'Etat a dû recourir, autrefois, à leurs services, c'est parce qu'il n'était pas capable de remplir lui-même sa mission d'enseignement. Aujourd'hui, la République a organisé, dans toutes les communes de France, l'enseignement des jeunes filles : qu'avons-nous besoin des Congrégations ? Le personnel laïque, qui est au-dessus de tout éloge et qui se recrute sans difficulté, est en mesure de remplacer les institutrices congréganistes, même si toutes disparaissaient immédiatement. Langage plein de forfanterie, d'outrecuidance, en désaccord avec les rapports des inspecteurs d'académie, qui se plaignaient généralement, déjà dès cette époque, du péril primaire, c'est-à-dire de la diminution des vocations scolaires !

Le président du Conseil, passant à l'attaque, s'écriait encore : « Il existe 909 Congrégations de femmes autorisées, dont 372 enseignantes, 225, à la fois contemplatives et enseignantes, 159 hospitalières, 16 purement contemplatives, 11 communautés de gardes-malades, 26 dirigeant des refuges. En outre, 394 Congrégations ont formé des demandes d'autorisation. La Chambre peut, sans inconvénient, supprimer les 80 Congrégations purement enseignantes ; elles ne possèdent que 517 établissements ; ce sont ceux-là seuls qu'il s'agit de fermer. Il en restera encore bien assez, il en restera trop, après cette opération ! »

Langage haineux, qui n'avait même pas le mérite de la sincérité ! M. Combes oubliait de dire que, s'il existait 372 Congrégations enseignantes autorisées, il avait soin de fermer successivement les établissements non autorisés de ces Congrégations, qui se trouveront bientôt composés uniquement de la maison-mère. Il se livrait donc à une pure fantasmagorie, lorsqu'il représentait la France comme étouffant sous un immense réseau d'établissements congréganistes.

Répondant à l'injurieuse affirmation de M. Rabier, M. Plichon lui avait opposé les succès que les élèves des congréganistes remportaient aux examens du certificat d'études et du brevet de capacité, les médailles d'honneur que le ministre de l'Instruction publique avait accordées à plusieurs d'entre elles, les lettres de félicitations que les recteurs avaient adressées à d'autres. Que vont devenir, avait interrogé l'honorable député du Nord, les **4.264** maîtresses que comprenaient ces **81** Congrégations, mises désormais dans l'impossibilité d'exercer leur profession et de gagner leur vie ? Que vont devenir les **23.000** enfants qui étaient élevés dans leurs écoles ? On les enverra dans les établissements officiels dont leurs parents répudient l'enseignement ; encore, cela ne sera-t-il pas toujours possible ; car, dans un assez grand nombre de communes, les écoles publiques sont insuffisantes pour les recevoir, le ministre de l'Instruction publique dut en faire l'aveu ! En proscrivant les Congrégations de femmes, on porte un coup funeste à l'influence de la France à l'étranger, spécialement en Orient, où beaucoup de Congrégations comptent des établissements nombreux et prospères.

Cette argumentation ainsi que celle de M. Groussau s'émoussaient contre le bloc maçonnique, et l'iniquité triompha.

Parmi les Congrégations religieuses qui faisaient assaut d'activité bienfaisante, il s'en trouva un certain nombre qui n'avaient pas cru devoir demander au Parlement une autorisation dont la concession était problématique, dont le retrait restait aux mains d'un pouvoir hostile. Elles avaient préféré prendre, tout de suite, le rude chemin de l'exil. L'avenir des demandes en autorisation, présentées par les autres communautés, malgré le mirage de promesses aussi intéressées que fallacieuses, donna tristement raison à leur attitude.

Voici la liste, aussi complète qu'il nous a été permis de l'établir, des Congrégations de femmes qui se sont dispersées ou expatriées, dès la promulgation de la loi du 1er juillet 1901 :

Augustines ; — Bénédictines (2 établissements) ; — Camilliennes ; — Carmélites (plus de 50 communautés expatriées) ; — Clarisses (8 établissements) ; — Dames de Nazareth ; — Dames du Cénacle ; — Dominicaines ; — Franciscaines (4 établissements) ; — Oblates ; — Petites Sœurs de l'Ouvrier ; — Récollettines ; — Rédemptoristines ; — Réparatrices ; — Sœurs de Jésus-Marie ; — Sœurs de la Charité ; — Sœurs de la Présentation ; — Sœurs de l'Enfant-Jésus ; — Sœurs de l'Immaculée-Conception ; — Ursulines ; — Victimes du Sacré-Cœur.

Les installations nouvelles se sont faites surtout dans la protestante Angleterre et dans la noble Belgique ; mais on en pourrait relever un bon nombre en Amérique, en Espagne, en Italie, en Hollande et en Suisse.

Nous avons estimé utile de présenter ici ces informations, parce qu'elles donnent une idée de cette première exécution de nos Congrégations religieuses, du premier acte de leur douloureux exode. Pour ne pas demeurer confondus devant ces premières ruines causées par le refuge à l'étranger de ces Congrégations qui devancèrent les rigueurs de la loi du 1er juillet 1901, ruines qui vont s'amonceler dans la société chrétienne et aussi dans la vie religieuse de notre cher pays, il faut faire appel à la foi qu'inspire le Dieu des forts, à l'espérance que donnent les ressources de la charité chrétienne ; il faut encore faire appel à l'histoire.

Nous lisons, dans le substantiel *Mémoire pour la défense des Congrégations religieuses* (1), cette vaillante conclusion : « L'histoire des Religieux montre assez qu'ils ont la vie dure ; ce n'est pas sans raison que l'on a dit d'eux, il y a longtemps :

> Les moines et les chênes sont immortels.
>
> « Ne frappe pas la terre, dit un vieux proverbe de France, elle est plus vieille que toi. »

Voilà plus de trente ans que la liberté d'enseignement subit des assauts répétés ! Elle reçut une première atteinte par la laïcisation des établissements d'enseignement public que dirigeaient les congréganistes. Ensuite, une fois acquis le vote de la loi sur le contrat d'association, ce furent les Congrégations non autorisées que l'on expulsa, on vient de le voir. Puis, vint le tour des établissements d'enseignement, des écoles non autorisées dépendant de Congrégations autorisées. En 1905, il s'agissait d'écoles autorisées. Jusqu'ici, ce que nous avons vu défiler, c'est la première charrette. Des adversaires irréductibles voudraient porter le coup de mort à tout l'enseignement libre, en érigeant le monopole de l'enseignement.

La très importante question des pensionnats ou internats chrétiens de jeunes filles (2) est l'un des plus douloureux aspects de la guerre à mort engagée contre la liberté d'enseignement. Que d'hécatombes dans nos

---

(1) *Mémoire pour la défense des Congrégations religieuses, suivi de notices sur les Instituts visés par les décrets du 29 mars, 2e éd.,* 1881, Libr. Poussielgue.

(2) Le *Correspondant* du 25 janvier 1906 a publié les résultats d'une enquête ouverte sur cette situation par la *Société générale d'éducation et d'enseignement.*

grandes Congrégations, celles qui honoraient notre pays par les plus distingués, les plus anciens états de services dans l'enseignement chrétien ! Pour en donner une idée, nous rappelons les destructions de couvents qui frappèrent à coups répétés la Congrégation des Dames du Sacré-Cœur, coupable d'avoir, depuis plus d'un demi-siècle, donné à la société française des générations de femmes chrétiennes. Le tableau ci-dessous de ces ruines accumulées en France a pour contre-partie les nouvelles fondations que les Dames du Sacré-Cœur ont faites à l'étranger, précisément à l'aide de celles de leurs religieuses indignement chassées de notre pays.

MAISONS FERMÉES EN FRANCE : 37

Paris : Maison-Mère. — Pensionnat, rue de Varenne. — Maison de retraite et externat, boulevard des Invalides.

Amiens : Rue de l'Oratoire. — La Neuville.

Besançon : En ville. — Saint-Ferréol.

Lyon : Les Anglais. — Rue Boissac.

Marseille : Saint-Joseph. — Rue des Dominicaines. — Rue Thomas.

Nancy : Faubourg Saint-Pierre. — Rue de la Ravinelle.

Lille. — Beauvais. — Charleville. — Calais. — Montfleury, près Grenoble. — Aix. — Annonay. — Montpellier. — Perpignan. — Toulouse. — Layrac. — Angoulême — Pau. — Bordeaux : 2, rue de la Trésorerie. — Laval. — Poitiers. — Saint-Brieuc. — Marmoutier. — Niort. — Bourges. — Orléans. — Moulins. — Le Mans.

Nouvelles Fondations à l'Étranger : 31

Angleterre : Saint-Charles. — Black-Heat. — Bouchurch, île de Wight. — Leamington.

Belgique : Lindthout (Bruxelles). — Ostende. — Welteren, près Gand. — Anvers. — La Ramée. — Flône. — Fontaine-l'Évêque.

Italie : San Remo. — Rivoli. — Adigliano. — Trinilà. — Sudigliano, près Padoue. — Ciochè. — Albano. — Palerme. — Malte.

Espagne : San Sebastian. — Palme, île Majorque. — Las Palmas, îles Canaries. — Sarrauri. — Carthagène. — Grenade. — Puerta Santa Maria, Cadix.

Hollande : Nimègue. — La Haye.

Autriche : Miralonda, près Bregenz.

Égypte : Le Caire.

Brésil : Tijuce.

Océanie : Wellington. — Kenthurst, dans les Montagnes Bleues.

Les grandes Congrégations disposent de ressources résultant de leur sage gestion et aussi d'économies lentement, patiemment amassées : elles font passer les frontières à leurs religieuses, ou même, elles les embarquent, à grands frais, pour des pays lointains qu'elles régénéreront.

Mais les petites Congrégations, qui avaient quelques essaims seulement — et celles-là étaient nombreuses ! Pour elles, l'arrêté de fermeture fut l'arrêt de mort ou la misère. Les sectaires s'en réjouirent évidemment, quand ils n'eurent pas le cynisme d'en ricaner. Nous gardons toujours présente à la mémoire la solution offerte par M. Combes à un évêque qui lui demandait avec émotion ce qu'il pourrait faire de ses religieuses expulsées : « Mariez-les, Monsieur l'Evêque. »

De sérieuses bases d'évaluation nous permettent de chiffrer à 80.000 le nombre des jeunes filles qui, sur notre territoire, recevaient l'enseignement secondaire libre avant 1905, année à laquelle furent consommées les destructions, parmi les Congrégations enseignantes dont on vient de parler. L'ensemble de ces destructions, d'après les renseignements les plus sérieusement contrôlés, atteignant la moitié des établissements congréganistes, le chiffre des jeunes filles retenues présentement dans nos pensionnats semble pouvoir être évalué assez exactement à 40.000. Il est fort à craindre que le plus grand nombre des 40.000 autres ne soit passé à l'ennemi...

Voilà pourquoi les catholiques ont l'impérieux devoir de donner la plus grande extension possible aux cours et aux pensionnats chrétiens ; voilà pourquoi il faut renforcer, le plus vite et le plus sûrement possible, la concurrence aux établissements officiels qui, avec le concours des pouvoirs publics et les ressources du budget national, se sont fondés et se développent, hélas ! avec quel cynisme ! sur nos ruines.

Le péril secondaire féminin : la crise
du recrutement.

Il convient, d'ailleurs, d'envisager avec sang-froid la situation que ces établissements officiels créent à l'enseignement libre. S'ils causent plus d'une déception à leur clientèle scolaire, nous l'avons vu, nous allons voir qu'ils offrent aux maîtresses de nombreux mécontentements, de nombreuses désillusions.

La *Revue Universitaire* se faisait récemment l'organe de doléances, d'observations toutes pénétrées d'une curieuse amertume, d'un professeur agrégée, sur la crise du recrutement, spécialement des agrégées (1).

L'auteur de cet article intéressant et suggestif dénonce ce péril, que motive le labeur exigé des maîtres de l'enseignement secondaire, à une époque où semble triompher pratiquement le principe du moindre effort : entrant dans le détail, elle établit la pénurie des candidats aux grands concours (agrégations, certificats, etc.) depuis que les droits péniblement acquis ont perdu toute proportion avec l'effort nécessaire et la valeur requise (2).

(1) *Revue Universitaire* du 15 juin 1914 : L'enseignement secondaire féminin et la crise du recrutement : art. de M⁽ᵐᵉ⁾ Suran-Mabire, professeur agrégée au lycée de Marseille.

(2) La pénurie de candidats qui affecte les agrégations masculines commence à se faire sentir pour les agrégations féminines : la quantité proportionnelle, et surtout la qualité, sont en baisse. Il ne peut en être autrement : non seulement les concours féminins sont moins nombreux et plus fermés que les concours masculins, c'est-à-dire, vu le petit nombre de places, offrent, à mérite égal, une part de chances beaucoup plus restreinte ; mais les avantages qu'ils assurent, en cas de réussite, se réduisent à un minimum décourageant.

Un agrégé est presque certain de débuter, dans un lycée, aux appointements de 4.200 francs : une agrégée ne débute pas toujours dans un lycée. Faute de place, force lui est de se suffire, et parfois de suffire aux siens, avec 1.800 francs dans un cours secondaire ou 2.500 francs dans un collège. Il est vrai que sa directrice, assez souvent simple brevetée de l'enseignement primaire, peut lui imposer sans discussion les enseignements les plus divers dans les classes les plus variées. Nommée dans un lycée au bout d'un an, de deux ans ou de trois ans, l'agrégée touchera enfin un traitement de 3.500 francs, c'est-à-dire 700 francs de moins qu'un homme ; ses heures supplémentaires, si elle en a, lui seront payées au rabais ; au cas où une indemnité de résidence, justifiée par la

Personne, dit-elle, n'ignore que les carrières libérales ouvertes aux jeunes filles sont en nombre fort restreint : voilà pourquoi, malgré tout, le niveau des agrégations féminines reste encore très élevé. Une jeune fille courageuse n'ayant pas, comme un jeune homme, le choix entre l'armée, la marine, l'administration et la magistrature, se dirige vers l'enseignement comme vers la seule porte ouverte. Du moins, il en a été ainsi, jusqu'à présent ; mais des signes non équivoques nous avertissent que cette période va finir...

Je dois reconnaître qu'aujourd'hui bon nombre de jeunes filles capables de poursuivre avec succès l'agrégation se détournent vers l'enseignement primaire, les postes, la dactylographie ou le commerce. *D'autres entrent, comme maîtresses, dans les pensions libres.*

... Une caissière expérimentée gagne plus, dans une grande ville, qu'une agrégée du même âge ; une « première » dans une importante maison de couture arrive à 8 ou 10.000 francs ou davantage, pendant que l'agrégée végète à moins de 300 francs par mois. Qu'on excuse ces rapprochements : les femmes honnêtes sont obligées de compter, et deviennent pratiques par force...

L'enseignement secondaire mérite une mention d'honneur : il est le seul service de France où les femmes n'aient pas droit au repos avant l'âge de soixante ans, sans considération pour le chiffre de leurs années de service... Bien des candidates qui compteraient parmi les meilleures fuient dès maintenant, et pour cause.

La principale cause d'émotion de l'auteur, c'est que beaucoup d'agrégées et de certifiées passent de l'enseignement public à l'enseignement libre. Voilà une faute qui ne se pardonne pas !

Encore, si toutes les candidates reçues à l'agrégation restaient dans l'enseignement public, elles seraient les seules à pâtir, sans que l'Université s'en ressentît. Mais non. Il faut absolument attirer l'attention sur un danger des plus graves, toujours grandissant, et qui compromet l'avenir de nos lycées de jeunes filles.

Lisez le *Bulletin officiel du Ministère de l'Instruction publique ;* voyez les nominations du personnel enseignant, dans les établisse-

cherté de la vie dans la localité, sera allouée aux professeurs hommes, elle n'en jouira, sous aucun prétexte.

Un agrégé doit, au maximum, quinze heures de service : il possède une « chaire », c'est-à-dire qu'il est nommé à un poste déterminé, pour donner un enseignement en rapport avec son titre, ses aptitudes, et dont nul ne peut le déposséder. S'il prépare aux grands concours, son maximum est réduit à douze ou treize heures. — Une agrégée ne possède pas de chaire ; sa directrice lui impose, chaque année, le service que bon lui semble.

ments secondaires féminins. Vous vous étonnerez qu'une foule de *déléguées*, licenciées, certifiées première partie, bachelières, brevetées, pénètrent d'emblée dans les collèges, voire dans les lycées de jeunes filles. Ces nominations sont déterminées, entre autres motifs, par une raison majeure : *beaucoup d'agrégées et de certifiées, une fois leur titre acquis, s'évadent de l'enseignement public.*

« Elles se marient donc ? » diront les bonnes gens. Non : le mariage n'est pas, pour l'Université, un concurrent à craindre. Les professeurs hommes sont trop mal rémunérés pour que leurs femmes, si elles appartiennent à l'enseignement, consentent à leur devenir une charge.

Mais les jeunes agrégées vont souvent chercher fortune loin des bras de l'*Alma Mater*. Quelques-unes acceptent, à l'étranger, un poste de gouvernante bien payé : Pierre Loti a seulement exagéré leur nombre dans *Les Désenchantées*. D'autres, entrées en religion, consacrent au prestige de la communauté la culture qu'elles ont reçue de l'Université laïque. La plupart, attirées par les sirènes de l'enseignement libre, sirènes à la voix d'or, s'évertuent à concurrencer les lycées de l'État, acceptant le rôle profitable de réclames vivantes. Il est certain que l'enseignement libre les surmène moins et remplit mieux leur bourse que l'enseignement public. En outre, il leur fournit une chance de pénétrer au Conseil supérieur, où l'enseignement féminin secondaire de l'État implore en vain, depuis trente-trois ans, une modeste déléguée, tandis que l'enseignement secondaire libre féminin y occupe une place de choix. Il contribue à élaborer les programmes des lycées de jeunes filles, dont les professeurs ne sont même pas entendues à titre consultatif...

Le remède s'impose. *Il suffit de n'admettre à concourir les candidats aux diverses agrégations masculines et féminines qu'après leur avoir fait signer un engagement décennal impliquant une indemnité à payer, en cas de rupture.*

L'État n'a pas à favoriser le recrutement et la réclame de l'enseignement libre.

Puis, à ce coup tranchant comme un couperet de guillotine, succède cette déduction, d'une rigoureuse logique :

J'avoue ne pas comprendre de quel droit on écarte un abbé des agrégations masculines, si l'on admet à concourir, en vue de ces mêmes agrégations, des femmes qui non seulement n'ont pas le droit d'enseigner dans les lycées de garçons (décision du Conseil supérieur), mais qui, comme le cas a pu se présenter, avaient pris à l'avance des engagements envers une pension libre. Un peu de logique ne messied jamais.

Mme Suran-Mabire qui, décidément, n'a aucune tendresse pour l'enseignement libre, ajoute ces lignes saturées de fiel :

A Paris, l'enseignement libre, avec son flair commercial infaillible, a découvert promptement le filon d'or à exploiter. Il a mis la main sur la préparation aux grands concours féminins dont l'Etat se désintéresse. « Résidez-vous dans la capitale ? Mesdemoiselles, suivez nos cours ; êtes-vous retenues en province ? Travaillez par correspondance. » Il faudrait être aveugle ou affolé par le parti pris, je l'avoue, pour nier que ces cours libres ne rendent service aux candidates en leur offrant, contre rétribution, des maîtres et une discipline. Etonnez-vous que les institutions libres, ces « remplaçantes » pédagogiques, s'attachent, au préalable, la collaboration des futures agrégées dont le succès est escompté.

Allons ! Toute personne de bonne foi pensera que l'enseignement libre, pour exciter des diatribes aussi amères, se porte encore assez bien. On ne s'acharne pas après un cadavre !

*
* *

Nous persistons dans la conviction que beaucoup trop élevée encore est la clientèle des lycées et collèges de jeunes filles, bien qu'elle tende à demeurer stationnaire, bien que le recrutement de ses maîtresses traverse une crise redoutable. Nous maintenons cette conclusion, parce que nous tenons compte de la nature de l'enseignement officiel, des lacunes des programmes au point de vue religieux, de l'esprit universel que cet enseignement inocule dans les âmes des femmes, jeunes filles aujourd'hui, demain épouses et mères.

Proclamons-le pourtant, comme un éloge mérité par la famille française et par la famille chrétienne : Les immenses efforts dépensés par l'Etat depuis trente-quatre ans pour assurer et réformer à son gré l'éducation des femmes, les sacrifices énormes qu'il a consentis pour arriver à ce résultat, aussi bien que ceux qu'il a imposés aux départements et aux villes, tout cela est-il payé à son prix ? Si l'enseignement officiel des jeunes filles n'était pas gratuit, ou bien voisin de la gratuité, où en serait-il? L'Etat, socialiste en matière d'éducation, entraîné par sa passion sectaire, armé de toutes les forces de son budget, offre un marché avantageux, mais inquiétant, aux consciences chrétiennes. Honneur à celles qui repoussent ce marché ! Honneur aux parents qui veulent accomplir eux-mêmes, au prix de lourds sacrifices, si cela est nécessaire, la mission providentielle que Dieu leur a confiée auprès de leurs enfants ! Le nombre, heureusement, en est encore considérable.

CHAPITRE IV

COMMISSION EXTRA-PARLEMENTAIRE DE L'ENSEIGNEMENT SECON-
DAIRE DES JEUNES FILLES (8 JANVIER 1917-25 MARS 1919).
SES CONCLUSIONS : BACCALAURÉAT E.

Depuis une quinzaine d'années, les études de la jeunesse féminine française se sont nettement orientées vers le baccalauréat.

En 1916, 600 jeunes filles se sont présentées au baccalauréat; il y en eut 740 en 1917.

Dans cette voie nouvelle, les maisons d'enseignement libre ont marché les premières, et les succès croissants ont récompensé les efforts des professeurs et des élèves.

En présence des résultats acquis par le camp adverse, l'enseignement officiel s'est ému et a cherché à regagner le terrain perdu, en préparant également le baccalauréat. Tout d'abord, une quinzaine de lycées de jeunes filles furent autorisés à instituer des cours facultatifs de latin d'une durée de deux années, portée, en 1912, à trois ans.

Ce n'était, d'ailleurs, qu'une tentative isolée et, si le mouvement devait s'étendre et se généraliser, une réorganisation nouvelle s'imposait.

A vrai dire, les programmes de 1880 et le diplôme de fin d'études, qui en est la sanction, ne répondaient plus entièrement aux besoins des temps. A une époque où la lutte pour la vie prend, chaque jour, un caractère plus âpre, la culture désintéressée rêvée par le législateur était-elle encore possible? Sans doute, les élèves les plus favorisées de la fortune pouvaient encore y prétendre, mais une grande partie de la clientèle, composée de boursières ou de remisières, devait chercher dans l'enseignement un honorable gagne-pain, la prudence des familles le demandait, avant tout. Ajoutons que, depuis la guerre, la question s'est posée avec une douloureuse acuité, puisqu'il s'agit de combler les vides faits par le fléau dévastateur et d'ouvrir plus largement aux femmes l'accès des carrières masculines et des professions libérales.

Or, le diplôme de fin d'études est dépourvu de toute sanction. Il ne permet, ni d'ouvrir une maison d'éducation, ni de se présenter aux examens de l'enseignement supérieur. Il n'est guère qu'un objet de luxe, et il varie selon la force de chaque lycée.

Pour maintenir ce parchemin qui ne satisfait pas les exigences d'une époque utilitaire, les défenseurs de la loi Camille Sée tentèrent, à trois reprises, d'obtenir l'assimilation dudit diplôme et du brevet supérieur ou du baccalauréat (première partie). La Commission du budget de la Chambre s'y opposa nettement

Dans ces conditions, une réforme totale s'imposait et, comme un simple décret formulé après avis du Conseil supérieur de l'Instruction publique était légalement insuffisant et qu'un texte de loi était nécessaire, une commission extra-parlementaire fut instituée pour préparer la voie aux membres du Parlement.

Composée du vice-recteur de l'Académie, des présidents de jury d'agrégation, de professeurs éminents, de sénateurs et de députés, cette Commission (1) étudia la question, de 1917 à 1919.

On prépara des questionnaires, qui atteignirent jus-

---

(1) La Commission était composée de la façon suivante :
MM. Charles Dupuy, sénateur, vice-président ; Simyan, député, vice-président ; Liard, vice-recteur de l'Académie de Paris, vice-président ; Henry Bérenger, de Las-Cases, Lintilhac, Steeg, sénateurs ; Paul Beauregard, Léon Bérard, Bouffandeau, Dessoye, Charles Dumont, Pierre Dupuy, Ellen Prévot, Groussau, Landry, Paul Painlevé, Adrien Veber, députés ; Lucien Poincaré, Coville, Lapie, directeurs au Ministère de l'Instruction publique ; Appell, Croiset, Larnaude, Landouzy, doyens de Facultés ; Camille Sée, conseiller d'État ; Darlu, Bompard, Blutel, inspecteurs généraux de l'instruction publique ; Fedel, Georgin, professeurs de lycées ; Mmes Amieux, Caron, directrices de lycées ; Mlle Picot, Mme Suran-Mabire, professeurs de lycées de jeunes filles.
M. Blutel a rempli les fonctions de secrétaire ; MM. Vigier et Wissemnan, chefs de bureau au Ministère de l'Instruction publique, ont rempli les fonctions de secrétaires adjoints.

qu'aux lycées de province; des discussions chaudes et passionnées s'établirent, dans des séances régulières hebdomadaires.

Deux courants d'opinion se manifestèrent au sein de la Commission. Tandis que certains membres — et non des moindres — se prononçaient nettement contre la préparation au baccalauréat dans les lycées et collèges de jeunes filles, d'autres réclamèrent, pour ces dernières, une assimilation complète dans les études des deux sexes. Enfin, par douze voix contre onze, dans sa séance du 23 juillet 1918, la Commission extra-parlementaire émit le vœu « que l'examen qui sanctionnera les études secondaires des jeunes filles doit donner les mêmes droits que celui qui sanctionne les études de garçons ».

Le diplôme de fin d'études semblait, par là même, condamné à disparaître, mais ses amis et défenseurs voulaient le maintenir à tout prix. Les plus violents parlaient d'imposer brutalement le monopole de l'Enseignement officiel. Peu à peu, des esprits plus sages firent prévaloir le sentiment de la justice, et le calme se rétablit. De nouveau, mais sans succès, l'équivalence fut proposée. Enfin, le diplôme de fin d'études fut maintenu ; mais la Commission décida la création, à côté de lui, d'un nouvel examen, dit « diplôme renforcé », diplôme complet, et enfin, du baccalauréat E.

Nous publions ci-dessous les résolutions prises, dans l'ordre même où elles ont été arrêtées, les reproduisant d'après le rapport présenté par M. Veber, député, dans la session de 1918 (Annexe n° 5312, au procès-verbal de la séance de la Chambre des Députés, du 3 décembre 1918).

19 janvier 1919. — L'enseignement des jeunes filles doit conserver une organisation et un plan d'études propres.

26 janvier. — La durée des classes proprement dites, non compris les exercices physiques, ne dépassera pas cinq heures par jour.

Les enseignements obligatoires intellectuels ne dépasseront pas dix-sept heures par semaine.

2 février. — Une place importante sera faite, à titre obligatoire, aux enseignements féminins et à l'éducation physique.

Une place sera faite aux enseignements pratiques.

19 février. — La durée de la scolarité sera de 6 ans (étant entendu qu'une 7ᵉ année pourra s'y ajouter dans des conditions à déterminer. L'organisation d'une 7ᵉ année est adoptée à l'unanimité).

Il y aura une sanction, avec compositions écrites, à la fin de la 4ᵉ année.

Le diplôme sera délivré à la fin de la 6ᵉ année.

26 février. — L'examen qui sanctionnera les études secondaires des jeunes filles donnera les mêmes droits que l'examen qui sanctionne les études secondaires des garçons.

2 mars. — Cet examen sera scindé en deux parties, dont l'une se passera à la fin de la 6ᵉ, l'autre à la fin de la 7ᵉ année.

16 mars. — Le diplôme complet sera ouvert à toutes les jeunes filles.

Le diplôme simple sera réservé aux élèves de l'enseignement public.

Les épreuves orales seront publiques.

Les épreuves du diplôme simple auront lieu au chef-lieu « sur place ». (Il est entendu que le choix du local sera réglé par les commodités de l'endroit où a lieu l'examen.)

Les épreuves orales du diplôme complet ont lieu au chef-lieu de l'Académie. (Les épreuves écrites peuvent avoir lieu dans la ville où se trouve l'établissement.)

Le diplôme de fin d'études sera uniquement réservé aux élèves de l'enseignement officiel ; il se passera à la fin de la 6ᵉ année, et comprendra : 1° des épreuves écrites ; 2° des épreuves pratiques de couture et de dessin, ou de musique ; 3° des épreuves orales publiques sur les matières figurant au programme de la 6ᵉ année.

Le diplôme renforcé, ou Baccalauréat E, n'est pas réservé aux élèves des lycées ; il sera accessible à toutes les jeunes filles, à quelque établissement qu'elles appartiennent. Il se passera en deux parties, l'une, à la fin de la 6ᵉ, l'autre, à la fin de la 7ᵉ année. Il comprendra des épreuves écrites éliminatoires, des épreuves pratiques et des épreuves orales figurant au programme de la 6ᵉ année. La seconde partie formera deux sections : A philosophie et B scientifique. Il comportera également trois épreuves écrites et sept épreuves orales.

Voici, d'ailleurs, le programme complet du Baccalauréat E :

PREMIÈRE PARTIE

L'examen comprend des épreuves écrites, des épreuves pratiques et des épreuves orales.

Les épreuves écrites sont éliminatoires.

Les épreuves écrites et orales, en ce qui concerne l'histoire, la géographie et les sciences, ne portent que sur les matières figurant au programme de la 6ᵉ année.

Les compositions écrites sont au nombre de trois :

Une composition française ;

Une composition de langues vivantes, comprenant une version et une courte rédaction en langue étrangère, d'après une matière donnée dans cette langue ;

Une composition de version latine ou une composition de sciences mathématiques et physiques, au choix de l'aspirante.

Les épreuves pratiques sont au nombre de deux : l'une porte sur les travaux féminins, l'autre, sur le dessin ou la musique, au choix de la candidate.

Les épreuves orales portent sur les matières suivantes :

Littérature française ;

Histoire ;

Géographie ;

Langues vivantes ;

Mathématiques ;

Sciences physiques ;

Explication latine ou seconde interrogation sur les mathématiques, d'après la 3ᵉ composition faite par la candidate.

DEUXIÈME PARTIE

2 Sections.

A. — *Section Philosophie.*

Épreuves écrites :

1° Une dissertation française sur un sujet de philosophie ;
2° Une composition de sciences physiques et de sciences naturelles.

Épreuves orales :

1° Une interrogation sur la philosophie ;
2° Une interrogation sur les auteurs philosophiques :
3° Une interrogation sur l'histoire contemporaine ;
4° Une interrogation sur la géographie ;
5° Une interrogation sur les sciences physiques et la cosmographie ;
6° Une interrogation sur les sciences naturelles et l'hygiène ;
7° Une interrogation sur une langue vivante.

B. — *Section scientifique.*

(Épreuves communes aux deux sections : A et B).
Composition de philosophie ;
Composition de sciences physiques.

Épreuves spéciales :

Une composition de mathématiques ou une composition d'histoire nat . elle, suivant la section choisie par la candidate.

Épreuves orales :

1° Une interrogation sur les mathématiques ;
2' Une interrogation sur la physique et la chimie ;
3° Une interrogation sur les sciences naturelles et l'hygiène ;
4° Une interrogation sur la philosophie ;
5° Une interrogation sur l'histoire contemporaine ;
6° Une interrogation sur la géographie ;
7° Une interrogation sur une langue vivante.
Organisation d'une septième année d'enseignements pratiques.

Avis défavorable a l'équivalence entre le diplôme de fin d'études et le brevet supérieur.

Les sanctions universitaires actuellement attribuées au diplôme de fin d'études secondaires seront exclusivement attachées au diplôme dit « renforcé ».

Il y a lieu d'ouvrir, le plus largement possible, les carrières administratives aux jeunes filles pourvues du diplôme.

Dénomination du nouveau diplôme :

1° Maintien du titre de diplôme de fin d'études au diplôme simple ;
2° Le diplôme renforcé prendra le nom de baccalauréat.

Tel est, à l'heure actuelle, le résultat des travaux de la Commission extra-parlementaire de l'enseignement secondaire des jeunes filles. Toutes ces résolutions sont encore à l'état de projet, puisqu'elles doivent être soumises aux délibérations du Parlement et qu'elles ne pourront venir en discussion que devant la prochaine législature.

Le Baccalauréat E, exclusivement féminin avec ses matières pratiques qui ajoutent une difficulté nouvelle à tant d'autres, n'aurait de chances de succès que si l'on excluait définitivement les femmes des sections A, B, C et D ; ce serait un réel abus de pouvoir, et il semble que cet abus de pouvoir ne soit pas sérieusement à redouter, bien que la proposition en ait été faite par quelques membres intransigeants de la Commission.

Quoi qu'il puisse en advenir par la suite, il est permis d'espérer, d'ores et déjà, que l'idée du monopole est, pour le moment, écartée ; que les tendances, plus libérales, continueront à se manifester et que l'enseignement libre, voguant à pleines voiles, malgré les orages et les écueils, continuera sa mission, à la fois honorable et féconde, pour les meilleurs intérêts de la religion et du pays.

LIVRE II

L'ENSEIGNEMENT LIBRE

CHAPITRE PREMIER

L'enseignement libre féminin s'attache à donner satisfaction aux idées contemporaines ; il le fait avec souplesse,
mais avec prudence. Il s'inspire de l'évolution des idées
des familles, des exigences et des conceptions nouvelles
des parents et aussi des enfants. Autant il est intransigeant sur les questions fondamentales de la foi, de
l'enseignement de la religion, autant il se montre disposé
à examiner toutes les autres questions, à tenir compte
des aspirations légitimes, tout en rejetant les exagérations, les engouements inconsidérés.

Malheureusement, les réformes sont toujours beaucoup
plus faciles à édicter en théorie qu'à introduire dans le
domaine pratique. Dans notre pays, elles ne sauraient
être que l'œuvre du temps, car tout un passé d'habitudes
régionales, dont nous devons tenir compte, pèse sur nos
institutions.

Avant la loi du 1ᵉʳ juillet 1901 — voilà déjà plus de
dix-huit ans ! — l'enseignement libre des jeunes filles était
assuré, sur tout le territoire français, par de nombreuses
et prospères maisons religieuses, où les traditions de la
bonne éducation se maintenaient et se transmettaient de
génération en génération.

Au lendemain de cette funeste loi, la plupart de ces
pensionnats où s'élevait l'élite de la bourgeoisie durent,
nous l'avons vu dans le chapitre précédent, fermer leurs
portes, les immeubles furent confisqués, le personnel
dispersé ou exilé. Alors l'État, comptant sur la suppression de la concurrence, multiplia les lycées et collèges de
jeunes filles. Si les familles n'accordaient pas leur confiance entière à ces nouvelles maisons, la nécessité en

obligeait beaucoup, néanmoins, à leur confier l'instruction de leurs filles.

L'Etat, non pas neutre, mais athée, allait-il devenir le seul éducateur de la jeunesse féminine de la bourgeoisie? Il y avait là un grand danger. Nos évèques, nos prêtres alarmés firent tous leurs efforts pour relever de leurs ruines quelques maisons d'éducation. Il fallait tout reconstituer, locaux et personnel. Les bonnes volontés, les sacrifices d'argent aidant, un peu partout on vit renaître des maisons libres d'enseignement des jeunes filles, qui prenaient la suite des anciens pensionnats, relevaient la tradition de l'enseignement chrétien et recueillaient une bonne partie de leur ancienne clientèle. Mais, devant un tel renouveau inattendu de l'enseignement chrétien, il faut s'attendre à de nouvelles attaques. On cherche à lui porter atteinte, soit par des coups directs, soit plutôt par une voie détournée.

Tandis que, dans l'enseignement des garçons, il y a une distinction très marquée entre l'enseignement primaire et l'enseignement secondaire, tant par les méthodes et les programmes de leurs études que par les examens qui les couronnent et les lois qui les régissent, il n'en est pas de même pour l'enseignement féminin, où la distinction entre les degrés primaire et secondaire ne s'établit guère que par la qualité des élèves : peuple ou bourgeois. Il y a lieu aussi de tenir compte d'un nouvel état des esprits, d'une tendance à développer davantage l'instruction des jeunes filles, à mettre leurs études presque au même niveau que celles de leurs frères. Et ne serait-ce pas une des raisons de la faveur qu'obtiennent auprès de certaines familles les établissements de l'Etat, où l'on sait trouver un personnel enseignant de premier ordre, et, à défaut d'éducation, une instruction solide? Sommes-nous préparés à satisfaire à ces nouveaux besoins, et pouvons-nous soutenir la concurrence de l'Etat?

.·.

L'éducation intellectuelle des jeunes filles dans nos institutions libres vers la fin du siècle dernier nous invite à présenter des développements avec une entière franchise. Des aveux pénibles même s'imposent. Avant 1901, les jeunes filles de la bourgeoisie étaient élevées, en grande partie, par les Congrégations religieuses. Or, les études de ces établissements, toujours très soignées au point de vue religieux, différaient beaucoup sur tous les autres points.

Dans les grands centres pourvus d'un petit séminaire ou d'un collège catholique, leur organisation était un peu calquée sur ces maisons. Aux matières purement primaires s'ajoutaient des notions d'histoire et de géographie générales, de littérature française et étrangère, et même de psychologie. Les arts d'agréments y étaient en honneur, et parfois les langues étrangères. La qualité de l'enseignement dépendait alors de l'éducation première des maîtresses. Lorsqu'elles sortaient de milieux cultivés, comme il arrivait dans les instituts importants, les études revêtaient un caractère voisin du secondaire. Elles étaient bien au-dessous de ce niveau, dans la plupart des petites villes.

Mais, en général, l'instruction donnée dans les maisons les plus chrétiennement dirigées resta supérieure à celle de l'État, tant qu'il n'eut, pour les filles, que des écoles primaires. Aux examens du brevet élémentaire et du brevet supérieur, nos élèves arrivaient, en effet, presque toujours en tête de liste, et l'on a pu applaudir des institutrices en costume religieux qui recevaient publiquement les félicitations du jury d'examen.

Il faut convenir, cependant, qu'en général l'instruction des jeunes filles était assez faible. C'est le lieu de rappeler les appréciations de Mgr Dupanloup, dans son bel et éloquent ouvrage, pénétré des plus vives lumières sur les nécessités et les exigences de la société moderne (1). Le grand éducateur observait :

(1) Mgr DUPANLOUP : *Lettres sur l'éducation des filles*, IIe partie, lettre d'introduction : la mauvaise éducation des filles. — L'évêque d'Orléans analyse avec finesse la nature de la jeune fille : « Le défaut capital que je trouve dans l'éducation des jeunes filles, c'est qu'elle ne

Chez la plupart des jeunes maîtresses elles-mêmes, dans les pensionnats, l'éducation, non disciplinée, n'offre aucun fond de solidité logique et morale, aucune méthode, aucune raison suivie.

On me permettra de le dire avec le respect dû à de grands dévouements : ce qui manque le plus aux institutrices, et par conséquent à l'éducation qu'elles donnent, c'est moins l'étendue des connaissances que la solidité de l'esprit. Très souvent, même dans de bons pensionnats, on ne fait travailler que la mémoire ; on ne forme pas le jugement...

La vérité est, comme le disait Ozanam, qu'un traité de l'instruction des jeunes filles et des jeunes femmes reste à faire. Rien n'y est vraiment entendu comme il faut. Rien ou presque rien n'y donne des fruits durables (1).

A feuilleter la plupart des manuels de la fin du xixᵉ siècle, on a la sensation d'une science bien superficielle, et les traités scolaires *à l'usage des demoiselles* feraient sourire aujourd'hui une bonne élève primaire. On donnait, il est vrai, aux jeunes filles des teintures de

remédie pas au vice capital de leur nature. Et quel est ce vice? C'est la légèreté.

« La nature des jeunes filles étant donnée ce qu'elle est, molle, légère, mobile, tout dans leur éducation doit être ferme, sérieux, grave, généreux ; en un mot, tout devrait tendre à en faire des *femmes solides*. Tout cela, sans doute, dans la bonté, le dévoûment, l'affection, la tendresse de leur cœur, mais sans y laisser jamais pénétrer la mollesse, l'afféterie, ni dominer la vanité, la frivolité.

« Il faut donc, avant tout, former en elles le bon sens, la raison, la droiture, la fermeté de l'esprit et du caractère, le courage même, — ne pas leur permettre les timidités, les peurs déplacées, ni tolérer dans leurs habitudes rien d'irrégulier, de capricieux, de décousu. Et, je l'ajoute, cette solidité il faut la porter dans l'instruction comme dans l'éducation. Il faut former des filles et des femmes de bon sens, qui se décident et agissent par des principes de foi et de raison ; leur inspirer quelque chose de sage, de mesuré, de modéré en tout... J'ai parlé d'*évaporation ;* le fait est que, quand leur première éducation n'a pas été très solide, les jeunes filles deviennent quelquefois tout à coup si légères, que les comparer à la vapeur, ce n'est pas exagérer... Au mal, il n'y a qu'un remède. C'est de substituer en tout la raison, la réflexion, à l'impression, à la curiosité, la foi solide et agissante à la piété superficielle...

« Comme je viens de le dire, substituer la *réflexion* à *l'impression* chez les femmes serait attaquer la frivolité à sa racine ; ce serait réformer dans le vrai sens du mot l'éducation féminine. Sans ce granit du bon sens, religieux, philosophique et moral, il y a tout un ordre élevé d'idées saines, raisonnables et fondamentales, qui reste comme un trésor dont les femmes n'ont pas la clef. » (PP. 216, 217 et 219.)

(1) IDEM, *Ibid.*, p. 219.

tout, des teintures et non des clartés. Elles vivaient perpétuellement *dans l'illusion de savoir et de comprendre*, selon le mot de Marcel Prévost, et n'apprenaient pas une seule chose assez à fond, même les arts d'agréments, pour s'en servir plus tard, si le malheur les atteignait. On leur parait l'esprit, on ne le nourrissait pas. Mais, après la création des écoles supérieures de Sèvres et de Fontenay et l'élaboration des nouveaux programmes secondaires et primaires (1880-1887), les choses changèrent de face. L'enseignement de l'Etat s'éleva d'un bond au dessus du nôtre, il faut le reconnaître, et ses premiers succès entraînèrent une grave modification de l'opinion sur l'instruction des femmes. Confiantes en des méthodes qui leur avaient assuré une longue prospérité et une clientèle qu'elles jugeaient devoir leur être toujours fidèle, les religieuses ne s'aperçurent guère, d'abord, de cette marche en avant. Quand elles ouvrirent les yeux, elles étaient devancées d'une dizaine d'années par l'Etat. Si l'on ne discutait pas encore la valeur éducative de leur enseignement, on faisait des réserves sur sa foi , par comparaison avec celle des lycée filles.

Si c'est aujourd'hui une vérité qui n'échappe à personne, que l'idée religieuse a besoin de s'appuyer sur le prestige de la science pour s'imposer à la conscience moderne, il n'en était pas encore ainsi. Beaucoup estimaient, et non des moindres, que des études plus étendues fausseraient l'esprit de la femme et l'arracheraient fatalement à son foyer, à ses devoirs les plus sacrés, et feraient d'elle cet être déplaisant ayant perdu les grâces de son sexe sans atteindre aux qualités viriles. Ce type s'est rencontré quelquefois, et l'on a pu écrire des romans et des pièces de théâtre, pour montrer ce que devient la femme qui tente de s'évader de la vie normale pour ne plus vivre que du cerveau.

Telle n'était pas l'ambition de nos jeunes filles chrétiennes, qui n'entendaient renoncer ni à leurs sentiments religieux, ni à leur éducation distinguée. Elles souhaitaient seulement égaler en instruction leurs émules des

lycées, et sans doute aussi devenir *meilleures chrétiennes, et meilleures Françaises et meilleures mères
de familles et plus agréables épouses,* selon le vœu de
M. Emile Faguet.

Fatiguée de cette éducation bourgeoise qui ne les pré-
parait à rien, l'une d'elles s'écriait : « Quand donc nous
prendra-t-on au sérieux et nous croira-t-on capables de
pensées fortes et de tâches utiles? Quand cessera-t-on de
nous dérober les côtés graves de la vie et de nous considérer comme des bibelots de luxe? »

Il fallut bien, enfin, songer à tenir compte de leurs
juvéniles aspirations vers la culture complète, si élo-
quemment encouragée par Mgr Dupanloup et Mgr d'Hulst.

Si les institutions religieuses d'alors ne provoquèrent
pas ce mouvement en faveur de l'instruction des femmes,
il faut leur rendre ce témoignage qu'elles s'efforcèrent de
le suivre, bien avant le trop retentissant coup de clairon
de Mᵐᵉ Marie du Sacré-Cœur. Quand parut son livre, au
commencement de 1898, beaucoup d'institutions s'étaient
déjà ressaisies. Stimulées par le danger, elles doublèrent
les étapes rapidement. Dans nombre de pensionnats,
toutes les jeunes religieuses, à fort peu d'exceptions
près, avaient acquis le brevet simple et quelques-unes le
baccalauréat ou le certificat d'aptitude à l'enseignement
secondaire des jeunes filles.

La loi de 1901 les trouva en bonne posture, et c'est,
en partie, avec les excellents éléments fournis par elles
que purent se reconstituer les nouvelles institutions. Ces
maisons, où laïques et sécularisées coopèrent avec harmonie à l'œuvre rajeunie de l'éducation chrétienne, ont
recouvré presque toute leur ancienne clientèle. Plusieurs
vont de pair, pour l'instruction, avec les établissements
de l'Etat. En face des projets ministériels successifs, elles
ont orienté leurs professeurs vers la conquête des titres
capables de répondre aux exigences possibles. Elles se
sont d'abord tournées vers le certificat d'aptitude à l'enseignement secondaire des jeunes filles dont le programme
fait très bien suite au brevet supérieur. Son caractère de
concours et les formalités à remplir pour être admises à

en subir les épreuves, les en ont éloignées, surtout depuis l'interdiction de l'agrégation aux candidates de l'enseignement libre. Elles ont tenté la préparation du certificat d'aptitude au professorat des écoles normales. Parallèlement à la formation des maîtresses, plusieurs maisons ont dû organiser la préparation du baccalauréat latin-langues ou même sciences-langues pour leurs grandes élèves qui deviennent de plus en plus les émules de leurs frères. Mais cette situation, propre aux grands centres, est loin d'être généralisée, et c'est le principal obstacle à l'unification des programmes qu'il faut, à tout prix, rechercher dans l'intérêt des familles. Lorsqu'une famille se déplace — et le cas est fréquent, particulièrement dans le monde militaire — le jeune homme est assuré de retrouver, dans le nouveau collège où il entre, le même objet d'études que dans la classe d'où il sort. Pourquoi nos institutions libres n'atteindraient-elles pas le même résultat pour les jeunes filles? Il suffit que ces maisons, qui ont fait de grands progrès sur tant de points, en fassent encore sur le terrain de l'entente.

.
. .

Convient-il d'orienter l'éducation intellectuelle des jeunes filles vers l'enseignement secondaire? — La réponse à cette question se trouve consignée tout au long dans un remarquable rapport présenté, le 21 mai 1913, au Congrès de l'enseignement libre, organisé par la *Société générale d'Éducation et d'Enseignement* (1). L'auteur, directrice de l'école Fénelon, à Clermont-Ferrand, répond affirmativement sans hésiter.

Le doute serait-il possible en face du succès des lycées de filles et de l'engouement de notre jeunesse pour les titres décernés par les Facultés? La culture secondaire n'est-elle pas, d'ailleurs, celle qui répond le mieux à la mentalité de la bourgeoisie *où l'on lit et*

(1) *De l'éducation intellectuelle des jeunes filles : Convient-il de l'orienter vers l'enseignement secondaire?* Rapport présenté par Mlle H. TAILLANDIER. Nous en reproduisons sous ce chapitre le mouvement général et souvent jusqu'aux expressions mêmes.

où l'on cause ? Nos jeunes filles ont des pères et des frères — bientôt elles auront des maris — nourris aux études classiques. Que gagneraient-elles à rester inférieures à leur milieu, et que peuvent-elles perdre à l'égaler ?

Sans doute, la réaction contre la futilité des études féminines n'a pas été exempte d'exagération. Mais c'est, aujourd'hui, un fait accompli : les hautes études ne nous frappent plus d'ostracisme. On voit sans surprise les femmes fréquenter les Universités, étudier le grec et le latin, parler plusieurs langues, et atteindre aux carrières libérales. Elles savent causer, car elles connaissent mieux la valeur des mots et l'art d'enchaîner les idées. Quelques-unes sont allées plus loin : elles ont appris à écrire de façon à faire tomber les préventions contre les ouvrages sortis de nos mains, et plusieurs se sont fait un nom dans les arts et dans les sciences elles-mêmes.

Les détracteurs de l'instruction des femmes se résignent à cet état de choses, en constatant que nos jeunes filles de la bonne société ne deviennent ni pédantes, ni païennes, au contact des belles-lettres. Les amis du latin leur savent gré de le sauver de l'abandon où le délaissent leurs fils ; les mères prévoyantes se félicitent de voir leurs filles occuper sérieusement les années qui précèdent le mariage ; enfin, les jeunes collégiens gagnent certainement beaucoup au contrôle intelligent de leurs mères dans leurs études, et l'enseignement féminin acquiert des maîtresses très compétentes en toutes les branches du savoir. Applaudissons donc aux efforts de nos jeunes filles françaises pour atteindre à la science et à l'art véritable, et facilitons-leur cet essor. Mais à la condition qu'elles ne soient jamais des *singes* de l'homme, et ne se dérobent à aucun des devoirs de leur sexe.

Suit un plan idéal d'éducation intellectuelle. L'auteur est la première à reconnaître combien difficile en sera l'application pratique. Cette organisation de l'enseignement secondaire dans les pensionnats est très délicate. En conséquence, nous croyons devoir nous appuyer sur l'expérience, éprouvée, d'une professionnelle. L'esquisse que nous allons présenter, d'après elle, présente cette intéressante question au regard des étudiantes, des maîtresses et des élèves :

Bien que l'enseignement secondaire comporte à sa base l'étude de l'antiquité grecque et latine, on peut la concevoir cependant à la façon des lycées de filles, où les langues mortes ne sont qu'un accessoire. Dès lors, les programmes primaires supérieurs et secondaires sont à peu près identiques. C'est l'esprit dans lequel ils sont enseignés qui en établit la différence. Le primaire donne la connaissance des faits; le secondaire apprend à les interpréter, c'est-à-dire à penser. Il semble donc bien que, quel que soit le programme, l'enseignement restera forcément primaire, s'il est donné par des maîtresses n'ayant eu qu'un contact très superficiel avec les études proprement classiques, et s'il est reçu par des jeunes filles n'ayant acquis, dans leur milieu, que le sens du concret et de l'utile, et très incapables de s'élever aux idées générales. Nos étudiantes font-elles de l'enseignement secondaire, en greffant des examens d'ordre secondaire sur une culture primaire supérieure? Je ne le pense pas. Intelligentes et travailleuses, elles se sont assimilé assez vite les connaissances nécessaires pour atteindre au baccalauréat et à la licence. Mais ce n'est là qu'une situation transitoire : l'enseignement secondaire, dans nos maisons, reste à créer, et nous ne pouvons y prétendre qu'en en préparant avec soin les éléments : *des professeurs* longuement et soigneusement formés ; *des élèves* habituées, dès leurs classes primaires, aux méthodes de recherche personnelle, et déjà familiarisées avec les classiques par la lecture graduée des meilleurs textes littéraires.

Les professeurs ecclésiastiques des institutions secondaires de jeunes gens nous rendent de très grands services pour la formation de nos jeunes maîtresses. Dans les villes pourvues d'une Faculté de l'État, nos étudiantes peuvent prendre leurs grades de licence, sans quitter les maisons d'éducation auxquelles elles sont attachées ; ce qui atténue beaucoup les dangers de cours parfois hostiles à nos croyances. Nulle n'ignore, parmi nous, les précautions à prendre à cet égard et les permissions à obtenir de l'Autorité diocésaine pour la fréquentation de ces cours. Paris, le rêve des jeunes étudiantes, leur offre, grâce à plusieurs d'entre vous, Mesdames, des écoles très prospères, où, à l'abri des périls religieux ou moraux, elles peuvent venir achever leurs études. Enfin, les Facultés catholiques condescendent à leur ouvrir leurs portes, et c'est un secours de premier ordre.

Quant aux élèves, j'estime qu'il faut leur faire commencer de bonne heure l'enseignement classique, c'est-à-dire vers onze ou douze ans. Le programme (1) élaboré, l'an dernier, par Mlle Teillard, sera pour nous un excellent guide. La partie secondaire de *l'École* nous apportera, chaque semaine, des séries de devoirs habilement gradués. Ferons-nous un cours de latin? Assurément, et dès la première année secondaire. Sans redire les multiples avantages qu'offre cette étude à des chrétiennes qui veulent prier Dieu dans la langue de l'Église, et à des Françaises désireuses de bien parler dans leur langue maternelle, nous nous souviendrons qu'avant 1880 le latin et le grec figuraient obligatoirement au programme secondaire. On avait, jusqu'alors, estimé qu'il n'y a pas de vraie culture classique sans un long commerce avec la pensée

(1) Ce programme sera étudié plus loin, sous le chapitre IV.

antique. Si, pour démocratiser — passez-moi le mot — l'enseignement secondaire, on a mutilé son programme, nous sommes logiques en lui restituant au moins le latin.

Toutefois, il serait chimérique de chercher à initier aux beautés de Cicéron ou de Virgile des esprits médiocres ou trop peu cultivés. Il nous faudra faire, parmi nos fillettes, une sélection basée, non pas sur leur situation sociale, mais sur les distinctions que Dieu lui-même établit dans la distribution de ses dons. Si nous voulons créer une élite, nous devons nous débarrasser du poids mort des intelligences bornées, auxquelles nous imposerions en vain le supplice d'études au-dessus de leur portée. Il se présente fréquemment un autre cas. Des jeunes filles de quatorze ou quinze ans nous arrivent de la campagne, ou des petites villes, pour prendre un peu d'usage et d'éducation. Le plus souvent, leur instruction est tout à fait élémentaire. Comment combler leurs lacunes, pendant les deux ou trois ans qu'elles passent en pension, et surtout, comment éveiller en elles la curiosité des choses de l'esprit? Il sera, je crois, plus sage de les retenir dans les études primaires supérieures, couronnées par le brevet supérieur, quand elles pourront y atteindre. Cet examen, d'une valeur réelle lorsqu'il est préparé sans hâte et avec de bonnes méthodes, acheminera les plus intelligentes vers le baccalauréat, si elles le désirent, en leur donnant d'abord les connaissances générales dont elles manquent.

D'ailleurs, dans toutes nos classes, quel que soit leur programme, le pur esprit classique régnera, grâce à la bonne formation des maîtresses. Nos élèves ne confieront à leur mémoire que ce que leurs jeunes esprits se seront bien assimilé; elles n'ignoreront rien d'essentiel dans les lettres et dans les sciences, et surtout elles auront longuement fréquenté, au moins par de bonnes traductions, les grands classiques de tous les temps.

La culture classique provoquait, dès l'année précédente, les mêmes sentiments dans une conférence remarquable faite par Mme Daniélou (1), directrice de l'École normale libre, et sur laquelle on reviendra, sous le chapitre IV. Les quelques lignes ci-dessous serviront, ici, de conclusion :

Ne craignez donc pas, Mesdames, d'orienter vos filles vers la culture classique. Mais surtout, songez à ces innombrables enfants de la bourgeoisie française qui perdent, dans les lycées de filles,

(1) *L'École normale libre et l'enseignement des jeunes filles.* Conférence faite par Mme Daniélou à l'Assemblée générale des amis de l'École normale libre, en l'hôtel de Mme Henri Schneider, à Paris, le 29 juin 1912.

le sens de la vérité, et, après cela, s'en vont sur la mer, sans
étoile. Elles y perdent ces croyances catholiques, qui, seules, donnent un sens et un prix à la vie, qui, seules, font de la jeune fille
l'épouse fidèle et pure, la mère courageuse de nombreux enfants.
Vous ne pouvez vous désintéresser d'elles; vous ne devez pas seulement défendre les enfants qui grandissent à l'ombre de vos propres foyers; tout ce qui est petit est vôtre. Il faut que vos cœurs
s'élargissent pour aimer et défendre beaucoup d'autres enfants de
France, de ces enfants baptisés dont l'âme crie vers vous, du fond
des écoles athées. Nous ne laisserons pas, nous catholiques, un
tel mal s'accomplir; nous prendrons la direction de ce mouvement vers la culture, nous ferons l'enseignement secondaire
catholique.

En voilà assez, croyons-nous, sur cette question de
l'orientation de l'enseignement libre. Nous avons eu la
générosité de reconnaître nos points faibles. Un mal
diagnostiqué est à moitié guéri, pourvu que l'on ait la
ferme volonté d'y porter le remède approprié; — et
toutes nos institutions libres ont cette ferme volonté.

On nous permettra, enfin, de recommander très particulièrement, dans le même ordre d'idées, un rapport
présenté au Congrès diocésain de Paris, de 1914, avec
autant de charme que de compétence, par Mlle Sainte-
Marie (1). Le rôle de la mère dans l'éducation de la
jeune fille, les principales lignes du programme d'éducation appliqué à la jeune fille d'aujourd'hui, aux points de
vue religieux, intellectuel, social et mondain, y furent
successivement envisagés avec beaucoup d'élévation et
de sûreté. Nous renvoyons le lecteur à ce rapport; il y
puisera d'utiles indications qui, toutefois, n'ont pas le
caractère pédagogique que l'on a tenu à conserver à ce
chapitre.

(1) *Dans quel sens la famille doit orienter, de nos jours, l'éducation des jeunes filles.* Rapport présenté au Congrès diocésain de Paris
de 1914, par Mlle SAINTE-MARIE, professeur d'éducation maternelle au
cours normal catholique d'enseignement ménager. (*Compte rendu du
Xe Congrès diocésain.* pp. 177, 191, 50, rue de Bourgogne).

CHAPITRE II

Depuis quelques années, la culture classique, qui répond aux exigences de notre époque, est revenue en faveur parmi les jeunes filles de la société chrétienne. Héritières de leurs aïeules du xvie siècle, nos jeunes contemporaines étudient le latin qui apporte de la justesse à l'esprit et de la netteté à l'expression ; mais les études secondaires doivent reposer sur une foi sincère et éclairée. « Je m'assure, disait Louis Veuillot, que tout chrétien qui n'a pas renié son baptême appartient à l'aristocratie des intelligences. » La foi chrétienne a relevé la dignité de la femme ; la culture, ajoutée à la foi, en sera le couronnement.

L'enseignement secondaire libre féminin, il faut le reconnaître encore une fois, était resté confiné jusqu'en 1906 dans un trop petit nombre de maisons ouvertes à une clientèle choisie. Le départ des Congrégations religieuses d'abord, puis les projets de loi Briand-Massé amenèrent les partisans et les membres de l'enseignement libre à envisager la réorganisation de cet enseignement, à l'effet d'offrir aux familles et aux élèves une organisation, sinon absolument identique à celle des lycées et collèges de jeunes filles de l'Etat, au moins tout aussi complète.

Pour conserver leur clientèle aux établissements libres, et pour assurer à ces mêmes établissements une organisation qui les mît sur le pied de l'égalité avec les lycées de l'Etat, le pas dut être donné résolument, nous l'avons vu, à l'enseignement secondaire sur l'enseignement primaire supérieur. Sans renoncer complètement à présenter des élèves aux examens des brevets élémentaire et

supérieur, il fallut adapter les programmes et les classes
à l'enseignement secondaire lui-même, les brevets devant
pouvoir s'obtenir, au cours des études, avec une préparation plus spéciale de quelques mois. Et puisque le
projet de loi en question allait exiger des professeurs de
l'enseignement libre les titres officiels de l'enseignement
secondaire : baccalauréats, certificats d'aptitude ou
licences, il fallait, dès lors, se préparer à répondre à ces
nouvelles exigences, en donnant aux élèves de l'enseignement libre la culture classique qui les conduisait, naturellement et progressivement, à l'obtention de ces
diplômes.

Les résultats de cette réorganisation, tout à l'honneur
des catholiques, ne se firent pas attendre. Nous allons les
étudier tout au long, en présentant une série de monographies de nos établissements libres : d'abord, les
Ecoles normales, pépinières de nos maîtresses, puis les
écoles et les cours les plus importants. Ce chapitre se
terminera sur un intéressant aperçu de la concurrence
dont l'enseignement officiel se plaint ; il se sent donc
touché : voilà qui, vraiment, est réconfortant !

§ Ier. — Nos Ecoles normales.

Six Ecoles normales fonctionnent activement, trois à
Paris (1), l'Ecole normale catholique, l'Ecole normale
libre et l'Ecole normale Sainte-Geneviève, trois en province, l'Ecole Freppel à Angers, l'Ecole normale diocésaine de Lille et l'Institut Fénelon à Clermont-Ferrand.

Pour être complet, il convient de signaler aussi les
divers cours normaux organisés sur la surface du territoire, lesquels sont présentement au nombre de trente-
trois.

(1) C'est le lieu d'observer que ces deux Ecoles normales, qui préparent aux licences de lettres : langues anciennes ou vivantes, et aux
licences de philosophie, d'histoire, de sciences, offrent la meilleure
garantie pour les études supérieures des jeunes filles catholiques.

Ecole Normale catholique. — En 1906, l'enseignement libre catholique, déjà si profondément atteint par le départ des Congrégations religieuses et à peine réorganisé alors, se crut menacé de nouveau dans son existence par certains projets de loi qui devaient le réglementer d'une manière rigoureuse. Mais, après un premier moment d'inquiétude, quelques membres de l'enseignement libre catholique résolurent de se mettre courageusement à l'œuvre pour faire face aux exigences prévues. La première chose à faire était d'offrir aux institutrices déjà en fonctions, et aux jeunes étudiantes de bonne volonté, les moyens d'acquérir les diplômes qui devaient leur être demandés, c'est-à-dire de créer une école normale supérieure, analogue aux Ecoles officielles de Sèvres et de Fontenay. Elle fut fondée sous le nom d'*Ecole Normale catholique*, à Paris, 90, rue de Rennes, en octobre 1906, par la directrice actuelle, Mlle Desrez, avec l'appui et sous le patronage de hautes personnalités catholiques : Mgr Péchenard, alors recteur de l'Institut catholique de Paris, M. Emile Keller, le regretté président de la Société Générale d'Education et d'Enseignement, Mgr Baudrillart, à cette époque professeur à l'Institut catholique, MM. Brunetière, Denys Cochin, François Coppée, V. Giraud, G. Goyau, Paul Lerolle, Comte de Robien, chanoines Couget et Roland-Gosselin, auxquels devaient s'adjoindre un peu plus tard beaucoup d'autres bienfaiteurs et amis de l'Ecole. Parmi ceux-ci, nous devons citer NN. SS. de Gibergues, évêque de Valence, et Gauthey, archevêque de Besançon, MM. Celier, Cartier, Léon de Crousaz-Crétet, Devin, Comte de Franqueville, Ch. Hamel, Jean et François Keller, de Lamarzelle, Néron, etc., MM. les curés Letourneau, Monlezun, Sicard, Soulange-Bodin, MM. les chanoines Dibildos, Nouvelle, Fonssagrives, etc., etc. M. l'abbé Guibert, supérieur du Séminaire de l'Institut catholique, MM. Paul Griveau et H. Taudière s'étaient montrés ce qu'ils demeurèrent toujours, les fidèles soutiens et zélés collaborateurs de cette fondation. Aujourd'hui, hélas ! ils manquent tous les trois à cette œuvre comme à toutes nos œuvres catholiques, mais l'Ecole tient à honneur de leur garder le plus reconnaissant souvenir.

· En dépit des difficultés et des épreuves que rencontre à ses débuts toute œuvre bonne et importante, l'Ecole Normale catholique n'a cessé de se développer. Les études très sérieuses qui y sont faites, ses brillants succès annuels dans tous les examens, grâce à l'excellent enseignement de ses éminents et dévoués professeurs, l'harmonie qui y règne et fait sa force, lui ont attiré une clientèle nombreuse et choisie. D'abord cantonnée pendant six ans dans deux étroits appartements, au 90, de la rue de Rennes, elle a dû, en octobre 1912, se transporter dans un beau et vaste hôtel, au 159 de la rue de Sèvres. Mgr de Gibergues, évêque de Valence, a bénit le nouveau local le 10 décembre 1912, donnant ainsi à cette œuvre, qui lui est chère, un nouveau témoignage du vif et paternel intérêt qu'il n'a cessé de lui porter. L'année suivante, un second agrandissement, plus considérable encore, a permis d'annexer à l'Ecole une maison de famille pouvant recevoir 50 internes, et de posséder une chapelle, ce qui achève de réaliser une organisation complète. Le 18 décembre 1913, S. Em. le cardinal Amette, archevêque de Paris, a bien voulu venir Elle-même bénir la chapelle et toute la maison au milieu d'une très nombreuse affluence de bienfaiteurs et d'amis, et donner officiellement à l'Ecole Normale catholique la faveur très désirée de son haut patronage.

Depuis juillet 1910, l'Ecole Normale catholique est devenue la propriété de la *Société d'Enseignement et d'Education pour jeunes filles* qui se charge d'assurer sa stabilité et sa durée, l'administre financièrement et lui procure tous les moyens de se développer. Cette société a pour administrateurs M. le Vicomte H. de Bellaigue, président, MM. Bedel et Tézenas du Montcel.

L'Ecole poursuit un double but : 1° Former pour l'enseignement libre un personnel de choix, muni de tous les diplômes exigés des membres de l'enseignement officiel, et de plus, profondément religieux ; 2° offrir aux jeunes filles des classes élevées qui, de plus en plus, manifestent le goût des études supérieures, scientifiques, littéraires ou philosophiques, le moyen de poursuivre ces études en conservant et fortifiant leur foi, qui pourrait être troublée par un enseignement neutre ou athée.

L'esprit de l'École est essentiellement catholique et orthodoxe, soumis en tout aux enseignements et directions du Saint-Siège et de l'épiscopat qui le représente. Il est aussi très patriotique. L'École a été fondée uniquement pour former des éducatrices vraiment chrétiennes et françaises, lesquelles voudront, avant tout, faire naître et développer dans le cœur de leurs enfants l'amour de Dieu et de la Patrie. Tel est le véritable but de son enseignement. La préparation et l'obtention des diplômes n'est, dans l'esprit de la Direction, qu'un moyen de le réaliser dans une plus large mesure.

L'École Normale catholique, 159, rue de Sèvres, Paris XV°, est un *établissement libre d'enseignement supérieur*. Elle a pour administrateurs universitaires : Mlle Desrez, directrice de l'École, MM. Delom de Mézerac, vice-président de la *Société Générale d'Education*; et M. H. Toussaint, avocat à la Cour d'appel.

Jusqu'en 1916, l'École a préparé aux professorats des Écoles Normales et aux certificats d'aptitude à l'enseignement secondaire des jeunes filles ; mais, depuis les changements apportés dans les conditions et programmes de ces examens et concours, il lui a semblé préférable d'orienter ses élèves vers les licences de Sorbonne. Pour la préparation de celles-ci, les élèves suivent les cours de l'Institut Catholique, tout en continuant de recevoir à l'École la direction et l'aide nécessaires au succès de leurs études.

A l'École sont annexés :

1° Un véritable collège comprenant 9 années complètes d'études secondaires et préparant à tous les baccalauréats, 1re et 2e partie ;

2° Des cours d'enseignement primaire supérieur, préparant aux brevets élémentaire et supérieur ;

3° Une classe enfantine, 10e et 9e, qui reçoit les enfants depuis l'âge de 6 ans ;

4° Un jardin ou cercle d'enfants qui reçoit des enfants de 4 à 6 ans. Dans ce cercle sont appliquées, sous la direction de leur auteur, de nouvelles méthodes très perfectionnées de première éducation.

L'Ecole reçoit annuellement environ 450 élèves, dont une centaine pour l'enseignement supérieur, 200 pour l'enseignement secondaire, et 150 pour l'enseignement primaire et primaire supérieur.

Depuis sa fondation, c'est-à-dire d'octobre 1906 à octobre 1918, les élèves de l'Ecole ont obtenu :

95 Brevets Elémentaires ;

102 Brevets Supérieurs ;

197 Certificats d'Aptitude Pédagogique ;

221 Baccalauréats 1re partie (12 Latin-Grec; 93 Latin-Langues ; 19 Latin-Sciences ; 35 Sciences-Langues) avec 92 mentions *Assez Bien* et 7 mentions *Bien ;*

155 Baccalauréats 2e partie (125 Philosophie et 30 Mathématiques) avec 41 mentions *Assez Bien,* 4 mentions *Bien* et 3 *Très Bien ;*

4 Professorats des Ecoles Normales ;

16 Certificats d'Aptitude à l'Enseignement Secondaire des Jeunes Filles ou Licences de Sèvres ;

31 Licences de Lettres en Sorbonne ;

32 Certificats de Sciences, avec 17 mentions *Assez Bien,* 4 mentions *Bien* et 1 mention *Très Bien.*

De tels succès ont permis à l'Ecole de rendre de grands services à l'enseignement libre, auquel elle a déjà fourni 266 professeurs, 191 pour les cours secondaires et 75 pour les classes primaires. Parmi ces professeurs, 22 ont été appelées à prendre la direction de maisons importantes : 18 en ont fondé de nouvelles, parmi lesquelles on peut citer, pour Paris seulement, le Collège d'Hulst, le Cours Sainte-Clotilde, l'Institut Saint-Pierre, etc., etc.

La formation religieuse des élèves est assurée par des cours d'enseignement religieux confiés, depuis plusieurs années, à M. l'Abbé Boucart, vicaire de Saint-Sulpice, et, pour les élèves de l'Enseignement supérieur, par le cours de Religion que fait à l'Institut Catholique M. le chanoine Prunel, Vice-Recteur ; par les pieuses instructions de M. l'abbé Verdier, Supérieur du séminaire de l'Institut catholique, et de M. le chanoine Couget, Sous-Directeur des Œuvres diocésaines et aumônier de l'Ecole ; par les deux retraites annuelles des professeurs et des élèves et les retraites du mois, et enfin, par les exercices religieux de la chapelle où, chaque jour à la messe, de nombreuses communions témoignent de la piété des Normaliennes. D'autre part, leur formation morale et pédagogique et leur éducation sociale sont complétées dans différents cercles d'Etudes, dirigés par M. le chanoine Couget et par M. l'abbé Calvet, Directeur des Etudes littéraires au Collège Stanislas.

Les élèves de province qui le désirent sont reçues dans la Maison de famille annexée à l'Ecole et installée dans le même local. En créant cette Maison, la direction s'est proposé d'assurer aux jeunes étudiantes une vie confortable et vraiment familiale. Le témoignage unanime des Internes permet d'affirmer que ce programme est pleinement réalisé.

L'Ecole recrute son personnel parmi les professeurs de l'Institut catholique et de nos grands Collèges libres et parmi celles de ses élèves qui ont obtenu les grades supérieurs de l'enseignement. Ce personnel se compose généralement de 32 à 35 professeurs agrégés ou licenciés. Parmi ceux qui enseignent ou ont enseigné dans l'Ecole, nous pouvons citer MM. Boxler, Calvet, Camman, Froidevaux, Hermeline, Pommier, Baudin, Barotte, Dalbis, Gaillard, Grignon, Humbert, Joliclerc, Peyralbe, Petitmangin, Teissier, de Sacy, Vincent, etc., etc. Formées par de tels maîtres, les grandes élèves, devenues professeurs à leur tour, peuvent donner aux enfants des premières classes un bon enseignement et une bonne formation secondaires, lesquels sont ensuite complétés et perfectionnés, dans les classes supérieures, par l'action directe des professeurs masculins.

Toutes les élèves de l'Ecole qui désirent entrer dans l'enseignement libre sont pourvues, par les soins de la direction, de postes aussi lucratifs qu'honorables. De plus en plus, les grands cours, les institutions libres, les diocèses et les familles s'adressent à l'Ecole Normale catholique pour en obtenir les directrices, professeurs, répétitrices ou institutrices dont ils ont besoin. Malheureusement, le nombre des demandes est toujours bien supérieur à celui des sujets disponibles.

L'Ecole dispose, chaque année, d'un certain nombre de bourses réservées aux jeunes filles se destinant à l'enseignement dans les écoles catholiques. Pour les conditions d'obtention de ces bourses et pour tous les renseignements concernant la durée, l'horaire, le prix des cours et de l'internat, le placement des élèves, s'adresser à Mᵐᵉ Desrez, directrice de l'Ecole Normale catholique, 159, rue de Sèvres, à Paris, qui reçoit le lundi et le jeudi de chaque semaine, de 2 heures à 5 heures. Nous renvoyons également à cette adresse pour toutes indications sur l'*Association des Amis de l'Ecole Normale catholique*, laquelle compte aujourd'hui plus de 200 membres et a pour but de soutenir moralement et matériellement l'Ecole et la Maison de famille, et de multiplier les bourses d'internat et d'études. Indiquons seulement comme présidente de cette Association, Mᵐᵉ la marquise de Moustier; vice-président, M. Delom de Mézerac; secrétaire-trésorière, Mᵐᵉ Paul Hamel.

Ajoutons encore, afin d'être complet, que pour maintenir entre l'Ecole et ses élèves, et entre celles-ci, les liens de mutuelle affection, de vraie solidarité formés pendant les années d'études, il a été créé dans l'Ecole, une Association d'anciennes élèves, laquelle compte actuellement 30 membres honoraires et 225 associées ou affiliées. L'Assemblée générale se tient ordinairement en juin. Les bienfaiteurs, amis et professeurs de l'Ecole sont invités à la principale réunion, et là se manifeste de la manière la plus simple et la plus charmante l'esprit vraiment familial et chrétien de l'Ecole Normale catholique.

Ecole Normale libre, boulevard Victor-Hugo, 24, à Neuilly. — Il ne s'agissait, tout d'abord, que de fonder des cours où des jeunes filles catholiques pussent, sans danger pour leur foi, préparer les examens supérieurs pour lesquels il fallait alors aller à Sèvres ou en Sorbonne. On réunit quelques ressources, on fonda une société anonyme présidée par M. de Robien, alors vice-président de l'Enseignement chrétien dans la Mayenne, et les cours ouvrirent, avec le concours de quelques professeurs de l'Institut catholique et notamment de M. Georges Le Bidois, docteur ès lettres, qui fut un des premiers et des plus fidèles amis de l'École Normale libre.

Très vite, cette Œuvre rencontra de hautes et puissantes sympathies. Ferdinand Brunetière, peu avant sa mort, encouragea la fondatrice. François Coppée voulut faire une conférence en sa faveur, et c'est dans ce but qu'il prit, la dernière fois, la parole en public, à côté de M Odelin, dans les salons du D' Bazy. Le comte Albert de Mun, M. Etienne Lamy, M. Jules Delafosse firent successivement connaître l'Œuvre au grand public dans d'éloquents articles que publièrent l'*Echo de Paris* et le *Gaulois;* sous leurs auspices, on fonda l'*Association des Amis de l'Ecole Normale libre*, dont M. Etienne Lamy resta le président jusqu'en 1914 (1). MM. René Bazin, Maurice Sabatier; Paul Bourget, acceptèrent de faire partie du Comité de patronage. Enfin, la fondatrice, Mᵐᵉ Charles Daniélou, fit en province une série de conférences, exposant la nécessité de fonder une véritable Ecole Normale supérieure de jeunes filles qui pût servir de base à une organisation de l'enseignement secondaire féminin.

Le projet prit définitivement corps en juillet 1907, et l'Ecole Normale libre s'installa, dès lors, rue Oudinot, n° 4. La maison, ancienne clinique, comportait, en dehors des salles de cours, une trentaine de chambres pour les élèves internes. Mais le nombre de celles-ci s'accrut si vite que l'on dut louer successivement quatre annexes dans les maisons voisines jusqu'au jour où de généreux concours permirent de transporter l'Ecole Normale libre là où elle semble avoir trouvé sa forme et sa résidence définitives, dans l'ancien couvent, devenu vacant par le départ des Dames Augustines anglaises, 24, boulevard Victor-Hugo, à Neuilly, aux portes de Paris.

On adjoignit alors à l'Ecole Normale un collège secondaire, le collège Sainte-Marie, dont il sera parlé plus loin, pp. 112 et suiv., et les deux établissements réunis prirent le nom d'*Université libre de jeunes filles*. Le vaste et beau couvent qui les abrite, dans des bâtiments séparés, peut recevoir en tout deux cents internes (il y en eut cent dès la première année 1913-1914) et un grand nombre d'externes. Le collège Sainte-Marie occupe l'ancien pensionnat et l'Ecole Normale l'ancien monastère. Les soixante cellules des religieuses, maintenant éclairées à l'électricité et chauffées au calorifère, sont devenues les chambres des normaliennes. Entourée d'un parc, l'Université libre de jeunes filles possède une belle chapelle, une grande bibliothèque, un hall immense qui, le jour où S. Em. le cardinal-archevêque de Paris, président du Comité de patronage, vint inaugurer l'établissement, contenait plus de cinq cents personnes, et de grands cloîtres où la procession du Saint-Sacrement se déroule chaque année.

L'Ecole Normale libre est déclarée d'enseignement supérieur ; comme les instituts catholiques, elle est placée sous le régime de la loi de 1875. Elle appartient à une société civile qui a pour président M. Maurice de Vilmorin.

On admet à l'Ecole Normale des pensionnaires et des externes. Les jeunes filles désireuses de poursuivre des études supérieures, mais ne se destinant pas à l'enseignement, ne peuvent être admises que comme externes. Ainsi se trouve maintenue l'unité morale de l'internat, où dominent les préoccupations apostoliques et pédagogiques. Un cours supérieur d'instruction religieuse, dont le programme est réparti sur quatre années, est fait par le R. P. de La Brière. Toutes les internes assistent à la messe quotidienne et à la prière du soir, et prennent part à une retraite annuelle et à des conférences de piété. Une confrérie du Saint-Sacrement groupe les plus ferventes. Les sorties sont autorisées tous les dimanches et un jeudi par mois. Dans la journée, en dehors des heures de cours, les plus grandes sont libres de travailler dans leurs chambres, les plus jeunes sont réunies à la bibliothèque. Un tennis et des jeux divers sont à leur disposition dans le parc.

Au point de vue des études, les élèves sont réparties en trois sections :

1° Une section de baccalauréat et de licence en vue de l'enseignement secondaire ;

2° Une section de professorat des écoles normales en vue de l'enseignement dans les écoles normales diocésaines et les cours normaux ;

3° Une section primaire, conduisant les élèves au brevet supérieur.

La préparation au brevet supérieur est complétée par une troisième année de culture générale et d'études pédagogiques, dont le programme est à peu près celui de la troisième année des écoles normales de l'Etat. Ce programme comprend l'histoire de la civilisation, la littérature française et étrangère, la géographie générale, la pédagogie, l'hygiène et l'enseignement ménager.

Cette troisième année d'études n'est pas moins utile aux jeunes filles qui doivent entrer immédiatement dans l'enseignement primaire qu'à celles qui désirent préparer ensuite le professorat des écoles normales.

L'organisation des cours de licence mérite une mention spéciale, car ils prennent, à l'Ecole Normale libre, une importance chaque année plus grande. Elle ne vise pas, en effet, à donner aux élèves une simple direction d'études en leur faisant suivre par ailleurs les cours de l'Institut catholique ou ceux de la Sorbonne, mais à réaliser une préparation véritablement autonome, du moins pour les licences de langues et littératures classiques et d'histoire. On espère pouvoir faire de même plus tard, pour les licences de sciences et de philosophie (actuellement, les élèves qui préparent ces dernières licences suivent la majeure partie de leurs cours à l'Institut catholique). Dans la pensée des fondateurs, les avantages qu'il peut y avoir à profiter de l'enseignement supérieur, tel qu'il a été organisé pour les jeunes gens dans les universités, ne semble pas devoir compenser les inconvénients que l'on trouve à séparer la formation morale et pédagogique de l'enseignement proprement dit et à permettre la libre fréquentation des cours mixtes et des bibliothèques. Les cours de licence de l'Université libre des jeunes filles ne prétendent pas, d'ailleurs, faire concurrence aux Universités, et ne sont pas ouverts à toutes les étudiantes, mais seulement aux jeunes filles qui, se destinant à l'enseignement catholique, sont heureuses de trouver une préparation pratique à la licence, dans un milieu réalisant de très bonnes conditions religieuses et matérielles. Le nombre croissant des jeunes filles catholiques qui préparent les examens supérieurs, et la variété de leurs besoins permettent, d'ailleurs, d'organiser en plusieurs endroits cette préparation à la licence et de la concevoir très diversement.

L'École Normale libre se préoccupe justement d'assurer des débouchés à celles de ses élèves qui ont terminé leurs études. Ce placement s'est fait jusqu'ici dans d'excellentes conditions, le nombre des demandes étant toujours supérieur à celui des sujets disponibles. Les demandes émanent surtout des maisons libres désireuses de s'orienter vers l'enseignement secondaire et de s'y fortifier; elles émanent souvent aussi de familles à la recherche d'une institutrice capable de faire travailler de jeunes garçons. En outre, l'École Normale libre a déjà fourni la directrice et le personnel de plusieurs écoles normales diocésaines, notamment de celles de Blois et d'Amiens. C'est aussi parmi ses élèves que s'est recrutée la presque totalité du personnel enseignant du collège Sainte-Marie, de Neuilly, qui comprend 3 agrégées et 12 licenciées, et du collège Sainte-Marie d'Amiens.

D'autres collèges, rattachés à la même administration, doivent être ouverts successivement dans plusieurs grandes villes de province (1) ; ils fourniront tout naturellement de

<hr>

(1) Le premier de ces collèges vient de s'ouvrir à Amiens, sous le patronage de NN. SS., les archevêques et évêques de Reims, de Rouen, de Lille, de Cambrai, d'Amiens. Il occupe les bâtiments du Pensionnat de l'Immaculée-Conception.

nouveaux débouchés à l'Ecole Normale libre, permettant non seulement le placement, mais aussi les mutations de jeunes professeurs dans une série d'établissements où elles retrouveront, avec le même esprit, le même cadre d'études.

Le prix de l'internat à l'Ecole Normale libre est de 1.500 francs par an en chambre seule, et de 1.200 francs en dortoir. Le prix de l'externat est de 480 francs par an.

L'Ecole Normale libre dispose d'un certain nombre de bourses données par l'Association des Amis. De plus, un certain nombre d'élèves de licence peuvent, chaque année, être reçues au pair, contre deux heures, par jour, d'enseignement ou trois heures de surveillance au collège Sainte-Marie.

En 1918, le nombre des élèves de l'Ecole Normale Libre était de 80, dont 60 pour la 1re section (Baccalauréat) et 20 pour la 2e section (Licence).

Ecole Freppel. — Cette Ecole Normale, située au chef-lieu du catholique Anjou, est la filleule de Mgr Crosnier, le distingué vice-recteur des Facultés catholiques d'Angers, et ne saurait être mieux présentée aux lecteurs que par celui qui l'a tenue sur les fonts baptismaux. Elle recevait des dix archevêques et évêques de l'Ouest, ses protecteurs, la Confirmation à Rennes, en janvier 1912: bien que n'ayant pas plus de six ans, cette précoce jeune personne a pourtant atteint l'âge de raison.

Comme l'Ecole Normale catholique de Paris, elle a pour double but de former des professeurs pour l'enseignement libre féminin et de compléter la formation intellectuelle de jeunes filles d'élite qui ne se destinent pas à l'enseignement.

Laissant la parole au parrain de l'Ecole Freppel, nous reproduisons les principaux extraits d'un charmant rapport qu'il présentait à l'un des récents Congrès de l'enseignement libre (1) :

(1) Rapport présenté au Congrès de l'enseignement libre à Paris le 22 mai 1912. Voy. *Bulletin de la Société d'Education* du 15 août 1912, 14 *bis*, rue d'Assas, à Paris.

On s'est laissé éblouir par le titre nouveau de « Cours secondaires pour les jeunes filles ». On trouve que l'enseignement primaire, même celui qui s'intitule primaire supérieur, est très insuffisant ; et l'on n'a pas tout à fait tort. On veut, au moins, pour une élite, une instruction plus soignée, plus complète ; des cours supérieurs qui, en développant l'esprit, donnent une occupation sérieuse, l'habitude du travail, un excellent moyen d'échapper au désœuvrement ou aux futilités, souvent dangereuses, de la vie mondaine... On se trouve aujourd'hui devant un fait pénible à constater, mais trop réel et même brutal : car il n'est pas très rare d'entendre des mères de famille dire à qui de droit : « Si vous n'organisez pas des cours secondaires catholiques, nous allons être obligés d'envoyer nos filles au lycée ou aux facultés de l'État. »

Devant ces deux nécessités, créées, l'une par les destructions haineuses, l'autre par les constructions « laïques » de nos adversaires, archevêques et évêques de la région de l'Ouest ont fondé à Angers, sous le nom d'École Freppel, une maison qui est à la fois une école normale et un établissement d'instruction supérieure catholique pour les jeunes filles. S. G. Mgr Rumeau disait, au Congrès des catholiques de l'Anjou : « Il est nécessaire de montrer, aux ennemis comme aux amis de l'Église, qu'il y a chez nous de la science, autant et plus que chez nos rivaux. Il importe de former chez les femmes une élite intellectuelle. Il convient surtout de sauvegarder l'avenir de nos pensionnats, en donnant à nos maîtresses les diplômes qui seront nécessaires demain, si on vote certains projets de loi en préparation. Telles sont les pensées qui ont conduit dix évêques de l'Ouest à s'unir pour assumer la responsabilité financière de l'œuvre nouvelle. »

L'École prépare le professorat des écoles normales (lettres et sciences), les baccalauréats latin-langue et sciences-langues. Il convient de ne pas oublier qu'il faut deux années de préparation pour le professorat et trois, au moins, pour le diplôme complet du baccalauréat (première et deuxième parties). Il y a, en principe, 8 sections distinctes à l'École Freppel. L'École ne prépare pas les deux diplômes primaires du brevet simple et du brevet supérieur, nos pensionnats angevins y réussissant à merveille. Mais, tous les jeudis, d'octobre à mars, deux cours préparatoires au certificat d'aptitude pédagogique sont donnés à un certain nombre de futures maîtresses ou de maîtresses en exercice : l'un plus pratique, sur les méthodes employées dans l'enseignement primaire ; l'autre plus théorique, sur la pédagogie de l'enfant. On y joint la correction orale des dissertations de pédagogie et de morale.

Les élèves nous viennent d'un peu partout : de Rennes, de Vannes, de Nantes, de Quimper, de Saint-Brieuc et surtout d'Angers. La moitié d'entre elles préparent des examens : baccalauréats et professorat des écoles normales. Les autres suivent les cours qui leur plaisent, sans avoir en vue des diplômes universitaires, et sans autre préoccupation que le très noble souci de travailler, de fortifier et d'orner leur esprit, et de compléter leur instruction ébauchée au pensionnat. Les cours les plus demandés et les plus suivis sont les cours de littérature, d'histoire, de géographie, de langues vivantes et surtout de religion. La salle du boulevard du Roi-René devient trop étroite pour contenir les auditrices des conférences religieuses. La plupart des auditrices ne se contentent pas de prendre des notes, séance tenante : elles les développent ensuite sur des cahiers qui, chaque semaine, leur sont rendus annotés et corrigés.

La piété des élèves se montre aussi, et mieux encore, dans leur fidélité à entendre la messe chaque matin, à y communier, à faire, chaque soir, la visite au Très Saint Sacrement et, dans l'intervalle, à prier au commencement et à la fin de chaque exercice. Tout cela se fait bonnement, simplement, sans airs contraints, ni mièvres, scrupuleux, ni penchés. L'aimable saint François de Sales dirait : « C'est de la religion douce et solide, à la bonne franquette. » Il n'aurait pas besoin de rappeler à nos étudiantes que la dévotion n'est pas ennemie d'une aimable gaieté... Du reste, tout le régime de l'École est imprégné d'une ferme douceur : il n'est ni la liberté complète, ni la discipline austère, et un peu méticuleuse, du pensionnat.

Sous ce régime discrètement débonnaire, les jeunes filles travaillent avec ardeur les lettres, les sciences, la philosophie. Elles aiment leurs cours, leurs livres, le monde des idées. A plusieurs reprises, s'il vous en souvient, le Recteur de l'Université de Lille a fait l'éloge de ses « Rhétoriciennes » : elles montrent, paraît-il, beaucoup d'élan, de curiosité, de souplesse d'esprit, de rapidité à comprendre et à retenir. J'en dirai autant des Freppeliennes. Elles sont intelligentes et laborieuses. Cette facilité et cette énergie au travail leur ont valu d'importants succès.

En voici l'énumération, depuis les débuts de l'École jusqu'en octobre 1914 :

30 Certificats d'aptitude pédagogique.
34 Baccalauréats.
3 Professorats d'École Normale.
2 Licences ès lettres.

Voici, d'autre part, les résultats obtenus dans la période de quatre ans, s'étendant d'octobre 1914 à octobre 1918 :

```
Baccalauréat : 1re partie B.         59 succès.
     —         2e partie Philos. 17    —
     —         2e partie Math.     1    —
Licence Sciences . . . . . . .      4
Licence Classique . . . . . . .     1
Licence Histoire . . . . . . .      4
Licence Langues . . . . . . .       2
```

En outre, l'École a fourni :

2 Directrices pour petits pensionnats ; 4 Institutrices pour l'enseignement secondaire ; 26 Institutrices pour grands pensionnats et 6 Institutrices pour écoles ou petits pensionnats.

Ces brillants succès, il faut les attribuer sans doute à l'intelligence et au travail des élèves ; au talent des professeurs ; à l'action du directeur et de la directrice, dont je ne saurais trop louer le dévouement et l'habileté. Mais ils sont dus aussi, en grande partie, au bon esprit, au sérieux sans pédantisme, et à la solide piété, qui animent la Maison de Famille. Cette maison est située dans l'enclos de la Retraite. La Retraite est une communauté qui, avant les lois néfastes contre les Congrégations, dirigeait de nombreux pensionnats dans les diocèses de l'Ouest, et qui s'était placée, par le dévouement chrétien et l'expérience de ses maîtresses, par la largeur de ses vues et la souplesse de ses méthodes, par la piété comme par les succès de ses élèves, au tout premier rang des établissements d'éducation religieuse. Elle a bien voulu prendre la responsabilité de l'Internat Freppel, et en a confié la direction à deux de ses religieuses. Ainsi, nos étudiantes ont tous les bonheurs : elles doivent leur formation intellectuelle aux meilleurs professeurs de nos Facultés catholiques, et leur éducation, la formation de leur âme, à une Congrégation d'élite, secondée par un excellent aumônier-directeur, M. le chanoine Coulon.

En somme, voilà une fillette qui ne demande qu'à grandir, pour mieux travailler ! On en a pour garant le directeur diocésain de l'enseignement libre d'Angers, M. le chanoine Crosnier, dont le crédit dépasse de beaucoup l'Anjou, puisqu'il est en même temps le très autorisé président de la Commission permanente des directeurs diocésains.

Depuis l'ouverture, 84 élèves proprement dites ont

passé par la maison. Les Freppeliennes y restent au moins deux ans, pour le professorat, et toujours trois pour le baccalauréat ; elles font dix-huit mois ou deux ans de latin pour préparer l'examen de rhétorique.

Les jeunes filles de la ville qui, sans songer aux examens ni même à des études très poussées, viennent prendre deux ou trois cours par semaine, suivent davantage sont ceux de religion, de littérature et de langues. Les élèves-amateurs, qui ont passé par la maison jusqu'en 1914, dépassent la centaine. Elles y viennent habituellement pendant deux ou trois ans, et la quittent ensuite pour entrer dans le monde.

L'Ecole Normale diocésaine de Lille (1). — L'Ecole Normale diocésaine, fondée à Lille en octobre 1910, dans le but d'assurer le recrutement des institutrices pour les écoles catholiques du diocèse, est la reprise de l'œuvre commencée en 1882 par les religieuses Bernardines de Flines, et continuée avec persévérance jusqu'à l'heure de l'exil.

Installée dans une partie des bâtiments qui appartiennent aux religieuses du Sacré-Cœur, et dont la propriété est sauvegardée par la générosité d'une bienfaitrice, l'Ecole Normale, quoique située au centre de la ville, dispose de locaux vastes et bien aérés. L'installation et le mobilier, que les inspecteurs officiels s'accordent à déclarer « exemplaires », ont nécessité de grands frais, également couverts par de larges et discrètes générosités.

Deux groupes d'élèves constituent l'Ecole Normale : 1° les futures institutrices (cinquante au maximum) ; 2° les enfants de six à treize ans, instruites à l'*école d'application* ou école annexe — la seconde partie, qu'il suffit de signaler dans cette étude.

Les élèves normaliennes se recrutent par voie de concours. Pour être inscrite sur la liste des candidates, il

(1) La plus grande partie de cette monographie est extraite d'un article paru sous ce titre dans le *Bulletin de la Société d'Education* du 15 décembre 1914.

faut remplir plusieurs conditions : 1° être née dans le diocèse ou opter pour l'enseignement libre du diocèse ; 2° être présentée par une directrice d'école catholique, et être recommandée par le curé de la paroisse ; 3° produire un engagement écrit, signé par l'aspirante, avalisé par le père ou le tuteur, d'enseigner pendant cinq années au moins dans les écoles du diocèse.

A part des exceptions dûment motivées, très rares du reste, l'Ecole Normale est réservée aux jeunes filles dont l'éducation a été commencée dans les écoles laïques. Elle refuse les jeunes filles qui demandent à suivre les cours en payant intégralement le prix de la demi-pension ou de la pension à titre d'élèves libres. Séminaire exclusivement réservé à la formation des institutrices catholiques, tous ses enseignements, tous ses exercices tendent à ce but. Aucun élément étranger ne vient altérer l'esprit de famille qui unit vraiment ses élèves et leur permet de mettre en commun les mêmes projets d'avenir.

Les secours matériels assurés aux élèves de l'Ecole Normale consistent en fractions de bourse attribuées en proportion des notes obtenues au concours d'admission. Le prix de la pension, étant de 600 francs par an, se trouve ainsi diminué de la fraction obtenue. Ces attributions varient entre 300 et 400 francs, ce qui réduit à 300 francs, 250 francs, 200 francs le prix de la pension annuelle. Enfin, les examens de fin d'année ont pour sanction une augmentation ou une diminution de bourse. Les meilleures élèves peuvent arriver à obtenir une bourse entière pour la dernière année d'études. Judicieux mode d'attribution des bourses qui mérite d'être proposé comme modèle !

La durée des études est de quatre années, ainsi réparties : Cours préparatoire, âge requis 14 ans (une année) ; classe du brevet élémentaire (une année) ; classe du brevet supérieur (deux années).

Jusqu'à présent, et par disposition transitoire, le cours préparatoire et le cours du brevet élémentaire sont facultatifs. Des élèves ayant pris le brevet élémentaire dans un pensionnat catholique sont admises à l'École Normale.

Les programmes d'études sont forcément les programmes officiels des examens à préparer. On y joint un cours complet d'instruction religieuse : catéchisme, histoire sainte, histoire ecclésiastique, liturgie, apologétique ; en tout, cinq heures par semaine dans chaque classe, plus vingt minutes de lecture pieuse le matin.

L'enseignement religieux de la maison, dont le régime normal est l'internat, est donné par l'inspecteur diocésain, l'aumônier de l'établissement, une maîtresse répétitrice. L'instruction profane est assurée par un service de maîtresses internes, avec le concours provisoire de deux professeurs de la Faculté catholique, en attendant que l'école puisse compléter son personnel en s'adjoignant les meilleures élèves sorties. Tout le personnel est uni dans la même intention : donner aux jeunes filles une solide éducation chrétienne, par la formation de la volonté et par un ardent esprit de foi vivifiant tous les enseignements.

Les débuts de l'École Normale, marqués du sceau de la croix, ont donné les résultats suivants :

Élèves sorties et placées depuis le mois d'octobre 1910 jusqu'au mois d'octobre 1918 : 77 ; — sur ce nombre, 10 sont pourvues du brevet supérieur ; toutes ont le brevet élémentaire.

Les 77 jeunes filles dont on vient de parler furent placées d'abord dans les écoles catholiques du diocèse de Lille.

L'effectif scolaire confié à ces jeunes filles comporte, pour l'ensemble, une moyenne de 25 enfants par maîtresse.

En général, ces jeunes institutrices donnent satisfaction, non seulement pour leur formation intellectuelle, mais surtout pour leur solide piété et leur sens profond du devoir professionnel. Le fait de ne pouvoir suffire aux demandes constitue le plus bel éloge qui puisse être fait de l'opportunité de cette fondation.

Pour consolider la préparation des anciennes élèves,

des cours leur sont offerts le jeudi, soit pour la préparation au brevet supérieur, soit pour l'étude pratique de la pédagogie. Ces cours sont fréquentés par les institutrices libres de la région.

Le nombre de C. A. P. obtenus au cours de pédagogie s'est élevé à **21**.

Disséminées par les évacuations, ces jeunes normaliennes, devenues institutrices un peu partout, en Normandie, en Bretagne, dans la Seine, la Seine-et-Marne, l'Allier, instruisirent, pendant la guerre, dans des pensionnats, avec un engagement pour l'année scolaire, engagement que respecta M. l'Inspecteur diocésain de Lille.

Ce qui importe actuellement, c'est la fondation d'une société d'anciennes élèves, qui soit pour l'École Normale une sorte de ligue de persévérance. L'œuvre est délicate, difficile à cause de l'éloignement et des multiples occupations des jeunes adjointes.

En résumé, l'École Normale diocésaine de Lille, présentement transférée 13, rue Marais, prend consistance et elle est appelée à rendre de grands services. La voici désormais débarrassée des entraves d'une occupation qui l'a étranglée pendant quatre années et eut nécessairement pour effet de réduire son effectif à d'infimes proportions.

Éco'e Fénelon, à Clermont-Ferrand. — De deux ans plus âgée que l'École Freppel, l'École Fénelon fut, comme elle, l'objet d'un rapport présenté dans la même séance du Congrès de l'enseignement libre (1). Comme pour l'École Freppel, on reproduira les principaux traits du rapport présenté à cette date relativement récente :

L'École Normale de filles, dite École Fénelon, s'est ouverte en 1908, à Royat-les-Bains, avec l'approbation de Mgr l'évêque de Clermont. Sa création est due à l'initiative et aux générosités de quelques personnes dévouées à l'enseignement chrétien, et spécia-

(1) Rapport présenté au Congrès de l'enseignement libre à Paris, le 22 mai 1912. Voy. *Bulletin de la Société d'Éducation* des 1er-15 juilet 1912.

lement à M. l'Ebraly, avocat distingué du barreau de Clermont et vice-président de l'*Association d'enseignement libre diocésain.* Il a pris aussi l'initiative de la formation d'une *Union regionale des Associations du Centre.* De ce fait, l'Ecole transportée à Clermont en 1910 est devenue un centre de formation, non seulement pour les institutrices du Puy-de-Dôme, mais encore pour celles de l'Allier, du Cher, de l'Indre, de la Corrèze et de la Haute-Vienne, ces départements ayant adhéré successivement à l'Union régionale.

Le but immédiat de cette école est le recrutement et la formation du personnel enseignant des écoles primaires de tout degré. Les exigences actuelles touchant les études secondaires, la qualité de nos professeurs et la composition de notre milieu normalien nous permettent de créer une nouvelle section pour la formation des maîtresses destinées à l'enseignement secondaire.

Le recrutement des normaliennes se fait dans des familles de longues traditions chrétiennes qui, en général, sont assez à l'aise pour acquitter tout ou partie de la pension. Quelquefois, les jeunes filles achèvent de s'acquitter, quand elles ont une situation rémunérée.

Les comités diocésains créent aussi quelques bourses ou demi-bourses. Elles sont attribuées, par voie de concours, aux jeunes filles les plus méritantes présentées par les curés ou les institutrices libres. Les conditions d'admission au concours ont été l'objet d'un règlement détaillé, inséré au *Bulletin de l'Union régionale.* Elles réclament, en premier lieu, la parfaite honorabilité des parents, le goût de la piété et de l'étude chez les jeunes filles. Toute candidate admise est tenue de s'engager dans l'enseignement libre pour une période plus ou moins longue (cinq ou dix ans), suivant l'importance du secours qui lui a été attribué.

L'école a fait en peu de temps de très rapides progrès. Nous devons l'attribuer : 1° A la haute influence du clergé diocésain, au Comité de l'Association d'enseignement libre, et au Comité de patronage de l'Institution. Ils l'ont aidée à vivre pendant les premières années, assez difficiles, et l'ont fait connaître ;

2° Aux institutrices libres de l'Union régionale qui, à l'occasion de l'examen du C. A. P. ou des cours de vacances, entrent en rapports avec l'Ecole et lui adressent des élèves ;

3° Au bon renom des études. Plusieurs ecclésiastiques licenciés, anciens maîtres très connus et très estimés des écoles secondaires diocésaines, ont bien voulu se charger des cours de religion, de lettres, de mathématiques et de latin. Les maîtresses attachées à l'Ecole sont pourvues du brevet supérieur, du C. A. P.; deux du baccalauréat, une du certificat d'aptitude à l'enseignement secondaire des jeunes filles, et de la licence

L'Ecole comprend deux catégories distinctes :

1° L'Ecole Normale proprement dite, composée d'élèves généralement internes, admises à partir de quatorze ans, et divisées en trois cours : Brevet élémentaire, une ou deux années ; — Brevet supérieur, deux années ; — Baccalauréat latin-langues, et C. A. P. ou professoral des écoles normales.

Le nombre croissant de nos normaliennes nous invite, dans l'intérêt de l'enseignement, à de nouvelles exigences pour celles qui ne subissent pas les concours de bourses :

Examen d'entrée. — Admission après la réception du brevet élémentaire ; — Année supplémentaire, destinée à la formation pédagogique, en dehors de tout souci d'examen officiel. Mais nous devons tendre à ces réformes, avec lenteur et prudence, pour ne pas effrayer parents et élèves. Les jeunes filles de moins de vingt ans sont soumises au régime ordinaire des pensionnats : études et récréations en commun. Les plus âgées ont des chambres, et jouissent d'une certaine liberté.

L'École d'application comprend un *Cours primaire élémentaire* de trois degrés : élémentaire, moyen et supérieur, et *Cours complémentaire* pour les élèves au-dessus de treize ans. Il est à prévoir que ce dernier cours, qui tient le milieu entre le cours primaire et l'Ecole Normale, deviendra la pépinière de cette dernière. S'il y a lieu, nous y établirons plus tard une section pour l'enseignement secondaire. Les élèves de l'Ecole d'application sont externes et paient une rétribution. Elles se recrutent dans la classe moyenne, et nous sont généralement confiées en vue d'études complètes propres à les conduire à la carrière de l'enseignement ou à telle ou telle profession libérale. Ces classes primaires sont confiées à des maitresses expérimentées et faites avec le plus grand soin, afin que les normaliennes qui viennent s'y exercer y trouvent le type d'un très bon enseignement.

Un *Cours de pédagogie* pour la préparation au C. A. P. est fait tous les jeudis à l'Ecole Fénelon. Il est gratuit. Il suffit, pour y être admise, d'appartenir à l'Association de l'enseignement libre du Puy-de-Dôme.

Un *Cours de vacances* a lieu, tous les ans, après le 15 août. Il dure environ un mois, et se termine par une retraite pour les anciennes élèves de l'Ecole et les jeunes institutrices libres qui le demandent. Ce cours prépare au brevet supérieur, au C. A. P., et au C. A. P. du professorat des écoles normales, etc. On y étudie les langues, le dessin, etc. Il est très suivi. Nous avons eu, ces dernières années, 60 et 80 institutrices pensionnaires.

Voici l'énumération des succès de l'Ecole Normale proprement dite, depuis ses débuts jusqu'en octobre 1914 :

28 Brevets supérieurs ;
4 Baccalauréats ;
60 Certificats d'aptitude pédagogique.

L'Ecole Fénelon a fourni 62 institutrices aux divers

départements faisant partie de l'*Union des Associations du Centre*, et elle a obtenu 55 brevets élémentaires.

Sa population scolaire totale, y compris l'école annexe, a passé, de 75 élèves, en 1912, à 90 en 1914. Le nombre des Normaliennes s'est élevé de 44 à 58.

Voici le résultat du travail de ces quatre années de guerre (octobre 1914 à octobre 1918) obtenu avec une moyenne de 70 à 75 élèves, suivant les cours des classes normales :

8 Baccalauréats complets, latin-langues ;
16 Brevets supérieurs ;
39 Brevets élémentaires ;
5 Brevets *d'enseignement primaire supérieur*,

dont l'obtention donne droit à une dispense d'âge pour le Brevet élémentaire.

Quant à ses bachelières, suivant les cours de la Faculté en vue d'une licence, elles ont obtenu :

1 licence d'histoire ;
2 licences de sciences ;
1 licence d'anglais.

L'École Fénelon a donné 7 professeurs à l'enseignement secondaire ; 36 à l'enseignement primaire supérieur et à l'enseignement primaire élémentaire.

Le certificat d'aptitudes pédagogiques, moins en faveur actuellement, n'étant pas exigé, et se subissant surtout après la sortie de l'École, a toutefois rapporté 4 ou 5 succès. Le nombre total obtenu, depuis l'ouverture de l'École, dépasse certainement la soixantaine.

Sans négliger, comme le prouvent les chiffres ci-dessus, son but essentiel qui est de procurer de bonnes maîtresses primaires aux écoles chrétiennes, l'École Fénelon s'est efforcée de donner un caractère nettement secondaire aux études des hautes classes, tant par la qualité de son enseignement que par la nature de ses programmes. A cette heure, la plupart des maîtresses attachées à l'École Normale possèdent, outre leurs titres primaires (B. S. et C. A. P.), une licence de lettres ou de sciences, ou tout au moins le baccalauréat.

La direction de l'Ecole s'est attachée à réaliser ce progrès, — et elle l'a réalisé sur place, plusieurs de ces demoiselles ayant fait leurs études dans la maison, — pour que l'enseignement à tous les degrés fût de qualité supérieure et que le cycle entier des études permît aux jeunes étudiantes qui se destinent à l'enseignement libre de choisir leur voie suivant leurs aptitudes et leurs goûts.

L'Ecole Fénelon est donc, dès maintenant, un organisme complet avec ses trois ordres d'enseignement, primaire élémentaire, primaire supérieur et secondaire, et peut répondre désormais à tous les besoins des maisons d'éducation des régions du Centre.

Nos ressources se composent de la pension des élèves et de quelques dons. Nous n'avons ni capital, ni allocations fixes, pour le moment; mais la Providence ne nous a jamais manqué. La générosité de notre bienfaisante propriétaire qui ne nous envoie pas les huissiers, quand nous ne pouvons pas payer, et celle de la plupart de nos professeurs ecclésiastiques qui n'ont pas exigé de traitement jusqu'à ce jour, a dégrevé notre budget de lourdes charges auxquelles nous n'aurions pu suffire.

En résumé, l'Ecole Fénelon existe et se maintient, parce que quelques personnes, désireuses de sauver l'enseignement libre, l'ont voulu fortement, persévéramment, sans rechercher leur intérêt ni s'inquiéter des difficultés. Les premières années ont été dures ; le succès vient assez rapidement et, avec lui, les ressources pour se fortifier et s'étendre.

École Normale Sainte-Geneviève. — Destinée à la formation de l'enseignante chrétienne, l'Ecole normale Sainte-Geneviève concentre exclusivement son action vers ce but afin de l'atteindre plus efficacement.

Elle s'ouvre à toutes celles qui veulent soit se former, soit se perfectionner dans les divers degrés de l'enseignement libre : aspirantes qui se destinent à l'humble et féconde mission de l'Ecole populaire, jeunes filles dont les aptitudes demandent à se développer par des études secondaires et qui poursuivent les divers diplômes supérieurs, institutrices ayant déjà fait une première expérience de l'enseignement et désireuses de revenir pour un temps à des travaux pédagogiques ou autres, plus

mûris et plus étendus. A toutes, l'Ecole Normale procure ou facilite les moyens d'atteindre leur but.

Telle l'avait conçue sa fondatrice, et avant d'être subitement rappelée à Dieu elle a eu la consolation de voir la première réalisation de son plan.

Depuis longtemps connue et estimée dans les milieux enseignants, universitaires ou libres, Mlle Mesnager s'était vue plus d'une fois sollicitée d'entreprendre une telle œuvre, et elle s'était récusée. Mais, quand l'appel lui vint de ceux que Dieu a chargés par office de pourvoir aux nécessités de l'enseignement chrétien, elle commença. Elle le fit à sa manière ordinaire, sans recourir à la publicité, appuyée sur la Providence et tenant surtout à établir des bases solides, à former des auxiliaires animées d'un même zèle, à choisir avec soin les premiers éléments de l'École.

Celle-ci s'ouvrit au mois d'octobre 1913, avec une vingtaines d'élèves admises après un concours permettant de juger de leurs aptitudes.

Le premier effort porta dans le sens des besoins les plus urgents : la formation de maîtresses pour les écoles primaires. En six années, Sainte-Geneviève en a préparé 112, dont 52 pour les écoles du diocèse de Paris, et 60 pour l'enseignement libre de province. La Providence lui a envoyé aussi de jeunes élèves maîtresses qui, retournées à leur poste après une ou deux années de seconde formation, font profiter de ce qu'elles ont acquis les écoles confiées à leurs soins. Telles se dévouent, dans des cours normaux, à préparer à leur tour des institutrices pour leur région.

Telle qui était venue de Suisse souhaite que d'autres bénéficient, à son exemple, de la méthode catholique d'éducation française.

Si la guerre a retardé le développement de l'œuvre, elle ne l'a pas étouffé. Quittant au bout de 3 ans son berceau déjà trop étroit, l'Ecole normale s'est transférée, dès 1916, dans un plus grand local, 33, rue d'Assas, où la proximité de l'Institut catholique permet à des étudiantes de suivre aisément l'Enseignement supérieur de professeurs éminents, sans rien perdre des avantages que leur offre directement l'Ecole.

L'Ecole normale reçoit ses élèves à partir de la préparation au brevet élémentaire, mais surtout du brevet supérieur.

Les succès aux examens ont été dans la porportion de 9 1/2 sur 10.

Les cours secondaires, actuellement constitués, ont vu leurs élèves admises aux divers baccalauréats dans la même proportion, toutes avec mention.

Proche de l'établissement d'enseignement supérieur libre qu'est Sainte-Geneviève, une école primaire, dirigée par une ancienne élève, permet aux élèves actuelles d'utiles expériences pédagogiques.

Telle que maintenant elle se trouve établie, fidèle à l'esprit et aux traditions légués par sa fondatrice, l'Ecole Sainte Geneviève est une famille où les futures enseignantes de tous degrés apprennent à estimer et à aimer leur mission, sous quelque forme qu'elle doive se réaliser. Elles n'y sont admises qu'après qu'on s'est assuré de leurs intentions comme de leurs aptitudes en vue de l'enseignement et on a soin de les mettre en présence non seulement du travail nécessaire à l'obtention de tel ou tel diplôme, mais surtout de l'effort personnel profond et constant que réclame une véritable formation d'éducatrice.

Les demandes d'admission se multiplient, ce qui prouve que le dévouement à l'enseignement libre n'est pas près de se tarir, malgré l'appât de situations plus lucratives : l'établissement compte actuellement, 80 élèves. D'ailleurs, il est une catégorie de jeunes filles qui jadis, dans une situation de fortune indépendante, n'auraient point songé à la carrière enseignante, et qui se voient dans la nécessité d'ajouter à des ressources devenues trop restreintes. Quel plus noble emploi de leur activité pourraient-elles trouver que celui où elles auront à se dévouer dans la formation de la jeunesse de l'avenir ! — A celles-là donc spécialement, Sainte Geneviève fait appel pour qu'elles viennent se préparer à la grande œuvre de l'enseignement chrétien.

§ II. — Nos cours normaux.

Bien que les Cours normaux ne préparent guère qu'aux brevets de capacité et, par suite, ne forment pas habituellement des maîtresses pour l'ordre d'enseignement qui nous occupe, il a paru intéressant d'en présenter ici une énumération aussi complète que possible. C'est une liste que les amis de l'éducation féminine pourront consulter, quelque jour, avec intérêt; ces sortes d'établissements offrent plusieurs avantages : moins dispendieux que les écoles normales supérieures ou secondaires, ils peuvent en être l'acheminement et en préparer l'éclosion.

Nous les avons classés par ordre alphabétique de diocèses (1) :

Diocèse d'Amiens. — Institut normal, 27, rue des Augustins, à Amiens (E. N.). — Cours normal annexé à l'Ecole moderne de Doullens (Somme) (C. N.).

Diocèse d'Angers. — Section de l'Ecole Freppel, ci-dessus nommée (E. N.).

Diocèse d'Angoulême. — Cours normal à Cognac (Charente) (C. N.).

Diocèse d'Arras. — Dohem, par Fauquemberghes (Pas-de-Calais) (E. N.).

Diocèse d'Auch. — Ecole Notre Dame-de-France, à Auch.

Diocèse d'Avignon. — Rue Joseph-Vernet, à Avignon (C. N.).

Diocèse de Bayonne. — Ecole libre de Lescar (Basses-Pyrénées) (C. N.).

Diocèse de Beauvais. — Ecole Notre-Dame-de-France, à Chantilly (C. N.).

Diocèse de Belley. — Cours normal à Belley (C. N.).

Diocèse de Blois. — Institution Sainte-Agnès, avenue Paul-Renaulme, à Blois (E. N.).

Diocèse de Bordeaux. — Institution, rue du Mirail, à Bordeaux (C. N.).

Diocèse de Bourges. — Sainte-Solange, à Châteauroux (Indre) (C. N.).

Diocèse de Cahors. — Cours normal Notre-Dame, à Cahors (C. N.).

Diocèse de Châlons. — Cours Notre-Dame, 13, rue du Donjon, à Epernay (C. N.).

Diocèse de Chartres. — Cours Jeanne-d'Arc, à Chartres (C. N.).

Diocèse de Clermont. — Annexe de l'Ecole Fénelon, ci-dessus nommée (E. N.).

(1) Cette liste, comprenant également un certain nombre d'établissements qui nous ont été signalés comme Ecoles normales primaires, on ajoute la mention E. N. ou C. N., selon qu'il s'agit d'une Ecole normale ou d'un Cours normal.

Diocèse de Coutances. — Abbaye de Montebourg (Manche) (E. N.).

Diocèse de Laval. — Sacré-Cœur, rue Hydouze, à Laval (E. N.).

Diocèse de Limoges. — Institution Notre-Dame, à Limoges (C. N.).

Diocèse de Luçon. — Pensionnat Sainte-Ursule, à Luçon (C. N.).

Diocèse de Lyon. — Ecole Sainte-Marie, à Saint-Genis-Laval (Rhône) (E. N.).

Diocèse du Mans. — Maison de formation Saint-Julien, 5, rue du Tascher, au Mans (E. N.).

Diocèse de Meaux. — A Saint-Jean-les-deux-Jumeaux, par Changis (Seine-et-Marne) (E. N.).

Diocèse de Mende. — Pensionnat Jeanne-d'Arc, à Mende (C. N.).

Diocèse de Montpellier. — Ecole Mougin, à Béziers (C. N.).

Diocèse de Nantes. — Cours normal, à Nantes (C. N.).

Diocèse de Quimper. — Ecole Saint-Julien, à Landerneau (Finistère) (E. N.).

Diocèse de Rennes. — A Montauban-de-Bretagne (Ille-et-Vilaine) (E. N.).

Diocèse de Rouen. — Institution Rey, 26, boulevard Jeanne-d'Arc, à Rouen (C. N.).

Diocèse de Séez — Cours normal, à Alençon (C. N.).

Diocèse de Sens — Succursale de l'Institut normal catho-lique, ci-dessus nommé, rue du Tambour-d'Argent, à Sens. (E. N.).

Diocèse de Vannes. — A Plouharnel (Morbihan) (E. N.).

Diocèse de Versailles. — Mlle Dudouit, 5, rue Sainte-Sophie, à Versailles (C. N.).

§ III. — Nos écoles et cours les plus importants.

En dehors de ces Ecoles normales et de ces Cours normaux qui font tant d'honneur aux catholiques, il y a lieu de décrire ici l'organisation, le fonctionnement, les résultats des instituts, écoles supérieures et cours secondaires répartis sur le territoire.

Les établissements installés dans le diocèse de Paris, puis ceux de la province seront successivement passés en revue. Une enquête récente permet de présenter au lecteur une physionomie assez exacte de la situation de l'enseignement secondaire libre catholique pour les établissements de la capitale et du département de la Seine ; il a été possible de grouper d'importantes informations statistiques à leur égard. Mais, en dépit d'efforts répétés, les renseignements sur la province restent malheureusement insuffisants.

Section I. — Dans le diocèse de Paris.

Nous relevons les renseignements suivants, dans le rapport, très sérieusement documenté (1), de Mlle Desrez, directrice de l'*Ecole Normale catholique.*

Depuis cinq ou six ans, après une assez courte période d'hésitations et de tâtonnements inévitables, les grandes institutions et les cours les plus importants se sont décidés à adopter les méthodes et les programmes de l'enseignement secondaire. Une vingtaine de maisons ont organisé, chez elles, l'enseignement secondaire complet, avec généralement six années d'études. Toutes préparent avec succès au baccalauréat latin-langues les élèves qui le désirent, mais celles-ci sont encore en minorité, bien que les cours de latin soient de plus en plus fréquentés. Quelques-unes préparent aussi au baccalauréat de philosophie.

Ces vingt maisons reçoivent environ 2.500 élèves, âgées de plus de douze ans. Sur ce nombre, 800 à peu près suivent les cours de latin, une dizaine préparent le baccalauréat latin-grec.

Presque partout, un certain nombre des cours les plus importants sont faits par des professeurs masculins. D'après les données de notre enquête, il y aurait ainsi environ 62 licenciés et 24 agrégés, enseignant dans nos écoles secondaires. Le personnel féminin comprend 11 agrégées, 36 licenciées, 42 bachelières, 67 professeurs pourvues du Brevet supérieur et ayant fait des études complémentaires en vue des certificats d'aptitude à l'enseignement secondaire des jeunes filles, soit, au total, 242 professeurs pour 2.500 élèves; et en moyenne, 12 professeurs par maison de 125 élèves.

Dans la plupart de nos maisons de Paris, les élèves qui le désirent peuvent, tout en suivant le cycle des études secondaires, se présenter au brevet élémentaire en prenant, pendant ou après la classe de troisième année, quelques cours spéciaux préparant plus directement à cet examen. Après, ou elles continuent leurs études sans se préoccuper d'un diplôme à obtenir, ou bien elles doivent se diriger, soit vers le baccalauréat, soit vers le brevet supérieur, selon qu'elles veulent, ou non, faire des études de latin. Beau-

(1) *La situation de l'Enseignement secondaire libre féminin à Paris.* Rapport présenté, le 28 mai 1914, au Congrès de l'Enseignement libre.

coup de cours peuvent rester communs pour les deux sections. Nous avons vu des élèves se présenter aux deux examens, brevet supérieur et baccalauréat, dans la même session ou à deux sessions successives, et réussir également dans les deux. Mais, en général, les élèves de Paris, qui ne se destinent pas à l'enseignement, optent pour le baccalauréat dont elles ne peuvent passer que la première partie. Les plus studieuses, et celles qui désirent professer dans l'enseignement secondaire, préparent aussi la seconde partie : philosophie ou mathématiques, ce qui leur assure une science et surtout une formation plus complètes, et leur permet d'aborder ensuite la préparation des licences.

Les lignes qui suivent, bien que traitant plus particulièrement du concours que les étudiantes trouvent dans l'Institut catholique et dans les écoles normales libres de Paris, n'appartiennent pas moins à notre sujet :

Nous avons, dès nos premiers essais d'enseignement secondaire, trouvé de précieux et dévoués auxiliaires parmi les professeurs de l'Institut catholique et de nos collèges libres. Mais nous avons toujours pensé qu'il deviendrait de plus en plus nécessaire de créer un personnel féminin, plus spécialement chargé de la surveillance générale et de l'enseignement des différentes matières, au moins dans les classes précédant la préparation immédiate au baccalauréat. De là donc, pour nous, l'obligation d'avoir des écoles d'enseignement supérieur pouvant fournir aux établissements secondaires le personnel dont ceux-ci ont besoin. C'est le rôle des écoles normales. Les jeunes filles pourvues tout à la fois du brevet supérieur et du baccalauréat font, en général, d'excellents professeurs, mais il est cependant à désirer, ne fût-ce qu'en prévision des lois futures possibles, qu'un certain nombre d'entre elles ne se contentent pas de la possession de ces diplômes, et poursuivent leurs études jusqu'à la licence. Elles peuvent s'y préparer d'abord dans les écoles normales supérieures, où sont organisés des cours de rhétorique supérieure, ou de première année de licence, et ensuite, dans les instituts catholiques, où elles doivent prendre leurs inscriptions, et où elles trouvent la préparation immédiate et complète à tous les certificats de lettres ou de sciences.

Actuellement, tant pour l'Institut catholique de Paris que pour les Écoles normales supérieures (École normale catholique et École normale libre) nous comptons environ 45 élèves ayant obtenu le certificat d'aptitude à l'enseignement secondaire ou une licence de Sorbonne, de juillet 1907 à octobre 1913. Presque toutes enseignent aujourd'hui dans les établissements libres de Paris ; et d'autres se disposent à conquérir prochainement les mêmes diplômes. Aussi, espérons-nous pouvoir fournir bientôt, et même dès maintenant, des professeurs féminins aux écoles de province, qui désireront s'organiser pour l'enseignement secondaire.

A la suite de cette vue d'ensemble, il convient de présenter les monographies des établissements de la capitale
qui honorent le plus l'enseignement secondaire libre
par l'autorité de l'âge et par les services rendus.

La première place revient incontestablement ici à
l'*Institut Normal catholique*, fondé en 1853 — voilà
bientôt soixante-dix ans — par Mlle Ad. Désir.

Institut Normal catholique. — Il a pour but la bonne
éducation, la solide instruction de la jeunesse ; il réunit
dans un même centre les éléments nécessaires à l'éducation complète des jeunes filles et à la formation des institutrices. Ainsi que l'a défini sa vénérée fondatrice, dans
son dernier rapport qui remonte à 1875, « c'est une maison de travail et de foi, un tout composé de deux parties
distinctes, utiles l'une à l'autre, unies, mais non confon-
dues : Education des jeunes filles du monde, préparation
à la carrière de l'enseignement ». Simple dans son but,
multiple dans ses parties, l'Institut Normal, par ses programmes, par ses méthodes d'enseignement, par les
institutions complémentaires qui en sont le couronnement
et la force, offre un ensemble de moyens qui concourent
à la sérieuse formation de la jeune fille.

Partager avec la mère la tâche douce, mais laborieuse,
de l'éducation, seconder son action tout en la respectant,
former pour la société des jeunes filles véritablement
instruites, tel est le but que s'est proposé Mlle Désir en
créant ses cours d'éducation et que poursuivent fidèle-
ment les directrices de l'Institut Normal.

Les cours d'éducation comprennent toutes les branches
d'une instruction complète ; l'enseignement y est donné
exclusivement par des institutrices. Ces cours se font sous
forme de conversation et non de discours continu ; ce
mode exige un travail personnel : l'élève doit faire elle-
même son instruction plutôt que de la laisser faire. Ils
ne sont pas une simple vérification des connaissances de
l'élève, mais ils dirigent et enseignent suffisamment pour
ne réclamer comme auxiliaires que les soins d'une personne intelligente et dévouée. Chaque cours a lieu deux

fois par semaine et dure environ deux heures. Les élèves
y reçoivent avec les explications et les notes nécessaires,
le programme du travail à préparer pour le prochain
cours. Elles y apportent les devoirs écrits et rendent
compte des leçons étudiées.

Trois périodes remplissent le temps de l'éducation :
dans chacune d'elles, les matières principales d'une
instruction complète sont étudiées ou revues en entier,
mais sous des formes différentes : les cours élémentaires,
de six à douze ans ; les cours moyens, de douze à dix-
sept ans ; le cours supérieur, de seize à dix-huit ans.
Cette troisième période comporte un travail de synthèse,
dans lequel l'élève perfectionne son instruction, comble
les lacunes s'il y a lieu, et donne à l'ensemble de ses
études les harmonieuses proportions nécessaires à toute
véritable éducation. Complément essentiel des autres, ce
cours supérieur est la récapitulation et le développement
des matières étudiées les années précédentes ; néanmoins,
sa forme et son programme le rendent accessible aux
jeunes filles qui n'ont pas suivi la série régulière des
cours.

Les cours par correspondance offrent aux familles
éloignées de Paris, ou n'y séjournant qu'une partie de
l'année, la facilité de faire bénéficier leurs enfants des
avantages de l'Institut Normal.

L'Institut Normal ne se propose pas seulement de faire
arriver aux diplômes les élèves qu'il prépare, mais de
former pour l'enseignement public ou privé des institutrices capables et dignes : directrices, professeurs,
maîtresses-adjointes, maîtresses-répétitrices, surveillantes, etc., ou, pour les familles, des institutrices particulières vraiment à la hauteur de leurs devoirs. Inspirer,
avant tout, l'estime de la vocation, en faire comprendre
la délicatesse et la gravité, communiquer des connaissances solides, étendues et variées, enfin faciliter la
préparation professionnelle par l'habitude de l'enseignement et la pratique du dévouement, rien n'est épargné

pour assurer à la future institutrice une véritable et complète formation.

Avec l'autorisation et sous le contrôle de l'Institut Normal, des centres spéciaux (écoles normales des 1er et 2e degrés) ont été fondés dans le même esprit, d'après les mêmes principes et les mêmes méthodes sanctionnées par l'expérience. Créées et dirigées par les membres de la corporation, elles sont uniquement destinées à la totale préparation des futures institutrices. Telle est, en particulier, l'École Normale, ou Pensionnat Normal du Sacré-Cœur, de Montmartre, fondé en 1898, et dont il sera parlé immédiatement après la monographie que nous présentons de l'Institut Normal.

Les cours d'examens préparent à tous les brevets, diplômes et certificats requis pour l'enseignement primaire et secondaire des jeunes filles, aux diplômes d'instruction religieuse (degrés élémentaire et supérieur), aux certificats d'aptitude à l'enseignement catholique (degrés élémentaire et supérieur), établis dès 1889 par Mgr l'archevêque de Paris.

Les élèves qui habitent la province, l'étranger, ou qui ne sont à Paris qu'un certain temps de l'année, peuvent bénéficier des cours par correspondance, comme pour les cours d'éducation.

Des cours particuliers, réunissant les aspirantes d'un même degré, désireuses de fortifier une ou plusieurs branches, sont multipliés selon les besoins.

Procurer aux élèves de l'Institut Normal le bienfait de vraies et solides amitiés, les former aux relations sociales, en même temps qu'aux douces obligations de la charité et à l'amour de leurs devoirs, tel est le but d'un certain nombre de ses institutions complémentaires, couronnement de l'éducation, qu'il nous reste à mentionner.

Le comité Marie-Adélaïde, que l'on pourrait appeler, comme le disait un ami dévoué de l'Institut Normal, le « cours 'e charité », a pour but principal de réunir les jeunes filles d'élite des cours, désireuses de s'exercer en commun à la pratique des bonnes œuvres. Le zèle des membres de ce comité trouve une application élevée dans les œuvres créées par l'Institut Normal. Mlle Désir, dans les lignes suivantes, adressées à ses élèves en 1868, indiquait l'esprit, résumait toute la pensée de cette institution : « Nous avons longtemps travaillé ensemble, voulez-vous recommencer? Je ne vous demandais que votre perfection intellectuelle et morale, aidez-moi à faire le même bien à de pauvres jeunes filles dénuées de la saine nourriture que vous avez eue abondamment, dans le milieu où vous avez été élevées... Vous le savez, l'aumône est une clef d'or ; elle ouvre le ciel, elle ouvrirait pour vous mon cœur, s'il ne l'était déjà... Il forme un comité de toutes mes anciennes élèves : Dieu permettra que très peu me refusent ; ce sera la réalisation d'un désir que j'ai depuis longtemps en projet. — *Ut omnes unum sint!* »

Toute élève des cours comprenant cet appel peut faire partie du comité. Les jeunes filles du comité pourvoient aux frais de l'éducation d'enfants douées de qualités sérieuses, appartenant à des familles éprouvées et recommandables ; elles viennent en aide aux institutrices dans le besoin, constituent un vestiaire hebdomadaire, enfin assistent et visitent un certain nombre de familles pauvres.

Les conférences des Dames, fondées en 1885 à la prière d'une ancienne élève, sont des réunions mensuelles, simples et cordiales, dans lesquelles un petit nombre de femmes chrétiennes mettent en commun leurs lumières et leur expérience pour assurer la bonne éducation et la solide instruction de leurs enfants, et pour se soutenir dans le généreux accomplissement de leurs devoirs de famille et de société.

Le cercle des Institutrices est une réunion d'institutrices choisies qui veulent se perfectionner dans de sérieuses études, et s'entr'aider à remplir avec honneur, succès et foi, leurs devoirs professionnels. Les bases de cette institution ont été posées par Mlle Désir, dès 1866 ; mais l'inauguration n'en a été faite qu'en 1880. Les membres du cercle viennent en aide, par des cours ou des leçons, par leurs conseils, par leur assistance matérielle, aux membres de l'enseignement, dans les difficultés si nombreuses de leur carrière. Pour faire partie du cercle, une institutrice doit offrir de sérieuses garanties de piété, d'honorabilité, être connue du conseil ou présentée soit par un membre de l'association, soit par une personne digne de confiance. Sur le modèle de ce premier cercle, se sont formées des associations régionales qui, unies entre elles par l'affection, les bons offices réciproques, forment la *Corporation d'Institutrices catholiques, dite Corporation Sainte-Catherine.*

Des bibliothèques d'ouvrages choisis, offrant une nourriture fortifiante, un délassement sans danger, ont été créées par les directrices et les membres des diverses œuvres : Conférences des Dames, Comité Marie-Adélaïde, Cercle Sainte-Catherine.

Pensionnat Normal du Sacré-Cœur. — Cet excellent pensionnat, 22, rue Norvins, XVIIIe, a pour but essentiel de préparer pour les familles, pour les maisons d'éducation, laïques ou religieuses, des institutrices capables et dignes, vraiment à la hauteur de leurs devoirs ; d'assurer, en même temps, un avenir honorable aux jeunes filles de franche bonne volonté, douées des aptitudes indispensables au succès de leur mission. Destiné uniquement aux aspirantes à la carrière de l'enseignement, il n'a pas pour fin de multiplier le nombre des jeunes personnes diplômées, mais de donner à celles qui, par attrait ou par nécessité de position, aspirent à devenir de bonnes institutrices chrétiennes, une complète et consciencieuse formation morale, intellectuelle et professionnelle.

Les élèves y sont préparées, soit aux emplois multiples des maisons d'éducation de tous les degrés, soit à remplir la délicate fonction d'institutrice particulière, de préceptrice, auprès des jeunes filles ou même des jeunes garçons. Les programmes d'études comportent, avant tout, cet ensemble de connaissances solides, étendues et variées, acquises lentement et progressivement, qui constituent une sérieuse instruction. Sur cette base s'édifie sans peine la préparation aux divers examens. Les élèves du pensionnat normal sont donc mises en mesure, selon la carrière particulière qu'elles poursuivent, d'obtenir successivement les différents diplômes, certificats, qui ouvrent légalement la carrière de l'enseignement à tous les degrés, et ceux qui donnent à leurs études religieuses et professionnelles la sanction de l'Eglise.

Les élèves se destinant à une spécialité (sciences, lettres, langues, arts) reçoivent une préparation en harmonie avec leur dessein ; mais elles ne sont pas dispensées des cours généraux considérés comme essentiels à l'éducation de l'institutrice. La méthode adoptée pour la formation intellectuelle et morale des futures institutrices, expérimentée depuis soixante ans, a donné des résultats incontestés. Elle se prête parfaitement à tous les compléments qu'exigent les besoins actuels de la société et le développement des connaissances modernes ; elle permet, sans crainte d'altérer les traditions certaines qui la constituent, d'user de tous les moyens que les travaux récents ont créés pour faciliter, compléter et perfectionner le grand art de l'enseignement.

Le Pensionnat Normal est ouvert, depuis le 6 janvier 1898, à toute jeune fille qui, déterminée à se prêter à une formation sérieuse embrassant ses facultés physiques, intellectuelles et morales, joint à la volonté d'embrasser chrétiennement la carrière de l'enseignement, des qualités et aptitudes donnant des espérances fondées de réussite. L'honorabilité de la famille, l'exemption de reproches sérieux, personnels, quelques succès scolaires, l'amour de l'étude, le tout constaté par des lettres de recommandation ou des examens : telles sont les conditions exigées, quels que soient d'ailleurs l'âge, la nationalité et le genre d'enseignement auquel se destinent les aspirantes. Si, au bout de quelques mois d'essai, une élève n'était pas jugée apte à poursuivre la carrière d'institutrice, et, par suite, ne pouvait demeurer au Pensionnat Normal, son départ ne serait pas pour elle une défaveur.

Un externat ou école d'application est annexé au Pensionnat Normal. Pendant les vacances, des cours et leçons ont lieu en faveur des membres de l'enseignement qui désireraient achever la préparation d'un examen, ou prendre des indications d'étude ou de pédagogie, pour leur année. A toutes ces dispositions, si judicieusement prises dans l'intérêt de la formation des institutrices, se joignent des cours du dimanche et du jeudi ainsi que des cours du soir pour les jeunes filles occupées dans la journée.

On ne s'étonnera pas que le Pensionnat Normal du Sacré-Cœur, si sagement organisé, consacré par un ensemble de résultats des plus satisfaisants, ait été honoré des bénédictions des deux Souverains Pontifes Léon XIII et Pie X.

Quant aux résultats obtenus par l'Institut Normal catholique et par sa filiale, le Pensionnat Normal catholique, il est de tradition, dans ces deux maisons, de n'établir de statistique, ni d'élèves, ni d'examens. Leurs directrices ont voulu laisser ce soin, disent-elles, à Celui qui voit tout. On comprend qu'elles ne soient pas tentées de modifier cette manière de faire, en présence des succès qui récompensent tant de modestie. Elles nous permettront, néanmoins, de regretter une réserve qui eût servi notre cause en la fortifiant.

Institut Normal libre de la Madeleine. — La société d'enseignement complet et d'éducation qui administre cet Institut situé 16, rue de la Ville-l'Evêque, est une association fondée en 1904 par un groupe de pères de famille soucieux d'assurer à leurs enfants les bienfaits d'une instruction solide et d'une éducation foncièrement chrétienne. Grâce à l'importance de son immeuble, d'ailleurs admirablement placé au centre de Paris, à la jouissance d'un jardin et d'un préau couvert, cet Institut comprend un demi-pensionnat, un externat et des cours.

Le jeudi, les classes ont lieu le matin seulement. Toutes les élèves suivent les cours, qui ont généralement deux séances de deux heures par semaine ; ces séances sont plus fréquentes pour les élèves qui préparent les brevets et le baccalauréat. La préparation à la Première Communion est l'objet de soins tout particuliers ; les

se classent comme suit :

ANNÉES	BREVETS ÉLÉMENTAIRES	BREVETS SUPÉRIEURS	BACC. LATIN-LANGUES	
	—	—	1re partie	2e partie
1904	5	1		
1905	8	3		
1906	11	1		
1907	15	3		
1908	9	2		
1909	23	2	3	
1910	22	5	4	
1911	12	4	5	
1912	15	1	5	7
1913	12	2	5	5
1914	10	6	6	6

Institut Notre-Dame-des-Champs. — Cet Institut est un collège catholique de jeunes filles, bien situé dans le voisinage du Luxembourg et dans le quartier des études. Un groupe de familles qui se sont proposé d'assurer à leurs enfants une forte éducation morale et religieuse et une solide instruction l'a fondé, en 1901, au 61 *bis* de la rue Notre-Dame-des-Champs ; à partir de l'année scolaire 1914-1915, il a été transféré au n° 20 de la rue du Montparnasse. Il comprend demi-pensionnat, externat et cours complémentaires pour les jeunes filles.

Les fondateurs et les éducatrices de l'Institut Notre-Dame-des-Champs se sont constamment inspirés de cet idéal : donner aux jeunes filles d'aujourd'hui une éducation complète, telle que la réclament les nécessités de notre temps ; pénétrer les âmes de l'esprit de foi, par de solides études religieuses, former le caractère par l'exercice de la volonté, donner à l'intelligence une véritable culture.

Les cours de religion sont donnés d'une manière complète et progressive par les aumôniers de la maison. Les enfants sont préparées avec grand soin à la Première Communion privée et à la Communion solennelle, qui ont lieu dans la chapelle de l'Institut.

Les études sont organisées suivant les méthodes et les programmes de l'enseignement secondaire classique. Elles visent surtout à former le jugement et le goût.

Former de bons esprits, nets, judicieux et délicats, tel est le bénéfice des études classiques bien conduites, autrefois réservées à l'enseignement des garçons et qu'il est si opportun, aujourd'hui, d'étendre à l'enseignement des jeunes filles. La sanction normale de ces études est le baccalauréat. La préparation des quatre baccalauréats (sections A, B, C et D) est organisée à l'Institut.

Toutes les élèves ne sont pas tenues de se présenter à l'examen, mais toutes suivent l'ensemble des classes secondaires. Le latin seul est facultatif. Une division spéciale est réservée aux élèves qui désirent se préparer au brevet élémentaire. La durée normale des études est de onze ans. De 7 à 12 ans, les élèves suivent les classes primaires ; de 12 à 17 ans, les classes secondaires, qui se terminent par l'examen de la deuxième partie du baccalauréat (Philosophie).

Les enseignements proprement féminins ne sont pas négligés. La couture est enseignée dans toutes les classes, et un cours de coupe et d'enseignement ménager complète, en fin d'études, cette préparation aux travaux domestiques qui s'impose à toute jeune fille.

Les arts sont enseignés par des professeurs expérimentés. Le dessin et le chant font partie du programme de toutes les classes. La musique, le solfège, sont enseignés en cours ou en leçons particulières.

Des cours et conférences complémentaires de littérature, d'histoire contemporaine, d'histoire de l'art, font suite aux classes secondaires, pour celles des jeunes filles qui veulent acquérir sur tel ou tel point une culture plus approfondie.

Enfin, en 1916, a été annexé à l'Institut un jardin d'enfants où sont appliquées les nouvelles méthodes de l'éducation des tout petits. Les enfants, garçons et filles, y sont admis de 4 à 7 ans.

L'Institut compte, actuellement, parmi ses professeurs femmes, une agrégée des lettres, une agrégée d'allemand, deux licenciées de philosophie, une licenciée de mathématiques, une licenciée d'histoire et de géographie ; un certificat d'anglais, un professorat des écoles normales (lettres), un professorat des écoles normales (anglais), trois baccalauréats, trois brevets supérieurs avec C. A. P., deux brevets élémentaires.

La population scolaire totale de l'établissement, de 1904 à 1914, s'est élevée à 800 élèves : il comptait, en 1913-1914, 260 élèves.

Voici la liste des résultats obtenus aux examens, de 1904 à 1919 :

Brevets élémentaires : 113.

Brevets supérieurs : 33.

Baccalauréats latin-langues, première partie : 23.

Philosophie : 16.

La préparation au baccalauréat se fait en cinq années

d'études pour la première partie, et en une année pour la deuxième partie.

L'Association des Anciennes Elèves compte déjà plus de deux cents membres. Ce groupement est un excellent moyen de continuer l'action éducative de l'Institut sur ces jeunes filles et de les orienter vers l'activité charitable pour les œuvres. Des réunions mensuelles de piété, des réunions amicales, un cercle d'études, chaque quinzaine, offrent aux anciennes élèves de précieux moyens de resserrer les liens qui les unissent entre elles et les rattachent au cher foyer de vie religieuse, intellectuelle et morale, que demeure pour elles l'Institut Notre-Dame-des-Champs.

Collège Sainte-Marie. — A la suite de ces Instituts se place le nouveau Collège Sainte-Marie, d'un caractère tout spécial. Franchement et uniquement secondaire, il l'est par ses programmes, ses méthodes, son personnel enseignant. L'ambition de ceux qui l'ont fondé a été d'opposer aux lycées de l'Etat une maison catholique qui n'eût rien à leur envier, au point de vue des études et des maîtres, qui eût même sur eux cet avantage de donner aux jeunes filles un enseignement classique. L'intéressante monographie de cet important établissement (1) a été présentée par Mlle Pluszanski, sous-directrice de l'Université libre de jeunes filles, et nous y puisons les renseignements qui suivent, sur l'organisation du collège même et des études, la répartition des heures de classe et le personnel enseignant :

Le Collège Sainte-Marie est installé dans l'ancien couvent des Dames Anglaises, 24, boulevard Victor-Hugo, à Neuilly. Les grands bâtiments, entièrement remis à neuf, sont entourés d'un beau parc. C'est une grande joie pour nous d'avoir pu sauver et utiliser pour une œuvre pleinement catholique ce beau couvent, si riche de souvenirs. Le Collège Sainte Marie n'occupe qu'une partie des bâtiments, celle qui servait autrefois de pensionnat.

(1) *Le Collège Sainte-Marie à Neuilly.* Rapport présenté le 28 mai 1914 au Congrès de l'Enseignement libre (*Bulletin de la Société d'Education* du 1er au 15 juillet 1914).

L'autre partie, le monastère, abrite notre Ecole Normale (1), avec ses 80 élèves. L'ensemble porte le nom d'*Université libre de jeunes filles*, fondée et dirigée par Mme Daniélou.

Après avoir observé que le Collège a une organisation tout à fait distincte de celle de l'Ecole Normale, l'auteur reprend :

Je signale seulement que les deux œuvres s'épaulent mutuellement : l'Ecole a fourni au Collège la presque totalité de son personnel enseignant : le Collège sert aux Normaliennes d'école d'application, et, dans la pensée des fondateurs, les ressources fournies par le Collège doivent aider à soutenir l'Ecole Normale. Le Collège Sainte-Marie compte actuellement 161 élèves (2), ce qui est un chiffre remarquable pour une première année. Elles se répartissent ainsi : 35 pensionnaires, 32 demi-pensionnaires, 94 externes ; en tout, le Collège pourrait recevoir 300 élèves, et nous pensons atteindre ce chiffre la troisième année. Nous ne recevons, naturellement, que des enfants appartenant à des familles nettement catholiques ; pas d'étrangères, si ce n'est à titre tout à fait exceptionnel. Nous désirons garder à cette maison son caractère particulier, qui est d'unir des études très sérieuses à une vraie vie de piété...

Au point de vue de l'administration, le Collège appartient à une société anonyme dont le président est M. Maurice de Vilmorin. Le capital de 200.000 francs, entièrement versés par de généreux catholiques, a été employé à l'installation, à l'aménagement du Collège, et à combler le déficit forcé des premières années. Nous ne sommes, malheureusement, que locataires de notre beau couvent.

Passons maintenant à l'organisation des études.

Notre programme se rapproche de très près de celui des lycées de garçons. Nous avons, d'abord, une classe enfantine pour les enfants de quatre à sept ans. Elle est conçue sur le modèle d'un jardin d'enfants. On y pratique toutes sortes de petits travaux manuels : pliages, tissage, découpage, beaucoup de chants et jeux dirigés ; un verger est attenant à la classe, elle-même très gaie avec ses petites tables et ses petits fauteuils laqués blancs, et ses grandes images. Il y a aussi une vaste armoire à jouets, le coucou, le bocal de poissons rouges... Cependant, notre classe enfantine n'est pas une vraie Kindergarten, en ce sens qu'on y apprend quelques petites choses : à lire, à écrire, un peu d'histoire

(1) On a classé sous la section précédente ce qui concerne l'Ecole Normale libre, plus ancienne d'ailleurs de sept ans.

(2) En 1918, le Collège Sainte Marie compte 363 élèves, dont 90 pensionnaires. De 1911 à 1918, l'Université libre de jeunes filles a fait recevoir 131 élèves à la 1re partie du baccalauréat. 75 à la 2e partie, 23 à la licence.

et de géographie. Surtout on y prépare à la Première Communion privée. Or, vous le savez, le principe des vrais jardins d'enfants est de se borner à l'éducation des sens ; nous n'avons pas voulu l'accepter tout entier.

De sept à douze ans, nos enfants suivent les classes élémentaires. Ce sont surtout des classes de grammaire où l'on s'efforce de leur donner un bon français, base nécessaire d'une culture secondaire.

A douze ans, toutes nos élèves commencent le latin en cinquième. Elles auront donc cinq ans de latin avant de se présenter au baccalauréat. L'option entre les différentes sections de baccalauréat se fait en troisième ; les unes commencent alors d'apprendre le grec, d'autres, une seconde langue étrangère ; celles des sections C et D voient doubler leurs heures de sciences. Je le répète, à partir de la quatrième, notre programme est très proche de celui des lycées de garçons où fonctionnent ces quatre sections. Nous avons cependant, usant de notre privilège d'enseignement libre, traité librement ce programme sur certains points. Nous avons choisi, comme textes à expliquer dans chaque classe, ceux qui nous paraissent les plus propres à élever l'esprit et à former le goût dans un sens vraiment chrétien et français, faisant large part aux auteurs catholiques, diminuant la place beaucoup trop considérable faite dans les lycées aux écrivains du XVIII° siècle, Rousseau, Voltaire, Diderot, dont nous ne donnons aux élèves que des extraits. Nous refusons toute entrée dans nos classes secondaires à des auteurs comme Renan, Flaubert, couramment commentés dans les classes des lycées de filles et de garçons. Songez que, dans un récent article d'une revue officielle, un professeur de première mettait « Mme Bovary » sur la liste de douze ouvrages, pris dans l'ensemble de la littérature française, que doivent avoir lus, *en entier*, des élèves qui se présentent au baccalauréat !... C'est là un véritable scandale pour des catholiques soucieux, avant tout, de défendre la pureté d'âme et l'intégrité de foi de leurs enfants !

Dans la classe de philosophie, on ajoutera à la liste d'auteurs imposés par le programme quelques-uns de ces philosophes chrétiens, si malhonnêtement ignorés dans l'Université : chaque année, dans la classe de philosophie du Collège Sainte-Marie, on expliquera un des ouvrages suivants : Saint Thomas d'Aquin, *Traité de l'âme* ou *Traité de Dieu*; Bossuet, *De la connaissance de Dieu et de soi-même*; Fénelon, *Traité de l'existence de Dieu*, tous ouvrages exclus de la liste officielle.

Dans cette même classe de philosophie, nous ajoutons une classe d'histoire de l'Art et un cercle d'études, où l'on approfondit quelques questions religieuses ou sociales. Cette année, par exemple, le programme de nos philosophes a été « le Modernisme », sous forme de commentaire littéral de l'Encyclique *Pascendi*. Les débats étaient présidés par le R. P. de la Bégassière, qui dirige les études religieuses au Collège Sainte-Marie.

Enfin, nous avons cru devoir compléter le programme des lycées
de garçons sur un point qui n'est pas sans importance. Nos
élèves ont deux heures de couture par semaine jusqu'à la classe
de troisième, et, au delà, un cours d'hygiène et d'enseignement
ménager.

La question de la répartition des heures de classe n'est pas
sans intérêt. Nos classes n'ont lieu que le matin ; l'après-midi
est réservé aux études, aux arts d'agrément, aux exercices
physiques. Nos externes sont donc présentes au Collège trois
heures chaque jour ordinaire, et deux heures le dimanche, soit
vingt heures par semaine. Nous diminuons de ces vingt heures
les deux heures pour la messe du dimanche et du jeudi, obligatoires, l'une et l'autre, pour toutes nos élèves. Nous diminuons
encore deux heures d'instruction religieuse pour chaque classe :
restent seize heures, consacrées aux études proprement dites...

Nous avons adopté, pour les classes primaires, le système du
professeur unique ; pour les classes secondaires, celui du professeur principal, faisant dans sa classe l'ensemble des cours de
lettres, soit au moins neuf heures par semaine. Nous avons
des professeurs spéciaux pour l'histoire et la géographie, les
sciences et les langues étrangères. Ce personnel est exclusivement
féminin. Au Collège Sainte-Marie, comme professeurs femmes,
nous comptons deux agrégées pour les classes de philosophie et
de première, dix licenciées (quatre de lettres, une d'histoire, une
de philosophie, trois de sciences, dont une munie du doctorat,
un certificat secondaire), quatre bachelières, deux professorats
d'école normale, six brevets supérieurs. Nous ne faisons appel
des professeurs hommes pour aucune classe.

Il est intéressant de rapprocher de cette monographie,
si attachante, l'information que la *Revue Universitaire*
consacre, dans son numéro du 15 février 1914, à l'*Université libre de jeunes filles*. Comme cet article
n'apprendrait au lecteur rien de bien nouveau, l'on se
borne à le renvoyer en note (1), en insistant seulement

(1) **L'Université libre de jeunes filles.** — Depuis quelques
semaines fonctionne à Neuilly, 24, boulevard Victor-Hugo, une université libre de jeunes filles, qui a été solennellement inaugurée par
le Cardinal-Archevêque de Paris. Cette Université libre comprend :
d'une part, une école normale supérieure qui prépare les futurs professeurs de l'enseignement libre et veut jouer le rôle que jouent nos
écoles de Sèvres et de Fontenay, et, d'autre part, un collège secondaire
qui veut être pour les jeunes filles un collège d'enseignement *classique*.

Il est fâcheux qu'on ait pu lire dans certains journaux sans rectifi-
cation que ce collège est « jusqu'ici le seul centre d'enseignement
classique, puisque dans les lycées de l'État on ne prépare pas au baccalauréat et on n'enseigne le latin qu'exceptionnellement ». Les élèves de

sur sa finale : « Il ne saurait être inutile de livrer ces documents à la méditation de l'administration et du personnel universitaire. » L'Université s'inquiète, au fond, du mouvement de notre enseignement secondaire libre, puisqu'il attire l'attention peu bienveillante d'une revue qui ne compte pas moins de vingt et un professeurs de l'Université dans son comité de patronage et de rédaction.

Cours professés à l'Institut catholique de Paris. — Il convient aussi de tenir compte des cours que les jeunes filles suivent dans nos Instituts catholiques. S'il n'a pas été possible de recueillir des renseignements sur ceux de ces instituts qui sont situés en province, le lecteur se dédommagera par les informations, très complètes, que l'on doit à la bienveillance de M. Henri Froidevaux, le sympathique doyen de la Faculté des Lettres de l'Institut catholique de Paris.

Pour la première fois, il y a dix ans, des jeunes filles ont commencé de suivre, à l'Institut catholique, les mêmes cours que les jeunes gens, en se proposant pour but la conquête du diplôme de la licence ès-lettres. Auparavant déjà, et en dehors même des cours qui leur étaient spécialement destinés, l'Institut catholique possédait des élèves-femmes ou, pour parler plus exactement, des auditrices suivant les cours de lettres ou de phonétique, ou encore certains cours isolés ; mais aucune de ces auditrices ne participait, d'une manière complète, aux différents enseignements donnés par les professeurs de l'École supérieure des lettres. Il en fut autrement à partir du jour où cette dernière se fut, sur l'initiative de Mgr Baudrillart, transformée en Faculté des Lettres, c'est-à-dire au début de l'année scolaire 1909-1910.

cette Université sont, paraît-il, déjà au nombre de 210, et le personnel enseignant comprend dix licenciées et deux agrégées : M⁰ᵉ Daniélou et M¹¹ᵉ Raison, celle-ci étant sans doute l'agrégée féminine de grammaire dont le cas intéressa si passionnément, l'année dernière, toute l'Université laïque. Nous extrayons du discours de M⁰ᵉ Daniélou, directrice de l'Université, le passage suivant : « Nous n'avons pas vu, dit-elle, dans l'enseignement libre une carrière à exploiter, mais une cause à servir... le mouvement des jeunes filles vers la culture intellectuelle est un fait absolument évident, il nous a paru que c'était un devoir clair que d'essayer d'en prendre la direction, ou du moins, de ne pas permettre qu'il entraîne vers les lycées de l'État l'élite intellectuelle des filles de France. »

Dès lors, et tandis que va toujours grandissant le nombre des étudiantes immatriculées, il ne se passe pas d'année sans que, à côté des inscriptions prises par les jeunes gens, les registres de la Faculté des Lettres ne contiennent un nombre plus ou moins considérable d'inscriptions prises par des jeunes filles désireuses de trouver auprès des maîtres de l'Institut catholique une direction continue et de recevoir d'eux, avec leurs leçons, une formation complète. C'est ce que montrent les chiffres suivants, où ont été placés vis-à-vis les uns des autres les totaux, pour les cinq années *normales* 1909-1910 à 1913-1914, d'une part, des étudiantes seules ayant pris leurs inscriptions à la Faculté, d'autre part, des élèves régulières et des auditrices immatriculées.

ANNÉE SCOLAIRE	ÉTUDIANTES PRENANT LEURS INSCRIPTIONS	ÉTUDIANTES INSCRITES OU IMMATRICULÉES
1909-1910	1	15
1910-1911	8	23
1911-1912	10	31
1912-1913	3	38
1913-1914	15	40

Ainsi, même avant la presque soudaine explosion de la grande guerre, la Faculté libre des Lettres avait reçu un certain nombre d'étudiantes désireuses, les unes, de suivre différents cours présentant pour elles un intérêt particulier, les autres, de conquérir le parchemin qui donne la *licencia docendi*. Si, au cours des douloureuses années que nous venons de traverser, les chiffres que nous avons cités ont subi, parfois, quelque fléchissement — en particulier en 1914-1915, où la Faculté n'a compté que 11 étudiantes ayant pris leurs inscriptions, et 29 étudiantes inscrites ou immatriculées — les événements permettent aisément de le comprendre; mais bientôt le mouvement ascensionnel a repris de telle sorte que, pendant les dernières luttes, alors que les jeunes gens osaient à peine entreprendre une lointaine préparation à leurs examens et des études qu'ils savaient ne devoir pas poursuivre sans interruption, les jeunes filles ont comblé les vides qui se produisaient par ailleurs. Sans doute, nombre d'entre elles ont quitté la capitale, à la fin de l'année scolaire 1917-1918, à la suite des premiers méfaits des « grosses Berthas », mais elles sont demeurées en constantes relations avec l'Institut Catholique; alors, durant quelques semaines, nos cours ont été très bien suivis, mais le travail s'est continué sous une autre forme, et il a bientôt repris, en 1918-1919, avec plus d'entrain que jamais, de la part d'étudiantes de plus en plus nombreuses et qui ont maintenant, comme les jeunes gens, leur association, très vivante et très accueillante à la fois (1).

(1) On trouvera sur cette association les renseignements les plus complets dans le *Bulletin de l'Institut Catholique* du 25 juillet 1918, pp. 182-183.

D'ordinaire, les jeunes filles qui suivent les cours de notre Faculté sont moins pressées que les jeunes gens ; elles n'hésitent pas à consacrer deux années entières, parfois même davantage, à la préparation de leur examen ; elles savent qu'elles acquièrent ainsi une discipline scientifique et même (jusqu'à un certain point) pédagogique plus complète ; elles comprennent qu'un contact un peu prolongé avec des études désintéressées sera profitable à la maturité de leur esprit, à la profondeur de leur science et à la sûreté de leurs connaissances, comme aussi que leur enseignement — car bon nombre de nos étudiantes songent à devenir professeurs — en bénéficiera par la suite. Et, de fait, elles ne se trompent pas : l'assiduité, l'ardeur, la persévérance, toutes les qualités de conscience, d'intelligence et de volonté qu'elles apportent à leur travail leur procurent, d'abord, de sérieux succès à leurs examens, puis, une réelle valeur pédagogique.

Aux personnes qui mesurent simplement la valeur d'un enseignement au nombre des diplômes obtenus par ceux qui l'ont reçu, il n'est pas sans intérêt d'indiquer que, jusqu'au mois de juillet 1914 inclusivement, les étudiantes inscrites à l'Institut catholique ont conquis 21 diplômes de licence ès lettres, dont 6 pour les lettres et littératures classiques, 2 pour la philosophie, 12 pour l'histoire et 1 pour l'anglais. En outre, une élève a préludé à ses études immédiates en vue de la licence d'histoire, en obtenant à la Faculté des Sciences le certificat de géographie physique. Depuis la rentrée de novembre 1914, les succès de nos étudiantes n'ont pas été moins nombreux ; on compte en effet, pour la période des cinq années scolaires 1914-1919 (session d'octobre 1914 *comprise*, mais session d'octobre 1919 *exclue*), 50 licenciées ès lettres, dont 13 pour les lettres classiques, 9 pour les langues vivantes, (7 pour l'anglais, 2 pour l'allemand), 11 pour la philosophie et 17 pour l'histoire. Plusieurs de ces jeunes filles ont obtenu des mentions ; une a été reçue la 1re de sa série, avec la note *Bien* (en octobre 1916). Enfin, plusieurs d'entre elles, poussant plus loin que la licence, ont conquis le diplôme d'études supérieures et nourrissent même parfois des ambitions plus hautes encore.

En même temps qu'à la Faculté libre des Lettres étaient gagnés tous ces diplômes, différentes élèves suivant les cours de l'Ecole des Sciences (1) enlevaient brillamment 6 certificats de mathématiques générales, de mécanique rationnelle, de mécanique physique et d'astronomie. Depuis octobre 1914, les étudiantes de l'Ecole des Sciences ont, comme celles de la Faculté des Lettres, heureusement maintenu la tradition de leurs aînées ; elles comptent à leur actif 28 certificats de mathématiques générales, de géométrie supérieure, de chimie générale et de chimie biologique,

(1) L'Ecole libre des sciences n'a pas de registre d'inscriptions. Les inscriptions ne peuvent être prises, de par la loi, que dans une Faculté de l'Etat.

de physiologie ; nombre d'entre elles ont mérité une mention, et l'une d'elles a été reçue la 1re (en juillet 1918), avec la mention *Bien*, au certificat de chimie générale.

Enfin, voici que nos étudiantes commencent à fréquenter les cours de la Faculté de Droit. Là aussi, sans aucun doute, elles réussiront brillamment comme aux Lettres et aux Sciences.

Convient-il maintenant d'aller plus loin et de suivre, dans les différentes institutions où elles professent, les licenciées et les certifiées (si l'on peut dire) sorties de l'Institut catholique de Paris ? Un tel développement présenterait sans doute un véritable intérêt ; mais l'Institut catholique ne peut pas se targuer d'avoir, à lui seul, formé ces jeunes filles qui, pour la plupart, ont été parfaitement préparées de loin, dans telle ou telle institution excellente, aux carrières professorales. Mieux vaut simplement faire remarquer ici qu'un groupe d'anciennes élèves de l'Institut catholique, en fondant le collège d'Hulst, en y appliquant les méthodes mêmes de l'Institut catholique, a montré tout récemment qu'il entendait se rattacher d'une manière étroite à la maison d'où il sortait, s'inspirer des traditions qu'il y avait puisées, les maintenir et les étendre non pas seulement à Paris, mais en province, puisque le collège Maurice d'Hulst compte maintenant des filiales à Versailles, à Berck et à Strasbourg. Rien n'est plus susceptible de montrer l'influence pédagogique exercée par les maîtres de l'Institut catholique sur leurs élèves, dont quelques-unes, qui ont pris l'habit, n'oublieront sûrement, dans les Ordres dont elles font partie, l'enseignement reçu par elles dans les vieilles maisons des Carmes.

Malheureusement, et bien que leur nombre aille croissant, les jeunes filles ne fréquentent pas encore, autant qu'il conviendrait, les cours de l'Institut catholique. Sans doute, l'École Normale catholique de la rue de Sèvres et l'École Normale libre de Neuilly y envoient régulièrement leurs élèves, et voici que le collège d'Hulst fait comme ses aînées. Mais il s'en faut que toutes les jeunes filles qui préparent les licences d'enseignement secondaire, ou même la seule licence ès lettres, s'adressent à l'Institut catholique, ou encore aux rhétoriques supérieures organisées avec tant de compétence et de dévouement, sur tous les points de Paris, par les établissements libres de la capitale ; un grand nombre préfère la Sorbonne, si bien que la clientèle totale de ces établissements représente moins du tiers du chiffre des candidates. Est-il juste, est-il normal, est-il même admissible qu'il en soit ainsi ?

Dans le remarquable rapport adressé par lui, le 25 novembre 1914, à la séance solennelle de rentrée de l'Institut catholique, M. l'abbé Lejay, professeur à la Faculté des Lettres, rappelait les chiffres que nous venons de citer ; puis il ajoutait : « L'été dernier, se tint à Paris une réunion des cercles d'études féminins, réunion vibrante, zélée, édifiante. Plus de cinq cents jeunes personnes étaient présentes. Quatre d'entre elles y ont lu d'excellents rapports sur les dangers que leur fait courir la préparation des grades à la Sorbonne, un sur les sciences, et les trois autres sur les trois spécialités littéraires, philosophie, histoire, langues et littératures classiques. Ces rapports concluaient uniformément que la foi chrétienne courait un danger mortel à la Sorbonne, soit à cause du milieu, soit à cause de l'enseignement des professeurs. Il est vraiment singulier qu'on ait oublié qu'il existe, à Paris, une Faculté catholique des lettres, qu'elle prépare à la licence, d'une manière estimable, que les évêques ont fondé cette Faculté, la soutiennent et la surveillent, que les Papes ont recommandé aux catholiques de préférer, pour eux-mêmes, leurs Universités aux Universités voisines les plus illustres. Faudra-t-il donc croire que ces jeunes filles ont rencontré à la Sorbonne tous les enseignements qu'elles cherchaient, et même ceux qu'elles ne désiraient pas, tous, excepté celui de la logique ? »

Rien, mieux qu'une telle question, — qui demeure actuelle à la fin de 1919 comme elle l'était à la fin de 1914 — ne saurait terminer ce bref exposé. L'Institut catholique de Paris est prêt à recevoir les jeunes filles qui désirent lui demander une direction générale, des conseils continus et des cours suivis; sa bibliothèque leur ouvre largement ses portes, exactement comme le font ses salles de conférences. Pour entrer, les élèves ont simplement à solliciter une autorisation qui, si elles présentent les garanties nécessaires, ne leur sera jamais refusée.

Qu'une jeune fille catholique, qui a fait son éducation dans l'un de nos établissements libres, renonce à couronner son instruction dans nos Instituts catholiques, voilà certes une anomalie que la pusillanimité des familles, une sorte de respect humain de la part des intéressées, sont impuissantes à expliquer ! Se pourrait-il que les Instituts catholiques en vinssent à souffrir également, en ce qui concerne leur clientèle féminine, de l'absence de caractère, cause déterminante des difficultés du recrutement de leur clientèle masculine ? On ne peut soutenir que cette formation supérieure préjudicie à l'établissement de nos jeunes filles. — Dès lors, il ne reste plus que de mauvaises raisons pour justifier une abstention que les familles chrétiennes doivent combattre à tout prix.

Citons, enfin, plus d'une vingtaine de maisons ou de cours d'éducation de Paris, entre lesquels aucune priorité n'est établie; l'ordre alphabétique du nom de leurs directrices, et, à leur défaut, de leurs titres, constitue notre base de classification. Cette énumération, ajoute-t-on expressément, n'a aucun caractère limitatif.

Cours Bossuet, 35, rue de Chabrol ; cours Boutet de Monvel, 265, faubourg Saint-Honoré ; cours de Mlle Burty, 24, boulevard des Invalides (cours Montalembert) ; cours de Mlle Courcault (institut Mérici), 11 *ter*, avenue de Ségur ; cours de Mme Demaizières (cours Dupanloup), rue de l'Assomption, 25 ; cours de Mlle Duriez, 86, rue de la Tour (Institut de la Tour) ; cours Faber, 21, rue de Varenne ; cours Gérard, 43, rue du Colisée ; cours de Mlles Mauprey, 56, rue de Vaugirard ; cours de Mme Morot-Deschamps, 9, rue du Regard ; cours de Mlle Péret, avenue Victor-Hugo, 114 ; cours de Mmes Raffy-Porcher, 1, rue du Regard ; cours Sainte-Clotilde, 6, rue Villersexel ; cours de Mlles Valton, 64, rue d'Assas ; cours de Mlle Vilain, 43, rue Joubert (cours Haussoullier) ; cours de Mlle Vuillemin, 4, rue Rochambeau ; externat de la rue de Lubeck, 6 ; institution La Bruyère, 6, rue Henner ; institut de la Providence, rue de la Pompe, 52 ; institut Saint-Charles, rue La Fayette, 184 ; institution Saint-Pierre, rue de Prague, 11 ; pensionnat de la Source, rue de la Source, 5.

Le Collège d'Hulst — Le Collège d'Hulst a été fondé en octobre 1914, 8, quai du Marché-Neuf, à Paris, IVe, par les soins de Mlle Pimor, licenciée ès lettres, et d'un groupe de jeunes filles, élèves, comme elle, de l'Institut catholique, où elles venaient toutes d'achever la préparation de leurs examens de licence. Mgr Baudrillart, recteur de l'Institut Catholique, voulut honorer de son patronage cette fondation qui se proposait de donner à la jeune fille la véritable culture classique, chère à nos maisons d'enseignement masculin, et d'y adjoindre son programme d'éducation harmonieuse et complète.

Ce programme d'éducation s'exprime, tout entier, dans la devise dont le Collège a fait choix : « *Veritas liberabit vos :* c'est la vérité qui vous délivrera. » C'est sa manière, à lui, de comprendre les revendications, plus ou moins heureuses, plus ou moins légitimes, du féminisme, à l'heure actuelle.

Donner la vérité aux intelligences, c'est leur donner le plus grand des biens, celui dont la possession désintéressée mériterait déjà tous les efforts et tous les sacrifices, mais qui est, de plus, la source des principes directeurs de l'action, la base des convictions solides qui font le prix d'une vie et la rendent féconde. C'est là un bienfait que l'on ne peut refuser à l'intelligence féminine. Toutes ne sont pas aptes à la recevoir également ; c'est pour celles qui peuvent la porter, dans sa plénitude, que le Collège d'Hulst est fondé.

Son ambition est de créer une élite de femmes qui puissent, grâce à une formation antérieure, exercer autour d'elles une influence vivifiante, qui abordent notre société moderne où se vulgarisent et se teintent toutes les idées, tous les systèmes, avec un esprit assez compréhensif, un jugement assez solide pour n'être tenues à l'écart d'aucune des graves questions qui l'agitent, qui sachent discerner la vérité, malgré les arguments spécieux de l'erreur et, sans pédantisme comme sans fausse honte, la proclamer et faire respecter ses droits. Pour cela, il ne leur est pas permis d'être ignorantes, dans un monde où la science est maîtresse et où l'on ne peut se faire entendre si l'on ne sait parler ou du moins comprendre sa langue, mais il n'est pas plus désirable de les rendre savantes, afin qu'elles soient savantes et de les charger du vain bagage de connaissances mal assimilées. Ce que l'on veut en donnant à la jeune fille la même formation classique qu'à ses frères, c'est la mettre à même de comprendre la pensée de son temps, c'est donner à son esprit de la solidité en l'appliquant à un objet sérieux, c'est en fixer la mobilité par l'habitude de la réflexion, c'est exercer et discipliner sa pensée par une saine formation philosophique, c'est lui donner, enfin, la possession de sa personnalité par le développement harmonieux de ses facultés.

Ce n'est là, d'ailleurs, qu'une partie, et non la moins importante, de la tâche éducatrice entreprise par le Collège d'Hulst : « Science sans conscience n'est que ruine de l'âme. » Est-ce jamais plus vrai qu'en ce qui regarde la femme dont l'influence, de quelque nature qu'elle soit, emprunte sa force persuasive surtout aux qualités du cœur? La formation morale sera donc poursuivie parallèlement à sa formation intellectuelle, et avec un soin au moins égal. Et, quand nous disons formation morale, nous entendons aussi la formation religieuse qui en est inséparable, puisqu'elle en est la base, et à la condition de son enseignement profane aussi complet que possible, doit correspondre un enseignement religieux adéquat. Il est de toute nécessité que celui-ci ne reste pas, comme il arrive trop fréquemment, à l'état embryonnaire, tandis que le premier se développera, et il faut que l'essor donné par ailleurs à la pensée serve, d'abord, à mieux pénétrer l'intelligibilité des vérités religieuses : la formation religieuse, orientant ainsi la formation intellectuelle, base, en même temps, la formation morale.

Les convictions solidement établies se traduisent par des actes qui leur sont conformes, car il est vrai de dire que « toute connaissance est vide qui ne se tourne pas à aimer » et tout enseignement est vain qui ne rendrait pas la vie meilleure et plus utile. Aussi, est-ce le premier but que le Collège d'Hulst poursuit, parce qu'on y est convaincu que cette exacte formation morale et religieuse devra parer aux inconvénients que l'on redoute parfois de ce système d'éducation.

Il ne doit pas faire des pédantes cet enseignement qui, donnant à l'intelligence le goût et le besoin de la vérité, la rend moins accessible aux mensonges et à la vanité.

Mais, s'il ne fait pas de pédantes, le Collège a la prétention de faire des femmes vraiment instruites. La sanction des études étant le baccalauréat, celui-ci y est préparé avec soin et dans toute son intégralité. Fidèle à son idéal classique, le Collège exige que toutes ses élèves fassent du latin et du grec, dès les premières classes secondaires (sixième, cinquième). En seconde, les élèves font le choix de la section lettres, langues ou sciences, qui leur agrée le plus : de même, pour la seconde partie du baccalauréat.

Ensuite, les élèves qui désirent préparer une licence s'inscrivent à l'Institut catholique.

En terminant, ajoutons que, depuis sa fondation jusqu'en octobre 1918, le Collège d'Hulst a présenté 43 élèves aux baccalauréats et a remporté 37 succès, accompagnés de plusieurs mentions.

Enfin, pour répondre aux demandes qui lui ont été adressées en ce sens, la directrice s'occupe activement de la fondation de plusieurs succursales en province, et particulièrement de la création d'un internat aux environs de Paris.

Section II. — En province.

Le cours de Marseille ouvre cette série.

Cours de jeunes filles de Marseille (1). — Le Cours de jeunes filles, 50, rue de Lodi, communément appelé « le Cours » à Marseille, est un établissement d'enseignement secondaire, du moins par son plan d'études, et malgré les lacunes de la loi française à cet égard. La monographie très complète en a été récemment présentée par Mlle Debordes, sa directrice, et nous y puisons les renseignements suivants sur son organisation, son programme d'éducation intellectuelle, morale et religieuse, et ses cercles d'études.

Il a été fondé en 1879 par Mlle Bastide, qui joignait à de remarquables qualités intellectuelles une bonté sans limites. Sous sa direction, le Cours resta une grande famille de 30 à 40 élèves. Vers 1900, Mlle Bastide, s'étant adjoint de jeunes bonnes volontés, put élargir ses portes et répondre aux désirs des familles que désolait bientôt, à juste titre, la fermeture des maisons reli-

<hr>

(1) *Le Cours de jeunes filles de Marseille.* Rapport présenté le 28 mai 1911 au Congrès de l'enseignement libre (*Bulletin de la Société d'éducation* du 1er-15 juillet 1911).

gieuses. Le Cours, depuis cette date, n'a cessé de s'accroître : il compte aujourd'hui environ 200 élèves.

Deux fois par jour, gaiement ces élèves affrontent les rues montantes qui conduisent à la rue de Lodi, où est situé le Cours, dans un des quartiers les plus élevés et les plus aérés de Marseille. Les classes sont nombreuses, spacieuses ; le soleil vivifiant y pénètre par de larges baies. Les salles d'études, salles de dessin, de musique, de fêtes, réfectoire, sont particulièrement grandes et riantes. Toutes — sobrement ornées de plantes vertes et de fleurs, de cartes géographiques, de tableaux et collections scolaires aisément accessibles, de gravures reproduisant les chefs-d'œuvre les plus connus — présentent d'abord un grand Christ qui se détache sur les murs de couleur claire. La chapelle, lumineuse même quand elle n'est pas embrasée par sa couronne de lampes électriques, peut contenir 300 personnes. Le parc, enfin, ne rappelle en rien les mornes cours closes. C'est un vaste jardin...

Externes ou demi-pensionnaires, les enfants sont reçues dès l'âge de cinq ans, dans les classes préparatoires ; en six ou huit ans, on les y prépare à suivre les cours secondaires où, de douze à dix-huit ans, celles qui le désirent sont mises en mesure de subir les épreuves du brevet élémentaire, du brevet supérieur et du baccalauréat (latin-langues), première et deuxième parties. Quatre heures de cours, deux heures d'études coupées de récréations, de mouvements gymnastiques ou de chants rythmés constituent l'horaire habituel, et sans surcharge, laissent le temps d'un travail personnel que rien ne supplée. Dans les classes primaires, une seule maîtresse a la responsabilité générale des enfants qu'elle abandonne aux professeurs spéciaux seulement pour la musique, la gymnastique et le dessin.

Il est plus difficile de maintenir cette unité dans les classes secondaires, mais, sans méconnaître la nécessité des spécialisations, nous tendons de plus en plus à confier chaque classe à un professeur principal qui lutte contre l'anarchie des enseignements divisés. Cette organisation nous sera facilitée à mesure que quelques anciennes élèves, désireuses de devenir nos collaboratrices, auront achevé leur formation faite en étroits rapports avec les besoins du Cours. Pour l'instant, le corps professoral est constitué par un groupe de professeurs féminins qu'unit fortement un idéal commun très ardemment aimé. A ces dames se joignent quelques professeurs masculins.

Les différences de formation ne paraissent pas nuire aux élèves, un plan d'études précis, des revues circulantes, une bibliothèque commune, des échanges de vues très libres entre les maîtres permettant une fréquente mise au point.

Devant la loi et les familles, la valeur des professeurs est d'ailleurs garantie par des titres sérieux : quatre brevets élémentaires ; deux certificats d'aptitude pédagogique ; sept brevets supérieurs ; trois baccalauréats latin-langues, première partie ; un baccalauréat mathématiques ; un professorat d'aptitude à l'enseignement de l'anglais ; deux diplômes des universités d'Oxford et de Milan ; deux certificats d'aptitude à l'enseignement secondaire ; deux licences ès sciences ; une licence ès philosophie ; une licence ès-lettres ; un certificat d'aptitude à l'enseignement de la géographie ; des diplômes de la Scola Cantorum et des Conservatoires de Marseille. Ce dénombrement ne signifie nullement que nous ajoutions aux titres une importance qu'ils n'ont point. Cependant, les familles en sont avides, pour les enfants comme pour les professeurs. Il serait d'ailleurs coupable, dans une ville de commerce, de ne pas prévoir les variations de fortune qui attendent nos élèves et de ne pas les munir de diplômes, quand les familles ont la sagesse d'y veiller pour elles ; il serait puéril aussi de négliger ce moyen d'émulation ; et chaque année, nous avons la joie d'enregistrer des succès en nombre très satisfaisant.

Voici l'énumération des succès de ce cours depuis 1905 jusqu'en octobre 1914. Les registres du Cours, tenus régulièrement depuis 1905, relèvent 500 inscriptions.

Depuis lors, le Cours a obtenu :

34 brevets supérieurs.

94 brevets élémentaires.

Et depuis 1912 :

8 baccalauréats (latin-langues, 1re partie) et 4 baccalauréats (philosophie).

Enfin, d'octobre 1914 à octobre 1918, le Cours a obtenu les résultats suivants :

	B. E.	B. S.	BACC. (LATIN-LANGUES) 1re PARTIE	2e PARTIE
1914	8	3	3	4
1915	12	2		
1916	4	3		
1917	8	3	4	
1918	13	2	3	2

A ces titres se joignent, en 1918 : 6 diplômes de comptabilité et 2 diplômes d'enseignement ménager, décernés par l'excellent Syndicat de la rue de l'Abbaye, à Paris.

Notre ambition, pourtant, est loin de s'arrêter à la poursuite de ces grades ; et, si nous en tenons compte dans l'organisation des programmes, ils ne sont point notre unique ni principale préoccupation.

Les programmes parcourus dans les classes primaires sont assez étendus, variés, mais n'admettent qu'une langue vivante à la fin de cette première période et ne font point encore de place au latin. Pour les cours secondaires, nous nous sommes largement aidés des programmes élaborés dans les universités par des hommes compétents, sans nous astreindre, ni à leurs tendances, ni à leur répartition. Notre préoccupation dominante a été de donner à nos élèves une réelle formation de l'esprit, une culture générale étendue et aussi adaptée que possible à leurs besoins futurs. Donc, nous ne multiplions pas les heures consacrées aux dictées ou aux problèmes ; mais, sans négliger l'orthographe et le calcul, nous faisons une large part à l'histoire générale et à la géographie, au latin et aux langues vivantes, à la lecture des auteurs français, grecs et latins, aux sciences et aux études philosophiques.

L'éducation esthétique nous paraît avoir une grande importance pour la vie et le foyer, pourvu qu'elle soit autre chose que l'unique recherche d'une intelligente virtuosité. Aussi (en dehors des heures de dessin, de solfège et de piano, des expositions ou des concerts d'application qui stimulent les bonnes volontés), deux fois par mois, et non sans une certaine solennité provoquant l'attente intéressée, sont faites des conférences d'histoire de l'art, avec étude des chefs-d'œuvre dont on a pu réunir les reproductions, ou des conférences d'histoire de la musique, accompagnées d'auditions instrumentales et vocales. Nous avons la joie de constater que cet enseignement produit ses fruits : le souci de voir la vérité et la beauté, c'est-à-dire le plan divin sous l'humble réalité quotidienne, commence à pénétrer les plus grandes.

Enfin, malgré le temps restreint dont on dispose, nous nous efforçons de donner à nos élèves le goût de l'ouvrage manuel et des soins de l'intérieur, sans lequel une femme est si peu femme.

Une double pensée anime notre enseignement : éveiller, d'une part, la curiosité intelligente de nos élèves, les rendre désireuses d'apprendre et de continuer plus tard leurs études ; à ce premier résultat tendent les méthodes concrètes actives qui, faisant sans cesse appel à l'esprit d'observation et au jugement, réussissent surtout à développer des qualités d'esprit et des habitudes de travail. D'autre part, nous essayons de fixer dans leur mémoire les notions qu'elles ne doivent pas ignorer, et nous comptons pour cela sur l'ordre, la netteté des exposés, les exercices gradués, la répétition fréquente et même mécanique.

Au-dessus de toutes les méthodes, enfin, une patience et un dévouement inlassables inspirent à nos professeurs les procédés utiles et féconds que seul l'amour vivifie. Nous trouvons un secours dans les examens trimestriels qui entretiennent une saine émulation. Une bibliothèque, des revues circulantes, des tableaux vivants, des projections, des représentations dramatiques où se poursuivent chronologiquement et sans apparat l'histoire du drame et l'histoire de la comédie, nous aident à renouveler la vie scolaire.

Intéressées par leurs études, la majorité des enfants travaillent et obéissent volontiers. Pourtant, la discipline est strictement assurée par les soins attentifs de la maîtresse générale et d'une surveillante générale qui président à toutes les études, circulations et récréations, assurant partout l'ordre et le silence...

Quant aux moyens d'éducation, ceux qui resteraient purement extérieurs mériteraient si peu de confiance ! C'est vraiment par le dedans qu'il faut atteindre les âmes. Aussi, notre effort est-il dirigé d'abord et surtout vers la formation morale et la formation religieuse de nos élèves. La formation morale se fait dans des cours spéciaux depuis la deuxième année secondaire ; des lectures choisies, des causeries plus libres à propos d'un phénomène naturel, d'un anniversaire, d'une mort, d'une action de valeur, ce que l'on pourrait appeler l'enseignement de circonstance, souvent si fructueux. La formation religieuse est assurée par des cours spéciaux faits, dans les classes primaires et dans les classes secondaires, par les aumôniers de la maison. Une fois par mois, les plus grandes assistent à une conférence d'apologétique. Ces enseignements se pénètrent sans cesse ; tous deux tendent, avant tout, à éveiller la vie morale et la vie religieuse, à préparer nos élèves non pour l'école, mais pour la vie.

Pour susciter et développer ces dispositions, rien ne nous aide plus puissamment que les retraites annuelles et les diverses congrégations qui groupent nos élèves d'âge en âge, quand leurs progrès, soit au Cours, soit dans la famille, leur méritent cette faveur.

Il nous paraît qu'une même double préoccupation domine au Cours l'éducation intellectuelle, morale et religieuse.

Nous essayons d'éveiller les esprits et les consciences, de susciter les aspirations généreuses, le souci de la vie intérieure, du progrès moral, l'amour d'un idéal supérieur que Notre-Seigneur Jésus-Christ seul incarne et réalise, de rendre les âmes capables d'assumer des responsabilités et d'accepter courageusement tous les devoirs que leur réserve l'avenir. Nous voulons, d'autre part, leur assurer des principes, des connaissances, des convictions, des sentiments, des associations et des habitudes enfin qui inscrivent en elles, et pour la vie, des notions intellectuelles suffisantes, mais surtout, les freins puissants et les suggestions irrésistibles auxquels on doit les reculs ou les orientations décisifs.

C'est peut-être surtout après leur sortie du Cours que nos élèves comprennent ce qu'a été l'éducation qu'elles y ont reçue. Tous les quinze jours, et avec tant d'amour et de joie, elles se retrouvent groupées en cercles d'études pour faire une pieuse lecture, étudier ensemble l'histoire de l'Église ou les principales objections faites contre la foi, discuter enfin les questions posées ou approuvées par le directeur de la Congrégation des enfants de Marie. Une fois par mois, à la réunion générale qui suit la messe et la communion matinale, dans une conférence que reproduit pour chacune le *Bulletin mensuel,* le directeur résume, rectifie, complète les dispositions particulières. Les questions étudiées sont le plus possible adaptées aux besoins de ces dames (nous comptons 15 jeunes femmes parmi les 120 membres des cercles d'études) : une question sociale, toute pratique, puisque nul ne peut se dérober aux responsabilités et aux devoirs qui lui incombent sur ce point ; une question pédagogique, puisque toutes s'intéressent d'une manière effective à l'éducation des enfants

Car, si le cercle d'études poursuit, en premier lieu, le développement personnel de ses membres, il ne le fait que pour les rendre plus aptes à remplir leurs devoirs. Et toutes comprennent que, avec justice, on demandera davantage à ceux qui auront le plus reçu. Les œuvres de tous côtés sollicitent leurs bonnes volontés : catéchismes, patronages, dispensaires... Elles ont pourtant leur œuvre élue, qui vit en grande partie de leurs dons et de leur dévouement. C'est un cours d'adultes réunissant, chaque dimanche, plus de 200 étudiantes dans le local du Cours.

Nos « anciennes » s'efforcent de communiquer à ces jeunes filles, ouvrières pour la plupart, les connaissances qui leur seront utiles ; elles leur donnent la tendresse et l'élan de leur vibrante jeunesse, mais elles en reçoivent la grave leçon, essentiellement chrétienne, qui se dégage des vies humbles et laborieuses.

Ecole supérieure de jeunes filles de Besançon. — Cette école supérieure, qui porte également le nom de pensionnat Notre-Dame, a été fondée, en 1880, par les Religieuses de la Charité, qui furent, cette même année, renvoyées de l'Ecole Normale qu'elles avaient fondée et dirigée avec succès pendant quarante ans. L'œuvre qui succéda à cette Ecole Normale est, à son tour, respectable, puisqu'elle a près de quarante ans d'existence. La monographie en a été aussi présentée par Mme Mouillet, sa directrice ; elle l'a fait, dans des termes d'une grande modestie (1) :

Toutes les pensionnaires libres et les externes suivirent leurs maîtresses qui, cédant aux instances des familles catholiques et du clergé, ouvrirent un pensionnat dans l'hôtel de Clermont. Cet

(1) *L'Ecole supérieure de jeunes filles de Besançon, pensionnat Notre-Dame.* Rapport présenté, le 22 mai 1912, au Congrès de l'Enseignement libre (*Bulletin de la Société d'Education,* juillet 1912).

établissement fut très prospère, dès ses débuts, et eut toutes les sympathies des familles indépendantes et sérieuses.

Cette école présente, chaque année, de nombreuses élèves aux examens du brevet élémentaire et du brevet supérieur. Toujours, les succès ont répondu aux efforts laborieux des maîtresses et des élèves, et le nombre des diplômes obtenus, depuis 1880 jusqu'à octobre 1914, s'élève à :

170 brevets supérieurs.

340 brevets élémentaires.

Du 15 octobre 1914 au 15 octobre 1916, l'immeuble du pensionnat étant occupé par une ambulance, les classes fonctionnèrent difficilement, dans d'autres locaux. Néanmoins, le Pensionnat obtint, durant cette période d'une année, les succès suivants :

5 brevets supérieurs ; 14 brevets élémentaires, et il fournit 11 adjointes et une directrice aux écoles libres et pensionnats de la Franche-Comté.

Depuis 1880, date de la fondation, l'école a reçu 5.780 élèves, et la proportion s'accroît, régulièrement.

Grâce à ces consolants résultats, le pensionnat a pu fournir beaucoup d'institutrices aux maisons d'éducation de la région et au delà. Il a donné et continue à donner aussi des préceptrices aux familles qui en désirent.

La direction des études, qui est chrétienne avant tout, et qui tient compte des programmes officiels, comprend toutes les matières d'enseignement requises pour la préparation aux examens des brevets de capacité ; toutefois, elle attache la plus grande importance à la formation morale des élèves. Tous les moyens sont employés avec zèle pour leur donner de fermes convictions religieuses, afin d'en faire des femmes sérieuses, fortes et distinguées.

En 1904, une cruelle épreuve vint frapper le pensionnat ; les religieuses durent quitter leurs élèves. C'est alors que la directrice, pressée de toutes parts, fut obligée de quitter son habit religieux, et, pour se conformer aux exigences légales, de transformer sa maison en un institut laïque qui, malgré tout, a conservé son esprit primitif, son recrutement de professeurs ne se faisant que parmi ses anciennes et bonnes élèves.

Obligée de quitter l'hôtel de Clermont, la directrice établit son œuvre dans un local nouveau, bien situé au point de vue hygiénique, mais insuffisant pour un développement qu'imposent les nombreuses demandes d'admission dont l'Ecole supérieure est assaillie. L'établissement compte 140 élèves, dont 40 pensionnaires et 100 élèves externes. Il se soutient largement par les pensions des élèves internes et les rétributions mensuelles des élèves externes.

Pension Dufau, à Bordeaux. — Cette pension, installée 13, rue Thiac, mérite, par son passé et son but, un rang honorable dans la liste des établissements de l'enseignement libre. Fondée, en 1824, par Mme Delfortrie, elle a eu, en 1846, Mlle Dufau pour directrice ; celle-ci conserva son œuvre jusqu'en 1885. Mlles de Bigorie et Vacher la remplacèrent jusqu'en 1905. Mlle Renard et Mme Lacau prirent leur succession, et Mme Lacau partagea, l'année 1913, cette direction avec Mlle de Séguin des Hons, qui la conserva jusqu'à sa mort, survenue en 1918.

La valeur des méthodes d'enseignement, la distinction des directrices et du personnel ont assuré à la maison la clientèle des meilleures familles du Sud-Ouest. Animée toujours d'un esprit très libéral, elle n'a cessé d'être en même temps profondément chrétienne, et la chapelle est aimée de toutes les élèves, actuelles et anciennes.

La maison comprend un pensionnat, un demi-pensionnat, un externat. Toutes les élèves participent aux mêmes exercices. Les classes sont ainsi réparties : cours élémentaire, moyen et supérieur, pour les élèves de cinq à treize ans. Cours préparatoire au brevet élémentaire. Cours du brevet supérieur. Cours du baccalauréat, première et deuxième parties. Les élèves ont la facilité de profiter à la fois des cours des brevets et des baccalauréats.

La pension Dufau a toujours préparé des candidates aux brevets, et les classes supérieures ont toujours des cours secondaires. Une moyenne de 8 élèves par an obtient le brevet élémentaire, et de 4, le brevet supérieur. Des professeurs licenciés y ont toujours enseigné ; la pension en compte actuellement 3, et 5 avec baccalauréats, 3 élèves seulement préparent le baccalauréat avec latin ; cette préparation a été organisée en 1913.

La population scolaire varie entre 120 et 150 élèves.

La direction de l'Institution vient de passer aux mains de Mme Berniart. Nul doute que, grâce à une discipline ferme et douce, au dévouement de ses collaboratrices pour donner aux jeunes filles une mentalité religieuse solide et éclairée, en même temps qu'une instruction sérieuse, l'avenir de la maison ne soit digne de son passé.

Enfin, un établissement de Normandie, que nous ne sommes pas autorisé à nommer, a reçu, depuis l'année 1900, environ 250 élèves. Cet établissement, sans être déclaré d'enseignement secondaire, prépare quelques élèves au brevet supérieur. Pour la plupart des élèves, il fait seulement des cours secondaires, comme complément d'instruction générale, sans préparation d'examen. 50 à 60 élèves y reçoivent l'enseignement secondaire sans latin, 13 élèves seulement avec latin et préparation au baccalauréat ; cet enseignement et cette préparation n'ont commencé qu'en 1914 : il est donné par des professeurs femmes, pourvues du baccalauréat, deuxième partie, qui préparent leur licence à la Faculté de Caen.

On le voit de reste, si l'enseignement secondaire libre s'organise solidement à Paris, cette organisation est bien souvent insuffisante en province.

Angers, Lille, Clermont-Ferrand, Marseille, Besançon, voilà les villes entrées dans cette voie, de façon satisfaisante ; Bordeaux et la ville de Normandie que nous n'avons pas le droit de citer s'y engagent seulement. Combien de grandes villes, de régions entières, en sont totalement dépourvues !

Sans doute, la revue que l'on vient de présenter a quelques lacunes, mais il n'est pas d'établissement important que l'on croit avoir omis. Nous sommes donc en droit d'exprimer hautement le regret que certaines régions, certaines villes soient aussi lamentablement en retard, dans une organisation qui s'impose. Que l'on veuille bien s'arrêter à cette considération que l'enseignement secondaire officiel compte présentement 30.000 élèves ! Nous ne pouvons leur opposer que 3.000 élèves, le dixième de ce nombre. Certes, voilà qui doit nous maintenir dans la modestie chrétienne. Mais le zèle est également une vertu chrétienne, et c'est à ce zèle que l'on fait, ici, le plus énergique, le plus pressant appel.

§ IV. — Notre concurrence à l'enseignement officiel.

Ce paragraphe qui, aussi bien, pourrait prendre le titre de conclusion du présent chapitre, est consacré à la concurrence dont se plaint l'enseignement officiel, concurrence que nos adversaires qualifient d' « extrêmement vive et redoutable (1) ».

Un vœu, certes fondé, s'impose ici. Il est essentiel que les directrices de maisons d'éducation, possédant une bonne clientèle d'enfants appartenant aux classes cultivées, et qui, par suite, peuvent supporter, pendant une période relativement courte, quelques sacrifices financiers, se décident à organiser chez elles l'enseignement secondaire.

Le lecteur s'est rendu compte, par la revue qui vient d'être faite de nos établissements, qu'un véritable progrès a été réalisé, sous ce rapport, à Paris, mais qu'en province on hésite vraiment un peu trop, qu'il est trop de régions de notre territoire où il n'y a presque rien d'organisé. Aussi est-ce surtout aux bonnes volontés de province que nous dédions ces observations, pressantes autant qu'éloquentes, qu'une maîtresse autorisée, et que nous avons déjà citée, leur faisait entendre, le 28 mai 1914 (2) :

Cette organisation de l'enseignement secondaire est une question de la plus haute importance, au point de vue de *l'avenir de vos maisons* d'abord, et ensuite, et surtout, au point de vue de *l'avenir religieux* de notre cher pays.

De vos maisons d'abord, car, vous le savez bien, les lycées de

(1) *Enseignement officiel et Enseignement libre.* Art. de la *Revue Universitaire*, n° du 15 mars 1912.

(2) Rapport, déjà cité, sur la situation de l'enseignement secondaire libre féminin à Paris.

l'État, à cause de l'étendue et de l'uniformité de leurs programmes, conquièrent de plus en plus les préférences des familles... Tandis que les lycées de garçons coûtent chaque année à la France des sommes énormes, les lycées de filles ont réalisé, l'année dernière, un bénéfice net de 80.000 francs. Ils comptent plus de 25.000 élèves, alors que nos écoles secondaires en ont à peine 3.000.

Or, si nous voulons lutter avec succès contre cet engouement, presque universel, pour les écoles officielles, il faut que nous offrions aux familles un enseignement égal, et même supérieur à celui qu'elles espèrent y trouver. Le jour où nous pourrons leur prouver que notre enseignement est aussi complet et aussi bien organisé que celui de l'État, nous les verrons nous ramener leurs enfants, parce qu'elles savent bien qu'elles trouveront, de plus, dans nos maisons chrétiennes, avec une formation vraiment religieuse et morale, une éducation plus distinguée. Mais il faut nous hâter, ou bien il sera trop tard. Les jeunes filles élevées maintenant dans les lycées y entraîneront leurs amies et y enverront plus tard leurs enfants, et bientôt vos maisons n'auront plus, dans l'enseignement libre, la situation prépondérante et, par suite, vraiment lucrative qu'elles pourraient y occuper.

Et j'ai dit aussi : pour l'avenir religieux de notre cher pays. — Nous avons lutté courageusement, et avec succès, pour reprendre, par nos écoles paroissiales et par nos patronages, notre action chrétienne sur l'âme des enfants du peuple. Pouvons-nous abandonner les enfants de la bourgeoisie à l'influence néfaste de l'enseignement neutre ou athée? Ces enfants doivent être, plus tard, les épouses et les mères de nos hommes politiques, de nos magistrats, officiers, professeurs, médecins, grands industriels, etc. Elles doivent donc exercer, même à leur insu, une très grande action sur la vie sociale, politique, morale, religieuse, de notre pays. Quelle sera cette action, si nous les laissons élever dans l'indifférence ou l'hostilité religieuse, dans les principes de la morale dite indépendante? Il nous faut donc toujours lutter, et avec plus d'énergie encore, pour les soustraire aux mauvaises influences, pour en faire des femmes sérieusement instruites et surtout profondément morales, de vraies Françaises et des catholiques ardentes, capables d'exercer, dans notre pays, par le fait même de leur intelligence cultivée et de leurs fortes convictions, une action beaucoup plus importante que celle qui pourrait leur être conférée par le droit de vote. C'est cela que nous devons voir, avant tout.

.·.

A côté de ces conseils d'ami, marqués au coin de l'expérience la plus avisée, il est intéressant de relever, dans l'article de la *Revue Universitaire*, auquel il vient d'être fait allusion : *Enseignement officiel et Enseigne-*

ment libre, les acrimonieuses doléances sur la « concurrence vitale » que l'enseignement libre fait à l'enseignement officiel, sous les espèces de la préparation au
baccalauréat par le latin :

Il a été déjà dit maintes fois qu'en présence de la concurrence
de l'enseignement libre, la préparation au baccalauréat, par le
latin en particulier, est, pour l'enseignement officiel, une question
de concurrence vitale. S'il est vrai que parfois l'opinion administrative est un peu tiède à l'égard des cours de latin pour jeunes
filles, tous nos administrateurs, hommes et femmes, méditeront
utilement le petit *Supplément au Traité de l'Éducation des filles*,
que M. Alfred de Tarde a publié dans l'*Opinion* du 13 janvier 1914.

Qu'ils ne s'arrêtent pas à quelques jugements un peu trop sommaires sur nos lycées appelés « des conservatoires de la morale la
plus traditionnelle, et, disent certains, la plus surannée ». Qu'ils
aillent tout droit aux raisons données du goût croissant des jeunes
filles pour le latin et pour les programmes masculins, « une de ces
résolutions silencieuses, progressives, presque invisibles, qui
modifient par le dessous notre état social »...

Il paraît qu'on se préoccupe, en haut lieu, de la question des
sanctions de l'enseignement secondaire féminin. Si certains projets
devaient avoir pour but avéré ou pour conséquence indirecte
d'arrêter le mouvement féminin vers la culture classique et d'une
façon générale vers les programmes masculins, ces projets pourraient risquer d'avoir des conséquences très dangereuses pour
l'enseignement féminin officiel lui-même. L'auteur de notre *Supplément au Traité de l'Éducation des filles* voit très te, quand il
écrit : « Ce que les femmes reprochent à l'enseig   nt secondaire tel qu'on l'a établi pour elles, c'est précisément cette exclusion du latin, cette sorte de culture à prix réduit qui le caractérise.
Elles ne veulent pas être exemptées de difficultés, si elles recherchent les avantages. »

Vous l'avez entendu : le reproche de culture à prix
réduit, adressé à l'enseignement officiel par ses pairs,
relève et constate son infériorité. Mais voici que l'enseignement libre rend cette infériorité bien plus manifeste
encore. C'est lui, c'est l'enseignement libre, qui assure
les diplômes utiles. Écoutez encore la *Revue Universitaire* :

Dans cette étude même, qu'ils ne s'arrêtent pas aux petites raisons, comme le désir des jeunes filles de diriger plus tard l'éducation de leurs fils, ou encore, la passion des bénéfices d'une
éducation classique ; mais qu'ils tirent toutes les conséquences de
ces deux passages :

« Il est fatal que les jeunes filles mal dotées se détournent de l'enseignement secondaire que l'État a complaisamment établi pour elles et aillent demander aux établissements privés une éducation plus conforme à leurs besoins. Si cette conclusion vous surprend, écoutez. Et mon interlocuteur de m'expliquer avec une convaincante ardeur comment l'enseignement secondaire féminin est un enseignement de pur luxe et de vanité, qui ne mène à aucune profession, à aucun diplôme désirable, et comment les établissements libres, mieux instruits de la réalité, en orientant leurs élèves vers les diplômes utiles, lui font déjà et lui feront de plus en plus une concurrence extrêmement vive et redoutable. »

« Comme l'enseignement privé, en revanche, est plus hardi ! Que l'État veille ! L'enseignement privé, cela veut dire, pour les trois quarts, l'enseignement catholique ! Or, comparez aux lycées de jeunes filles l'*École normale catholique*, ou l'*École normale libre*, toutes deux fort voisines d'inspiration. Comparez aussi ces cours fondés par l'*Institut catholique* de Paris, auxquels, d'après le dernier rapport de Mgr Baudrillart, plus de 850 jeunes filles sont inscrites, et où, suivant le rapporteur même, doit se perpétuer « la tradition de la culture classique ». On n'hésite point là à suivre les programmes des garçons, à encourager l'étude des langues anciennes, à diriger enfin les jeunes filles vers le baccalauréat. Dès lors, la supériorité de cet enseignement éclate aux yeux. Sa clientèle s'accroît si rapidement que l'on annonce déjà la création et d'un autre lycée de jeunes filles et d'une école normale d'institutrices libres. »

Ce dépit, ces aveux répétés d'adversaires déclarés ne sont pas pour nous attrister.

Nous élevant plus haut, à la hauteur de la mission d'éducateur que Dieu a donnée à son Église et aux auxiliaires de cette œuvre de son Église, nous concluons à notre tour.

Il s'agit, en organisant l'enseignement secondaire dans nos écoles libres, non pas tant de rivaliser avec les écoles officielles, pour obtenir la satisfaction, un peu vaniteuse, de l'emporter sur celles-ci dans les examens et concours universitaires ; mais bien de lutter contre l'influence d'un enseignement athée et démoralisateur, afin de garder, dans la grande armée catholique, de nombreuses et vaillantes chrétiennes qui sauront, comme notre Jeanne d'Arc, donner toute leur activité, et au besoin, sacrifier leurs intérêts, leurs affections et leur vie même, pour la cause de Dieu et le salut de la France.

CHAPITRE III

LE COMITÉ DE L'ENSEIGNEMENT SECONDAIRE ET SUPÉRIEUR DES JEUNES FILLES

Les premiers efforts dans la voie d'une organisation de l'enseignement secondaire libre féminin, marqués par la création des deux Écoles normales supérieures catholique et libre, furent grandement soutenus et encouragés par la *Société générale d'éducation et d'enseignement*, et par son vénéré et regretté président, M. Émile Keller, dignement continué par son fils, M. le colonel Keller.

Avant de parler du Comité qu'organisa cette *Société*, il convient de résumer en quelques lignes l'action engagée depuis trente-cinq ans, dans l'ordre d'idées qui nous occupe, par la *Société d'Éducation*, toujours à l'avant-garde dans la lutte que les catholiques mènent pour la défense de l'enseignement libre (1).

(1) Fondée en 1867, voilà cinquante ans, la *Société générale d'éducation* a pour but de soutenir et de développer à tous les degrés l'éducation chrétienne de la jeunesse.

A l'origine, elle s'occupa spécialement de réclamer la liberté de l'enseignement supérieur, qui fut votée par l'Assemblée nationale en 1875. A cette victoire pacifique succéda bientôt l'ère du combat. L'exécution des décrets de 1880 contre les congrégations religieuses, et l'établissement, par l'État, d'une instruction primaire gratuite, obligatoire et laïque, provoquèrent, de la part de la *Société d'Éducation*, d'énergiques protestations sous la forme de pétitions, de conférences, de tracts et de brochures. Dès lors, à l'enseignement neutre et souvent impie de l'État il fallait opposer un enseignement libre, de plus en plus solide et chrétien, méritant la confiance des familles. Dans cette période de concurrence, elle a donné aux écoles libres l'appui d'un comité de jurisconsultes éminents et dévoués, des conseils sur le choix des livres et les programmes d'enseignement, enfin, des secours matériels, quand elles étaient pauvres : le montant de ces subventions dépasse présentement **2 millions**.

Ne parvenant pas à le surpasser, on résolut de détruire par la force l'enseignement libre et de disperser le personnel de Religieux et de Sœurs dont on ne pouvait imiter l'incomparable dévouement. De là,

Elle fit paraître, dans son *Bulletin mensuel* (1), de 1884 au 30 juin 1912, plus de quarante articles sur l'enseignement secondaire des jeunes filles, signés des RR. PP. Clair, Lescœur, Libercier, de M. l'abbé Guibert, de MM. G. Alix, d'Herbelot, Taudière et Le Marois, qui ont reçu là-haut leur récompense, de MM. L. de Crousaz-Crétet, Ch. Hardy, du Magny, etc., en train de la gagner par leurs combats dans la vallée.

En 1911, lors de l'assemblée générale de la *Société*, M. du Magny, professeur de Droit aux Facultés catholiques de Lyon, membre du Comité qui venait d'être

tout un arsenal de nouvelles lois contre l'enseignement congréganiste. A mesure que les lois sont soumises aux Chambres, la *Société d'Education* les étudie avec ses amis du Parlement, et elle cherche, avec eux, à les rendre moins désastreuses. Une fois votées, elle fait appel à ses jurisconsultes pour en surveiller et en discuter l'application : son *Comité du Contentieux*, qui ne connaît pas de vacances, donne jusqu'à **150** consultations écrites par mois. C'est par cette incessante action qu'elle est parvenue à fixer dans des limites moins vagues la jurisprudence des tribunaux et du Conseil supérieur de l'Instruction publique.

Son *Bulletin mensuel* tient ses 3.000 associés au courant de ces importants travaux et du mouvement général de la lutte scolaire.

Grâce à cet appui, un grand nombre d'écoles libres ont pu se rouvrir avec un personnel laïque ou sécularisé, malgré les tracasseries, les perquisitions et les poursuites des agents du pouvoir. Ce nouveau personnel, privé des secours de tous les instants que les religieux trouvaient dans leur Congrégation, est dirigé tout d'abord par NN. SS. les Evêques. Collaborateur de ceux à qui Dieu a donné la mission d'enseigner, la *Société d'Education* s'efforce de les aider en réunissant chaque année à son siège, 14 *bis* rue d'Assas, les directeurs diocésains de l'enseignement primaire dans les différents diocèses. Elle a étudié, de concert avec eux, d'une façon fructueuse, toutes les questions qui se rattachent à la formation du personnel enseignant, à l'inspection des écoles libres, aux sociétés de secours mutuels et aux caisses de retraites pour leurs maîtres et maîtresses si dévoués.

En même temps, la *Société d'Education* prenait sa part des efforts auxquels s'emploient les *Associations de pères de famille*, organisées maintenant dans tous les diocèses. Elle les guidait dans leurs démarches à l'effet de surveiller la neutralité de l'école publique, d'obtenir le retrait des manuels condamnés par l'Episcopat. Toute son ambition est de devenir pour elles un centre d'informations, d'études et de propagande, en respectant leur autonomie.

C'est dans ces conditions que les Papes Pie IX, Léon XIII, Pie X et Benoît XV ont encouragé cette œuvre que le cardinal Richard appelait « la plus grande œuvre de notre temps ».

(1) La bibliographie de ces études sur l'enseignement des jeunes filles a été publiée dans le *Bulletin de la Société d'Education* du 1er-15 juillet 1912.

formé, présenta un important rapport sur la question. Il jetait un cri d'alarme ; il montrait l'enseignement rationaliste de l'État puissamment organisé, largement outillé : dans toutes les grandes villes, des lycées, des collèges ouverts à la veille ou au lendemain du jour où la persécution avait fermé nos pensionnats congréganistes et recueillant par milliers les jeunes filles expulsées de ces maisons ; des programmes et des méthodes tout à fait modernes, ouvrant à la femme l'horizon de connaissances qui la mettraient sur un pied d'égalité parfaite avec l'homme, et qui devaient lui assurer l'accès des champs d'activité les plus rémunérateurs et les plus variés.

Deux ans après, à l'assemblée générale de la *Société*, le 19 mai 1913, c'était son président lui-même, le colonel Keller, qui prenait l'enseignement féminin comme sujet principal de son discours et présentait cette œuvre à son vaillant auditoire en termes éloquents. Il concluait :

Ainsi, Mesdames et Messieurs, culture large et profonde de l'intelligence sous la sauvegarde de la foi, éducation saine et forte de toutes les facultés sous le règne de la loi divine et dans l'essor de la charité surnaturelle, l'idéal et le devoir se prêtant un harmonieux appui pour élever sans affaiblir, voilà le secret de l'éducation féminine, tel que nous le livrent les traditions du passé, tel que le réclament encore les nécessités du présent et les espérances de l'avenir... Il n'est pas d'œuvre plus nécessaire, comme il n'y en a pas de plus magnifique, qui puisse solliciter vos efforts.

Et le colonel Keller avait, certes, le droit de faire à la *Société d'Éducation* cet appel retentissant, puisque, dès le début de cette année 1913, S. Em. le Cardinal-Archevêque de Paris, parlant en son nom et au nom de l'Épiscopat français, avait confié à cette même *Société* la mission de « poursuivre cette œuvre de préservation nécessaire, urgente, avec une nouvelle et toujours plus vigilante activité ».

Ces préliminaires étant rappelés, la *Société d'Éducation*, qui avait senti tout l'intérêt que présente l'éducation des jeunes filles de la bourgeoisie, la nécessité de les préserver du virus athée qui vicie toutes les entreprises de l'Etat, de les élever dans les saines traditions chrétiennes, d'assurer enfin par elles les mères de demain, le maintien de foyers chrétiens en France, devait prévoir le développement, sur notre territoire, des établissements libres, contribuer à leurs progrès et à leur prospérité. Parallèlement à son *Comité d'enseignement supérieur et secondaire des garçons,* la *Société d'Éducation* jugea le moment venu d'en fonder un pour l'enseignement féminin, auquel serait dévolue l'étude de toutes les questions se rattachant à cet enseignement.

Ce nouvel organe, qui fonctionne depuis le mois de mars 1911, a été excellemment défini par M. l'abbé Guibert, membre du conseil de la *Société d'Education,* alors supérieur du séminaire de l'Institut catholique, l'un de ses principaux initiateurs, et de si regrettée mémoire. C'est à ce lumineux rapport (1), présenté au nouveau comité le 4 mai 1911, que nous emprunterons l'essentiel, pour mettre au courant le lecteur.

§ Ier. — Son rôle.

La fondation du nouveau comité suggère au distingué rapporteur deux observations préjudicielles. S'il est fondé à Paris, il ne s'adresse pas cependant spécialement à Paris, où une habile direction de l'enseignement pourvoit à tout ; mais il s'adresse principalement à la province, où l'on souffre de l'isolement et de l'absence d'informations. — Ce sont les institutions chrétiennes reconstituées qu'il prétend atteindre. Et le rapporteur s'empresse de les rassurer : on ne touchera, en aucune façon, à leur autonomie. Il le déclare avec autant de bon sens que de justesse :

Ce n'est pas pour nous, c'est pour elles seules que nous créons ce comité. S'il ne s'agissait que de nous, cette ambition d'exercer au loin une influence ne nous viendrait point : nous avons, tous,

(1) *Le but du comité pour l'enseignement secondaire et supérieur des jeunes filles.* Rapport publié au *Bulletin de la Société d'Education* du 15 juin 1911.

assez de nos occupations respectives pour absorber notre activité. Mais il s'agit du sort, du progrès de ces institutions chrétiennes : nous pouvons et nous voulons répondre à l'un de leurs plus pressants besoins, celui de l'union.

Créer l'union entre les maisons d'éducation, inspirer le sentiment de la solidarité aux personnes autant qu'aux collectivités de l'enseignement libre, constituer un centre d'informations, poursuivre l'unification des programmes, servir le personnel de l'enseignement libre, exercer sur les familles catholiques une action efficace, tel est le but du nouveau comité. Ici, il faut presque tout prendre, tant le précis est sûr, tant les lignes sont bien définies.

· Le comité voudrait, d'abord, faire naître, tant chez les personnes que dans les collectivités, un vif sentiment de solidarité.

...En vertu de cette solidarité, outre l'union qui existe entre tous les chrétiens, il y a une particulière unité faite de tous les individus qui travaillent à une même tâche. Dans la famille chrétienne, nous sommes le corps enseignant : il n'y a pas lieu de distinguer ce maître, cette institutrice, ce professeur ; ensemble nous formons un tout organique, le tout investi de faire l'éducation des jeunes. Jamais nous ne répandrons assez cette idée dans le personnel de l'enseignement libre : elle y sera une force et une loi.

Une force d'abord. Qui n'a éprouvé l'entraînement au travail que produit un atelier ? L'activité devient fiévreuse, dans un milieu où tout le monde agit. Nos enfants, en étude, s'excitent les uns les autres, par le seul voisinage, à bien faire leurs devoirs. Autant la solitude est déprimante, autant l'idée d'êtres qui peinent comme nous est encourageante. Mais il y a plus. Nos efforts, considérés isolément, semblent de faible portée. A quoi bon me donner tant de mal ? disons-nous. Quel sera le fruit de ma peine ? Est-ce que je ne perds pas mon temps ? Tout autre est le langage inspiré par le sentiment de la solidarité : « Je fais peu de chose, il est vrai ; mais je suis une partie de ce vaste réseau vivant qui enveloppe la jeunesse française. Ce que je fais ici, d'autres le font en mille autres lieux. Les cent enfants que je forme ne sont qu'une faible portion des cinquante mille qui viennent à nous. Les maigres résultats que j'obtiens se renforcent des résultats obtenus par tous les autres. Je serai donc actif et laborieux, afin de coopérer vaillamment à l'œuvre commune. »

Cette idée-force, comme disait Fouillée, devient une loi. La loi de solidarité impose deux devoirs très précis. Que demande-t-on à l'humble cellule qui a sa place et son rôle dans un organisme vivant ? On lui demande d'être saine, afin que sa valeur organique

profite au corps entier ; on lui demande d'accomplir activement
la tâche qui lui est dévolue, parce que, si elle suspendait son
travail, le corps entier souffrirait de sa paresse. Ainsi nous demandons, en vertu de la solidarité qui nous unit tous, deux choses à
tous les maîtres de l'enseignement libre : d'abord, qu'ils s'appli-
quent à plus être et à plus valoir, comme individus chrétiens ;
puis, qu'ils déploient dans leur tâche, si obscure soit-elle, toute
l'activité dont ils sont capables. Toujours plus d'être, toujours plus
de fidélité au devoir d'état : voilà ce que le sentiment de la solidarité produira. C'est pourquoi il importe que notre comité aille
éveiller dans toutes nos écoles chrétiennes ce sentiment fécond.

En second lieu, le comité sera un centre d'informations. On
aurait peine à croire dans quelle ignorance on vit chez nous, à
l'égard des choses de l'enseignement. On va son petit train, on
fait son devoir d'une façon routinière, on aligne les jours après
les jours, sans qu'aucune lumière vienne éclairer de quelques
idées générales cette route monotone. Faute de lectures et de
conférences, on manque de renseignements juridiques et pédagogiques. Notre comité se propose de donner aux intéressés les uns
et les autres.

Les renseignements juridiques mettront nos institutions au courant des conditions légales auxquelles elles sont assujetties, soit
au point de vue des conditions d'ouverture, soit au point de vue
de l'inspection, etc. — Tout en faisant connaître les projets de
loi qui nous menacent, nous éviterons les appréciations découra-
geantes : le pessimisme de certains journaux catholiques a jeté
l'effroi et le désarroi dans nombre de nos maisons. Une sage mise
au point sera fort opportune.

Les renseignements pédagogiques seront plus utiles encore. Ils
feront connaître les meilleurs livres, les méthodes les plus avan-
tageuses. Très recherchés des commençants qui tâtonnent et se
demandent comment on fait la classe, ils ne seront pas moins
nécessaires aux professeurs plus anciens qui s'enlisent dans une
routine funeste.

Pour ce double service de renseignements, le comité choisira
dans son sein un double personnel. Nous avons des hommes de
loi, comme M. Taudière, qui savent tout, qui disent chaque chose
avec une lumineuse netteté, et qui ont un inlassable dévouement :
ils se chargeront de la partie juridique.

Nous avons des professionnels de l'enseignement, munis des
plus hauts titres universitaires, comme Mlle Mesnager, Mlle Teillard, et bien d'autres, parfaitement en mesure de rédiger d'excellentes directions pédagogiques. Sans fonder une revue nouvelle,
le comité ne pourrait-il pas offrir son concours à des revues déjà
existantes, comme l'*Enseignement chrétien*, comme l'*École*, et
faciliter ainsi leur diffusion dans nos maisons libres ?

Cette influence pédagogique conduirait le comité à un troisième
résultat, que je lui souhaite de mener à bien : l'unification des
programmes.

Dans l'éducation des garçons, les programmes sont unifiés : partout, on traite les mêmes matières en quatrième, en troisième, en seconde, en première, etc. Cette unification est très précieuse aux familles. Lorsqu'une famille se déplace, — ce qui est très fréquent, de nos jours, — un jeune homme de quinze ans qui suivait la seconde d'un collège est assuré de retrouver le même objet d'études dans la classe de seconde du nouveau collège où il entre. Il n'y a, à cet égard, ni tâtonnement, ni perte de temps. Il serait désirable qu'il en fût de même pour les jeunes filles, que partout la même classe correspondît au même objet, et qu'on adoptât partout les noms identiques de première, seconde, troisième, quatrième, etc... Ferai-je observer que beaucoup de maisons dénomment mal leurs classes? La première est atteinte par des enfants de douze à treize ans, et les sections supérieures, où l'on prépare aux divers brevets et aux baccalauréats, sont hors série. C'est une chose très anormale qu'en première on se trouve très loin du terme des études.

Il appartiendrait au comité de constituer une *Commission pédagogique* de quatre ou cinq dames très compétentes, avec charge à elles d'élaborer un plan d'études qui serait ensuite communiqué à toutes nos maisons libres (1). On se rangerait infailliblement, et en peu d'années, à cette direction bénévole que nulle autre assurément ne voudra assumer.

Le comité aurait aussi à cœur de servir le personnel de l'enseignement libre. Il le peut, de deux façons : en l'aidant à se former, en facilitant son placement.

Pour ce qui est de la formation du personnel, il faut y mettre à la fois de la discrétion et du zèle. La discrétion évitera d'entraîner aux études supérieures les jeunes filles qui ne sont pas faites pour le haut enseignement, soit qu'elles manquent des aptitudes nécessaires, soit qu'elles aient l'esprit trop léger pour résister à l'ivresse que produit l'impression de faire plus que les autres, soit que leur piété et leur caractère ne paraissent pas suffisamment solides pour résister aux incontestables périls de la vie d'étudiante. Mais, à supposer qu'on ne choisisse que de bons sujets, le zèle de l'enseignement inspirera le juste désir de les bien former. Dans cette vue, le comité encouragera la création de petites écoles normales diocésaines pour l'obtention du brevet simple : il favorisera la création d'écoles normales régionales pour la préparation au brevet supérieur; il concourra au développement des écoles universitaires, comme l'École Freppel d'Angers et les deux Écoles normales de Paris, pour faciliter aux sujets les mieux doués l'accession aux grades supérieurs de la licence ou du professorat.

En même temps, le comité s'intéresserait au placement du personnel. Il ne se substituerait pas, pour cela, aux directions diocésaines, qui doivent garder toute leur autorité et leur indépen-

(1) Cette *Commission pédagogique*, instituée le jour même de la présentation de ce rapport, fonctionne effectivement.

dance. Il ne ferait point échec aux bureaux de placement déjà existants, dont, au contraire, il utiliserait les services. Mais il se ferait bénévolement l'intermédiaire des âmes en peine qui cherchent une occupation, ou des directrices aux abois, qui réclament des professeurs.

Je proposerai, enfin, au comité d'exercer sur les familles catholiques une action efficace, en vue de les amener à confier leurs enfants à nos maisons chrétiennes plutôt qu'aux collèges de l'État. Il y a lieu de leur persuader que, dans nos pensionnats, avec une éducation morale et religieuse très sûre, leurs enfants recevront une instruction très solide et parfaitement à jour; que, par contre, dans les établissements officiels, en courant de terribles risques tant pour la foi que pour les mœurs, les enfants ne recevraient pas une éducation intellectuelle supérieure à celle que nous pouvons offrir. D'ailleurs, allons plus loin, et disons que, dût la formation intellectuelle en souffrir quelque peu, c'est un devoir de solidarité en même temps qu'une obligation de préservation, que de confier à nos maisons catholiques des enfants que l'on veut élever dans la vie catholique.

Ces idées, le comité travaillera à les répandre par la voie de la presse, par les revues et les journaux. Il s'ingéniera à faire passer dans nos grands périodiques des communications tendancieuses en ce sens. Il demandera aux familles chrétiennes de faire cette bonne propagande dans leurs relations. Les mères, entre elles, peuvent très utilement concourir au recrutement de nos maisons.

.·.

De fait, les appuis n'ont pas manqué au nouveau comité.

Comme le faisait observer au congrès de l'enseignement libre de 1913 M. le chanoine Ardant, directeur diocésain pour les départements de la Haute-Vienne et de la Creuse, les directeurs diocésains, représentants de NN. SS. les Évêques, qui se réunissent régulièrement chaque année depuis sept ans, suivent avec une grande attention le mouvement ainsi imprimé et l'aident de toutes leurs forces. Bien des écoles de Paris et de province où l'enseignement secondaire est donné, ou bien, à leur défaut, des cours isolés qui amorcent cet enseignement, recherchent avec un vif intérêt les mesures et les conditions dans lesquelles le personnel des collèges libres masculins peut prêter son concours à l'enseignement secondaire des jeunes filles, notamment pour les classes de latin.

Le directeur diocésain de Limoges signalait spécialement l'heureuse initiative de M. le chanoine Audollent, directeur de l'enseignement libre dans le diocèse de Paris, qui a donné, depuis le mois d'octobre 1912, à sa revue l'*Ecole*, un supplément consacré à l'enseignement secondaire des jeunes filles.

De son côté, Mlle Desrez, rappelant avec gratitude les résultats obtenus par le comité dont elle est une des lumières, traçait ainsi, au mois de mai 1914, le concours qu'il est en droit d'attendre des établissements de province en vue desquels il a été principalement institué :

C'est donc à lui que devraient être adressés toutes les communications et les desiderata, concernant l'enseignement et les écoles secondaires. Nous pourrions alors entrer en rapports plus fréquents et plus directs avec nos collègues de province, ce que nous désirons très vivement, et, en échangeant avec elles nos idées, en unissant nos efforts, nous réaliserions plus promptement le but que nous poursuivons : avoir, dans chaque région, pour les familles chrétiennes des classes élevées, des établissements libres féminins, où leurs filles pourraient recevoir, avec l'éducation religieuse et distinguée de nos chers couvents détruits, la vraie et solide culture intellectuelle donnée à leurs fils, dans nos grands collèges catholiques.

Le comité, organisé au siège même de la *Société d'Education*, 14 *bis*, rue d'Assas, a pour président le vice-recteur de l'Institut catholique. La mort de M. le chanoine Bousquet lui a enlevé prématurément son premier et trop laborieux président ; son successeur, M. l'abbé Prunel, a hérité de lui le dévouement le plus actif et le plus intelligent pour cette formation intellectuelle des jeunes filles. Le président est très efficacement assisté de deux vice-présidents, Mlle Teillard Chambon, la distinguée directrice de l'Institut Notre-Dame-des-Champs et de M. Froidevaux, le professeur de l'Institut catholique, dont le Gouvernement a reconnu le mérite en lui conférant des missions. La secrétaire, Mlle Chauvière, professeur à l'Institut de la Tour, tient remarquablement le service des procès-verbaux.

Une quinzaine de directrices et professeurs de l'enseignement secondaire, nommés dès l'origine, se réunissent, depuis trois ans, sur convocation périodique de leur bureau. Ils se sont renforcés, au mois de juillet 1911, de plusieurs membres, pris à Paris, toujours dans l'enseignement secondaire, et ils ont nommé quelques correspondants pris parmi les fondateurs de cours et les directrices de la province, qu'ils associent désormais à leurs délibérations.

On le voit, le rôle de ce jeune comité, tracé de main de maître par le regretté abbé Guibert, à la manière d'un directoire, malgré sa forme extrêmement discrète, est à la fois très précis, très étendu, très important. Présidé par un prêtre des plus éclairés sur toutes les questions d'enseignement, le succès du comité n'en est pas moins le fait du zèle et de l'initiative des dames qui le composent. Le programme en est assez vaste pour alimenter ses réunions et pour occuper des commissions. Nous allons examiner comment a été rempli ce programme.

§ II. — Les congrès qui en sont issus.

Le comité constitué depuis le 16 mars 1911 ne devait guère tarder à faire, si l'on ose ainsi s'exprimer, son premier acte public d' « extériorisation ». Il manifestait publiquement et solennellement son action, dès le mois de mai 1912, par une séance d'études qui clôtura, cette année, le congrès de l'enseignement libre. De concert avec le Conseil de la *Société d'Éducation*, il avait eu l'heureuse inspiration de convoquer, en même temps que MM. les directeurs diocésains, les directrices des établissements et des cours de Paris et de province, afin de leur exposer les résultats des travaux de sa première année de fonctionnement. Cette réunion, qui groupait tant de personnes autorisées et qualifiées, se tint à *l'hôtel de la Société d'encouragement à l'industrie nationale,* le 22 mai 1912, de neuf heures à midi, sous la présidence de Mgr Baudrillart, l'éminent recteur de l'Institut catholique, alors président du *Comité d'enseignement secondaire et supérieur de la Société d'Education*. — M. le chanoine Lahargou, président de l'*Alliance des maisons d'éducation chrétienne*, honorait de sa présence cette première assemblée solennelle. M. Briot, professeur à l'Institut catholique, membre du comité, présenta, le premier, un rapport sur l'état actuel de l'enseignement secondaire libre des jeunes filles en France.

Après un exposé sommaire des difficultés que rencontrèrent les établissements d'enseignement de jeunes filles, à la suite de la loi sur les congrégations, il esquissa à grands traits l'histoire du comité créé par la *Société d'Education*, et en exposa les travaux. Il rendit compte, ensuite, des résultats de l'enquête entreprise par le comité, en vue de dresser le bilan de la situation de l'enseignement secondaire libre féminin en France. Un peu plus du tiers des diocèses avaient répondu à l'enquête (1) et on en pouvait inférer des conclusions s'appliquant assez légitimement à la France entière. On peut se réjouir du nombre de maisons qui se sont ouvertes depuis 1901, et du chiffre de la population scolaire qu'elles abritent. Mais il y a lieu de reconnaître, par le niveau des études et par les diplômes du personnel enseignant, qu'il faut considérer présentement notre enseignement libre féminin comme un simple enseignement primaire supérieur, et que l'enseignement secondaire libre des jeunes filles n'existe encore qu'à l'état embryonnaire. Un effort considérable s'impose, en conséquence, pour former le personnel suffisant à l'établissement de cours secondaires susceptibles de concurrencer les lycées et collèges de l'Etat.

M. le président remercia M. Briot de la précision et de la vigueur avec lesquelles il a porté le fer dans la plaie et dénoncé le péril qui nous menace. L'insuffisance des diplômes du personnel enseignant est, en effet, le

(1) M. le chanoine Laude avait fait, peu de temps auparavant, sur les maisons de province, et à la demande de la *Société d'Education*, une enquête qui s'est étendue à soixante-cinq diocèses.

point faible ; mais un mal diagnostiqué est à moitié guéri : en orientant intelligemment les jeunes institutrices vers les études supérieures, il est encore temps de remédier au mal.

Puis, Mlles Liégeois et Teillard donnèrent successivement lecture de leurs rapports : la première, sur la détermination des examens susceptibles d'être le plus utiles pour l'enseignement des jeunes filles, — rapport très opportunément placé à la suite de celui de M. Briot ; — la seconde, sur le projet de programme applicable à cet enseignement. Nous ne parlerons pas maintenant de ces deux substantiels rapports, leur étude ayant, plus loin (1), leur place marquée.

Il en est de même des rapports présentés par M. le chanoine Crosnier, sur l'école Freppel, d'Angers, puis par Mme Mouillet, de Besançon, et par Mlle Taillandier, de Clermont-Ferrand, sur les établissements qu'elles dirigent respectivement. Le compte rendu en a été présenté aux monographies de nos établissements libres (2).

M. le chanoine Crosnier clôtura la séance en constatant combien est encourageante l'impression qui se dégage de cette première réunion et en affirmant qu'elle permet, malgré tout, d'avoir une imperturbable confiance en un meilleur avenir.

L'année suivante, au mois de mai 1913, ce fut le regretté M. le chanoine Lagardère, du diocèse de Besançon, directeur des revues la *Femme contemporaine* et la *Jeune fille catholique contemporaine*, qui présida la journée d'études consacrée à l'enseignement féminin. Une séance ne suffisait plus à l'activité imprimée par le comité : il en fallait deux. L'auditoire marqua aussi un nouveau progrès et, selon le mot délicat d'un des rapporteurs : « Paris et la province se sont rencontrés dans une confraternité charmante », qui a permis d'échanger à nouveau des idées sur le terrain pédagogique et professionnel.

(1) Voy. *infrà*, ch. iv, § 2.
(2) Voy. *suprà*, ch. ii, § 2.

M. l'abbé Prunel, vice-recteur de l'Institut catholique de Paris, le nouveau président du comité, prit, le premier, la parole pour traiter du cours d'instruction religieuse dans les institutions libres de jeunes filles. Si cette question importante (1) n'avait pas été traitée, la première, dans les assises annuelles définitivement instituées, c'est que la maladie avait frappé, l'année précédente, M. le chanoine Guibert et M. l'abbé Bousquet, qui avaient successivement accepté de la porter devant la réunion. Ce dernier a reçu de Dieu même la récompense de son dévouement, et ce fut avec un sentiment de reconnaissance émue et respectueuse, partagé par tout l'auditoire, que le vice-recteur évoqua la mémoire de son vénéré prédécesseur.

Ce rapport, magistral et lumineux, fut écouté avec une attention soutenue et salué par de chaleureux applaudissements (2). Nous n'en tirerons ici que la conclusion, qui se résume dans ces trois vœux principaux :

(1) C'est le lieu de mettre sous les yeux du lecteur quelques passages d'une note rédigée par Napoléon Ier pour la maison de la Légion d'honneur d'Écouen. Elle fera peut-être réfléchir quelques sectaires sur l'étroitesse de leurs conceptions :

Finkenstein, 15 mai 1809.

L'emploi et la distribution du temps sont des objets qui exigent principalement votre attention. Qu'apprendra-t-on aux demoiselles qui seront élevées à Écouen ? Il faut commencer par la religion, dans toute sa sévérité. N'admettez à cet égard aucune modification.

La religion est une importante affaire dans une institution publique de demoiselles. Elle est, quoi qu'on en puisse dire, le plus sûr garant pour les mères et pour les maris. Elevez-nous des croyantes et non pas des raisonneuses. La faiblesse du cerveau des femmes, la mobilité de leurs idées, leur destination dans l'ordre social, la nécessité d'une constante et perpétuelle résignation et d'une sorte de charité indulgente et facile, tout cela ne peut s'obtenir que par la religion, par une religion charitable et douce.

Presque toute la science qui sera enseignée ici doit être celle de l'Evangile. Je désire qu'il en sorte, non des femmes très agréables, mais des femmes vertueuses ; que leurs agréments soient de mœurs et de cœur, non d'esprit et d'amusement. Il faut   que qu'il y ait, à Écouen, un directeur, homme d'esprit, d'âge et de bonnes mœurs ; que les élèves fassent, chaque jour, des prières régulières, entendent la messe et reçoivent des leçons de catéchisme. Cette partie de l'éducation est celle qui doit être la plus soignée.

NAPOLÉON Ier.

(2) Ce rapport a été publié *in extenso* dans le *Bulletin de la Société d'Éducation* du 1er-15 juillet 1913.

1° Il y aura, dans toutes les maisons libres de jeunes filles, un cours d'instruction religieuse, fait par un ecclésiastique. Cet enseignement sera donné sous forme de classe, d'après un plan déterminé à l'avance et approuvé par l'autorité diocésaine ;

2° Deux heures, si possible, ou une heure au minimum, seront consacrées à cet enseignement ;

3° Ce cours réparti, soit en trois cycles de deux ans, soit en deux cycles de trois ans, comprendra l'ensemble de l'enseignement religieux. Les élèves connaîtront les objections contemporaines, afin de pouvoir les réfuter et défendre leur foi.

L'étude complète du rapport de M. l'abbé Prunel a sa place marquée au ch. IV : *Nos programmes et nos méthodes d'enseignement* (1).

M. J. Laurentie, avocat à la Cour d'appel de Paris, membre du Comité, succéda à M. l'abbé Prunel, et, dans une étude de grande valeur documentaire et de beaucoup d'autorité (2), traita de la légalité de l'enseignement secondaire libre féminin. Légalement, il n'existe pas encore ; bien que plusieurs projets de loi sectaires aient été mis en avant, aucun d'eux n'a abouti jusqu'ici. L'enseignement secondaire officiel est régi par la loi Camille Sée, portant la date du 20 décembre 1880. Les personnes pourvues du certificat d'aptitude à l'enseignement secondaire ont donc légalement le droit d'ouvrir des maisons. Toutefois, à l'heure actuelle, on s'en tient plutôt à la loi de 1850, qui permet d'ouvrir un établissement secondaire à tout titulaire pourvu d'un baccalauréat et ayant fait cinq ans de stage dans un établissement analogue. On peut aussi donner l'enseignement secondaire dans les écoles dirigées par des personnes pourvues d'un brevet primaire.

Nous nous en tiendrons, pour le moment, à ces données générales, puisque nous reprendrons, sous le chapitre V, ce sujet, pour lequel on aura plus d'une fois recours à l'autorité de ce très compétent rapporteur.

Mlle Taillandier, directrice de l'École Fénelon, à Cler-

---

(1) Voy. *infrà*, ch. IV, en tête du § 2.

(2) Ce rapport a été publié *in extenso* dans le *Bulletin de la Société d'Éducation* du 1er-15 juillet 1913.

mont-Ferrand, traita, à son tour, de l'éducation intellectuelle des jeunes filles dans les institutions de province. Elle insista sur la nécessité de relever le niveau des études, afin que les élèves des institutions libres ne soient pas inférieures aux lycéennes, — et l'on a vu, d'après les déclarations de nos adversaires, que ce niveau est, pour le moins, souvent atteint. — S'il convient d'orienter, avec un sage discernement, la jeunesse vers le baccalauréat, il faut s'efforcer de faire participer tous les esprits à la culture secondaire, qui donne des idées générales et forme l'esprit.

La question du personnel préoccupait le sagace rapporteur. Le vœu fut émis, qu'après avoir obtenu leur baccalauréat, les futures professeurs fussent dirigées vers les instituts et facultés catholiques, afin d'y prendre leurs grades secondaires ou supérieurs. La discussion fut, dès lors, orientée vers la question des diplômes secondaires, et particulièrement de l'agrégation. On rappela que, pour prendre part au concours, il faut avoir pris l'engagement de professer, pendant cinq ans, dans les établissements officiels, ou tout au moins, d'être à la disposition du ministre de l'Instruction publique durant cette période. De plus, la candidate doit subir, avant l'examen, une sorte d'interrogatoire quelque peu tendancieux.

M. Froidevaux, vice-président du Comité, fit alors observer que l'Agrégation a quelque chose de particulier : ce n'est pas un grade proprement dit, mais un concours dont le succès donne au candidat un juste prestige. Puisque l'Agrégation de l'État n'est pas exempte de dangers, n'y aurait-il pas lieu de créer, pour l'enseignement libre, un concours similaire, tout aussi difficile comme force, mais offrant, au point de vue de la doctrine et de la science religieuses, toutes les garanties désirables ? Cette question, qui a déjà préoccupé les professeurs de l'Institut catholique, est actuellement à l'étude.

Mlle Mesnager, la regrettée vice-présidente de l'Union parisienne des Dames de l'Enseignement libre catholique, termina cette intéressante journée en montrant l'utilité pédagogique des séances de projection dans l'enseignement secondaire des jeunes filles. L'attention de la jeunesse a toujours besoin d'être réveillée. Il ne suffit pas de voir les choses ; il faut apprendre à les regarder et, par cela même, à les comprendre ; à cet égard, les projections rendront de grands services. Mlle Mesnager, joignant l'exemple au précepte, fit passer sous les yeux des assistants une série de vues se rattachant à l'histoire, à la géographie, à l'enseignement des sciences, etc.

Cette partie très attrayante, de la séance, suivie avec le plus vif intérêt, fut saluée par les applaudissements répétés d'un auditoire accru d'un bon nombre de dames patronnesses de la *Société d'Education*. Puis, passant à la réalisation pratique, l'assemblée conclut que le plus simple est d'avoir une salle assez vaste, bibliothèque ou cabinet de physique, et d'y installer les appareils. Chaque professeur y viendrait, tour à tour, avec ses élèves pour y faire les projections.

.·.

Enfin, au mois de mai 1914, la présidence de la journée annuelle d'études fut dévolue à M. le chanoine Crosnier, vice-recteur de l'Institut catholique d'Angers, qui assuma, après la fatigue de deux journées antérieures de présidence, celle de cette troisième journée du Congrès et apporta à la réunion l'esprit et l'âme d'un disciple de Fénelon.

M. le colonel Keller, président de la *Société d'Education,* qui, comme les autres années, assistait le président de l'assemblée, félicita les personnes présentes d'être venues si nombreuses, de tous les points de la France, et d'avoir compris la haute importance de la question qui les réunit. Une lutte acharnée se livre, en effet, autour de l'âme féminine que la Franc-Maçonnerie cherche depuis longtemps à démoraliser. Peu à peu, la jeune fille, timide violette d'autrefois, se transforme en une sorte d'athlète hardi, jouant des coudes pour se frayer la route et luttant d'égal à égal avec l'homme. Sans doute, les exigences de la vie obligent souvent la femme à quitter son foyer pour en accroître le budget ; nous devons tenir compte de cette nécessité ; mais, tout en donnant aux jeunes filles une éducation intellectuelle qui les mette en mesure de gagner honorablement leur vie, nous nous efforcerons de les rattacher au foyer par des liens toujours plus étroits. — C'était parler, comme le président de l'assemblée l'a aimablement souligné, non seulement comme un excellent père de famille, mais comme un « ministre de l'Instruction publique qui serait chrétien » !

Tour à tour, Mlle Debordes, directrice du Cours de Marseille (1), et Mlle Pluzanski, sous-directrice du Collège Sainte-Marie de Neuilly (2), présentèrent la monographie de leurs établissements. Nous renvoyons le lecteur à ce qui en a été dit sous le chapitre précédent.

Mlle Desrez, directrice de l'École Normale catholique, présenta ensuite la situation d'ensemble de l'enseignement secondaire libre féminin à Paris, et elle conclut cet exposé par un éloquent appel en faveur de cet enseignement. On n'a pas à y revenir ici ; ce rapport, si documenté, a été très complètement analysé plus haut (3).

Mlle Liégeois consacra un très important rapport à l'examen de la condition des professeurs licenciées dans l'enseignement libre. Cette question, qui avait été longuement étudiée par Mlle Liégeois dans les séances antérieures du Comité, lui revenait, à tous les titres.

Depuis quelques années, constata-t-elle, un mouvement très accentué s'est effectué en faveur des diplômes de l'enseignement secondaire et même supérieur.

Nous n'ayons donc pas tant à craindre le manque de professeurs que leur défection. Cherchons à les retenir dans nos maisons. L'État assure à ces certifiées un traitement de début de 2.500 francs, qui peut, dans l'avenir,

(1) Voy. pp. 124 et suivantes.
(2) Voy. pp. 112 et suivantes.
(3) Voy. pp. 100 et suivantes.

atteindre 3 à 4.000 francs. Sans doute, les institutions privées, n'ayant pas à leur disposition le budget des contribuables, ne peuvent espérer atteindre ces chiffres, mais ne serait-il pas possible d'atteindre un minimum? Les jeunes licenciées appartiennent à une élite, leurs familles ont dû s'imposer de lourds sacrifices, et le budget des livres et des années d'études constitue une avance de capital dont elles sont en droit d'attendre quelque compensation. Certaines directrices mettent en avant la question des répétitions qui, dans certains cas, complètent, parfois, le traitement ; mais ce casuel tend de plus en plus à se raréfier, et, dans les premières années de sa carrière, le professeur doit songer, avant tout, à se mettre au courant de son travail. S'il se charge au-delà de ses forces, son enseignement peut en souffrir.

Ces considérations générales exposées, Mlle Liégeois, étudiant la question au point de vue pratique, traita successivement les trois points suivants, qui furent l'objet de vœux et de discussions.

En principe, ce premier vœu, sur les conditions de service, fut adopté :

Considérant le travail personnel, les préparations de cours et les corrections des devoirs, il serait à désirer que le nombre des heures de cours ne dépassât pas quinze à seize par semaine, pour une classe de vingt-cinq élèves en moyenne.

Une enquête, faite au cours de l'hiver précédent, au nom du Comité, par les soins du rapporteur, a permis de saisir de la question du traitement les directrices de province. D'après les réponses obtenues, Mlle Liégeois proposa de fixer le traitement de l'externat à :

1.800 francs dans les villes dont la population ne dépasse pas 20.000 habitants ;
2.000 francs dans les villes de 20 à 100.000 habitants ;
2.200 francs dans les villes supérieures à 100.000 habitants.
Le maximum de la retenue d'internat serait fixé à 5 ou 600 francs.
Les appointements seraient répartis en douze mensualités.

Ce second vœu fut adopté à l'unanimité.

Le rapporteur proposa, ensuite, que tout engagement entre directrices et professeurs fût précédé d'un contrat établissant les droits et devoirs des deux parties, et cita un modèle de contrat rédigé par le *Syndicat de l'Enseignement libre supérieur et secondaire*, qui a son siège 49, rue Madame. Après discussion, le principe du contrat fut adopté.

Mlle Liégeois traita, enfin, la question des retraites du personnel et donna des renseignements sur les différentes mutualités (1) et sur le fonctionnement du Syndicat de l'Enseignement libre, à l'arbitrage duquel on peut avoir recours, en cas de conflit. M. le colonel Keller compléta ces données, en insistant sur l'importance de la *Caisse centrale autonome des retraites de l'enseignement libre*, œuvre de solidarité et de bienfaisance qui a maintenant une existence légale et qui assurera à ses membres une retraite supérieure à celle de l'État. Le siège est 52, rue d'Assas. A la suite de ces explications, le principe de la contribution de maisons d'éducation à la retraite des professeurs fut accepté par l'assemblée (2).

A la suite de ce travail, si complet et très écouté, M. Froidevaux, professeur à l'Institut catholique, parla de l'enseignement de la géographie, avec une magistrale compétence ; des projections admirablement choisies permirent à l'auditoire vivement intéressé de suivre l'évolution des glaciers et de comprendre l'importance de la géographie humaine. Nous regrettons vivement que ce rapport (3) échappe, par sa nature même, à toute analyse.

Les rapports qui, tous, émanent de membres du Comité, donnent une haute idée de l'importance des travaux

(1) Voy. *Annexe B* : Notice sur les Mutualités et Caisses de retraites.

(2) Ce rapport a été publié *in extenso* dans le *Bulletin de la Société d'Éducation* du 1er-15 juillet 1911.

(3) Ce rapport a été publié *in extenso* dans le *Bulletin de la Société d'Éducation* du 1er-15 juillet 1911.

auxquels le Comité s'est livré, au cours de ces trois dernières années. Toutefois, ils n'en donnent qu'une idée incomplète.

Pour que le lecteur en ait l'idée exacte, il faudrait retracer les travaux intérieurs, les délibérations et discussions auxquels les questions d'éducation féminine ont donné lieu, tant au sein du Comité lui-même que dans la commission pédagogique qu'il a formée. On n'en peut citer que quelques exemples.

C'est ainsi que le Comité s'est préoccupé de connaître l'état actuel de notre enseignement libre féminin, son importance, ses tendances, ses ressources, tous renseignements utiles à méditer pour en tirer les leçons qu'ils comportent. Antérieurement à la création de ce comité, la *Société générale d'Education* avait réuni les éléments d'une enquête parallèle sur les établissements officiels et les maisons libres, dans les différentes villes de France. Le Comité jugea utile de la reprendre, dès 1911, c'est-à-dire dès sa constitution, à un point de vue différent. Il rédigea une circulaire qui fut adressée aux directrices de maisons de province, par l'intermédiaire de MM. les directeurs diocésains de l'enseignement libre. Il demandait, comme renseignements : le nombre de maisons existantes, leur population scolaire, l'état du personnel enseignant et ses grades universitaires, les diplômes préparés en fin d'études.

Cette nouvelle enquête, qui fut loin d'obtenir toutes les réponses sollicitées, fit ressortir du moins une grande insuffisance de diplômes pour le personnel, insuffisance d'ailleurs à laquelle il a été déjà beaucoup remédié par quatre années de labeurs et de conquêtes ininterrompues. Le mal, diagnostiqué avec une courageuse loyauté par M. Briot, professeur à l'Institut catholique, membre du Comité, provoqua les sévères conclusions suivantes (1) que l'enseignement secondaire libre des jeunes filles —

---

(1) *L'Etat actuel de l'enseignement secondaire libre des jeunes filles : 1911.* Rapport publié *in extenso*, dans le *Bulletin de la Société d'Education* du 1ᵉʳ-15 juillet 1912.

nous le déclarons en toute confiance — ne mériterait plus à l'heure présente :

L'enseignement libre féminin est un simple enseignement primaire supérieur, et par le cadre du personnel enseignant et par les études qui y sont faites.

Nous savons que beaucoup de ces maisons ne pourront jamais avoir d'autre ambition que la préparation des brevets. Elles répondent, du reste, à un véritable besoin, et le chiffre respectable de leur clientèle justifie pleinement leur existence. Ce sont ces petits pensionnats qui recrutent leurs élèves dans la petite bourgeoisie, dans la classe des paysans aisés, désireux de sortir leurs filles, de les mettre en pension pour quelques années, beaucoup plus pour leur éducation que pour leur instruction. Qu'à une bonne instruction primaire on ajoute une solide instruction religieuse, quelques connaissances des arts d'agréments, on aura formé les femmes d'élite de nos campagnes.

Mais dans les grands centres, notamment là où l'Etat a fondé des cours secondaires de jeunes filles, il n'en va plus de même. Notre ambition doit être plus haute ; il est nécessaire de dresser, en face de l'établissement officiel, des maisons qui puissent rivaliser avec lui, tant par le niveau des études que par le choix des professeurs.

Or, nous sommes obligés d'avouer qu'il y a, pour réaliser ce but, un grand effort à faire.

Il faut pousser résolument les jeunes institutrices vers des études plus élevées, les engager à conquérir des diplômes autres que les diplômes primaires, accueillir, bras ouverts, et employer judicieusement les recrues qui peuvent se présenter. Car la statistique nous le prouve, que deviendraient nos établissements libres, si les projets sur l'enseignement secondaire des jeunes filles venaient à passer à l'état de loi ? Comment, avec un personnel aussi insuffisant, pourrait-on ouvrir des établissements d'enseignement secondaire ?

Presque toutes les maisons seraient dans la nécessité de rétrograder au rang de simples établissements d'enseignement primaire, et n'y aurait-il pas à redouter, dès lors, pour beaucoup, une désertion, en masse, des élèves ? L'amour-propre et la vanité sont si puissants, dans notre pays et notamment dans le milieu bourgeois où se recrute notre clientèle!

Bien rares seraient les maisons qui pourraient se maintenir et satisfaire aux exigences de la loi. On se trouverait, alors, dans la fâcheuse situation de n'avoir aucun enseignement secondaire libre à opposer à celui de l'Etat.

Et, immédiatement à la suite de ce cri d'alarme, un autre membre du Comité, Mlle Liégeois, guidée par une sûre expérience, venait formuler les prescriptions à suivre par notre enseignement libre pour conquérir les diplômes qui lui manquaient (1).

Comme dernier exemple de la fécondité de travail du Comité, l'on nous permettra de citer, enfin, le vœu en faveur de l'unification des programmes et le plan d'études présentés, à la suite de longues délibérations, par Mlle Teillard-Chambon, dans son rapport du 22 mai 1912 (2).

Les rapports de Mlles Liégeois et Teillard, toutes deux agrégées de l'Université, appartiennent au chapitre suivant, sous lequel ils seront analysés, avec l'ampleur qu'ils comportent.

(1) *La détermination des examens susceptibles d'être le plus utiles pour l'enseignement des jeunes filles.* Rapport publié *in extenso* dans le *Bulletin de la Société d'Éducation* du 1er-15 juillet 1912.

(2) *Projet de programme pour l'enseignement secondaire des jeunes filles.* Rapport publié *in extenso* dans le même *Bulletin.*

CHAPITRE IV

NOS PROGRAMMES ET NOS MÉTHODES D'ENSEIGNEMENT

En remontant jusque vingt ans en arrière de l'apparition du Comité, dans la collection du *Bulletin de la Société d'Éducation,* on ne relève pas moins de dix-huit articles importants publiés sur les graves problèmes que soulèvent les programmes d'enseignement et les examens de jeunes filles (1).

Nous allons consulter très opportunément, pour cette partie de notre travail, deux de ces études dues à la plume autorisée de M. Arnold Mascarel, ancien chef de cabinet de M. Ernoul (2). Elles offrent un double avan-

(1) Voy. *le Bulletin de la Société d'Éducation :* **Les examens de jeunes filles,** par A. Mascarel (décembre 1883) ; — *L'éducation secondaire des jeunes filles et la question des examens,* par le R. P. Lescœur (août et septembre 1884) ; — *Les femmes savantes de la République,* par le R. P. Clair (novembre 1884) ; — *Les lycées et collèges de jeunes filles en 1885,* par le R. P. Lescœur (novembre 1885 et mars 1886) ; — *De l'utilité d'un cours de philosophie dans l'enseignement supérieur des jeunes filles,* par Antonin Rondelet (août 1887) ; — *Les examens de jeunes filles,* par F. Gibon (novembre 1887) ; — *L'enseignement secondaire des jeunes filles (Lycées de filles et examens),* par Fr. Cambuzat (novembre 1891) ; — *Les lois opportunistes et l'éducation de la femme,* (août 1895) ; — *Nécessité de réformer les programmes,* par A. Mascarel (juillet 1896) ; — *Les nouveaux programmes de l'enseignement secondaire des jeunes filles,* par A. Mascarel (janvier 1898) ; — *L'éducation des jeunes filles, d'après Mme de Maintenon,* par le R. P. Libercier (mai 1900) ; — *Réflexions d'une institutrice congréganiste sur l'éducation et l'enseignement* (septembre 1903) ; — *L'enseignement religieux des jeunes filles,* par le R. P. Lescœur (décembre 1904 ; — *Le féminisme dans l'éducation,* par Th. Joran (octobre 1905) ; — *L'éducation des filles,* par le R. P. Lescœur (février 1906) ; — *Institution d'un diplôme d'instruction religieuse pour les jeunes filles chrétiennes,* par le chanoine Pasquet (juin 1909).

(2) M. Ernoul fut ministre de la Justice dans le cabinet formé en 1873, au temps de la présidence du Maréchal de Mac-Mahon. La *Société d'Éducation* eut l'honneur de le compter parmi ses vice-présidents.

tage pour le lecteur : celui de préciser la position de la question exposée (§ Ier), celui de justifier l'intervention du Comité d'enseignement secondaire et supérieur des jeunes filles (§ II).

§ Ier. — Le plan officiel d'études de 1880 et les réformes de 1897.

Il n'y a pas à revenir ici sur le but de la loi de 1880 : faire des femmes philosophes. On s'est efforcé de le démontrer, dès le début de cet ouvrage (1). A côté du but, il y a les moyens. Ces moyens sont de deux sortes : ils consistent à établir des programmes d'où soit banni rigoureusement tout ce qui a trait à la morale religieuse, catéchisme, histoire sainte, histoire de l'Eglise, etc. Cela, nous l'avons également démontré (2). Ils consistent, en second lieu, à remettre l'enseignement à des professeurs qui aient pour consigne de ne faire aucune allusion, dans leur enseignement, aux conceptions surnaturelles. Sur le second point, la présence, assez fréquente, d'un aumônier, et toujours la vigilante sollicitude des maîtresses qui dispensent l'enseignement dans nos maisons et cours secondaires d'éducation, sont de nature à rassurer complètement les familles. Elles y consacrent toute leur affectueuse délicatesse, toute leur attention éclairée et sans cesse agissante, et réussissent ainsi à faire fructifier dans les jeunes âmes les semences de la foi. Mais la culture intellectuelle, qui a forcément un retentissement sur tout l'être moral, est-elle toujours ce qu'elle devrait être? Reconnaissons franchement qu'elle n'a pas toujours été à la hauteur de sa tâche. Nous n'hésitons pas à en rejeter la faute sur les programmes mal conçus, indigestes, démesurément élargis, que nos établissements libres ont eu trop souvent jusqu'ici le tort d'accepter, un peu légèrement, des mains de l'Université.

(1) Livre Ier, ch. Ier.
(2) Livre Ier, ch. II.

Le Conseil supérieur de l'Instruction publique, on le sait et on l'a vu plus haut (1), n'eut pas la main légère, lorsqu'il précisa et développa le programme des connaissances à inculquer aux jeunes filles, programme que le législateur de 1880 avait pris la peine de spécifier en treize articles. Le premier reproche, mérité par cet énorme programme (2), c'est qu'il ne distingue pas suffisamment entre les études qui conviennent aux filles et celles qui sont propres aux garçons. Ce programme était qualifié d'*androgyne* par le Dr Fonssagrives, cet hygiéniste éminent doublé d'un moraliste délicat, qui, dans son livre : *De l'éducation physique des filles* (3), revendique justement pour elles l'instruction de leur sexe. Le savant professeur à la Faculté de médecine de Montpellier, après avoir posé, en principe, qu'une femme doit savoir tout ce qui lui est nécessaire pour bien remplir les fonctions de maternité et d'éducation auxquelles elle est destinée, ajoute :

Chrysale était trop radical : si c'est beaucoup que de *former l'esprit de ses enfants aux bonnes mœurs, de diriger sa maison, d'avoir l'œil sur ses gens et de régler ses dépenses avec économie,* ce n'est plus assez maintenant : il faut aussi que la mère intervienne, pour sa part, dans la formation de l'esprit de son enfant, et elle est inhabile à cette tâche, si son propre esprit n'est pas cultivé. La distinction classique du *pourpoint* et du *haut de chausses* ne suffit plus aujourd'hui pour l'obtention du diplôme de mère accomplie ; il faut que la femme dépasse cette limite. Mais, si je veux qu'elle soit instruite, je veux qu'elle soit munie de l'instruction de son sexe, et pas du tout de celle de l'autre. Elle a son organisation à elle, ses mœurs à elle, sa mission à elle, son costume à elle : je veux aussi qu'elle ait son programme d'études séparé. Si elle peut revendiquer légitimement sa part des *sublimes clartés,* ce n'est que pour les faire rayonner sur le berceau et le foyer domestique, les deux pôles de sa vie. Elle est un être essentiellement caché, primordialement destiné à la vie privée ; la vie publique, pour quelque petite part qu'elle s'y mêle, en fait un être étrange, hybride, et en quelque sorte déclassé.

(1) Livre Ier, ch. II.

(2) Un ancien magistrat d'un rang élevé déclarait que ce programme lui paraissait avoir *été rédigé par des pédagogues en délire !*

(3) Chap : *Instruction et travail.* In-12, Delagrave, éditeur, 1881. Quatrième édition.

Et en note : « J'ai trop demandé, sans me lasser, depuis que je tiens une plume, que le niveau général de l'instruction des femmes s'élevât, pour que mon témoignage soit suspect en cette matière, et pour qu'on m'accuse d'être un retardataire, quand je viens affirmer, une fois de plus, que l'idéal que poursuivent aujourd'hui certains novateurs qui s'efforcent d'effacer entre les deux sexes, non seulement la différence du niveau de l'instruction, ce qui est déjà une erreur, mais encore la spécialité sexuelle qu'elle doit garder, n'est pas le mien. Cette tentative est un produit de l'idéologie pure. Le bon sens, à qui appartient le dernier mot, en fera justice... La femme doit rester femme par la forme de son instruction, comme elle l'est par la forme de son esprit.

Niera-t-on que cette distinction lumineuse ait été méconnue par le Conseil supérieur de l'Instruction publique, lorsqu'il a rédigé le programme de 1880 ? Voici maintenant la question qu'il convient de poser : Si le Conseil supérieur a commis cette faute, est-ce à nos établissements libres de s'en faire les complices (1) ?

Puis, le rapporteur au Congrès des propriétaires chrétiens de 1896, que nous suivons pas à pas dans son exposé de la *Nécessité de réformer les programmes*, entre dans le détail de leur application aux sciences, à l'histoire, à la géographie, à la composition écrite, dans lesquelles il serait trop long de le suivre (2). Nous nous bornerons à emprunter, à sa suite, l'opinion du D⟨r⟩ Fonssagrives sur l'exagération des programmes, heureusement résumée dans cette brève formule :

L'enfant travaille *trop tôt*, il travaille *trop*, il travaille *mal*. Ce grave péril, dit-il, me paraît aussi menaçant pour l'avenir intel-

---

(1) Yves Le Querdec publiait, à cette époque, un avis fortement motivé qui vient à l'appui de cette thèse :

« A l'heure présente, dit le très distingué professeur de philosophie qui use de ce pseudonyme, la plupart des pensionnats préparent au brevet supérieur, qui paraît être pour les jeunes filles ce que le baccalauréat est pour les garçons.

« Il y a là une erreur grave. Les programmes du brevet supérieur ont été rédigés dans le but de donner aux institutrices les connaissances jugées nécessaires pour exercer. Ce brevet est un brevet professionnel. Ces programmes n'ont aucune valeur éducative. Ils sont, à la fois, trop chargés et trop sommaires. C'est une encyclopédie au rabais. *Ils risquent de fausser l'esprit et de l'enorgueillir en l'abêtissant.* » (*Monde*, 8 février 1896.)

(2) *Bulletin de la Société d'Education* du 15 juillet 1896, pp. 467-47⟨5⟩.

lectuel que pour l'avenir physique des populations, et celui qui trouvera un système d'études dans lequel le *prématuré* et le *superflu* seraient impitoyablement retranchés, aurait trouvé une belle vaccine contre la dégénération de l'espèce et mériterait des statues, au même titre que Jenner. Au lieu de cerveaux épuisés par un fonctionnement indiscret, bourrés d'encyclopédisme et sachant, suivant le mot de Montaigne, « un peu de chaque chose et rien du tout, à la française », on aurait des intelligences conservant plus de spontanéité, susceptibles de plus d'efforts et s'appuyant sur la base solide d'une santé plus habituellement vigoureuse. La pensée de l'hygiéniste est véritablement effrayée, quand elle s'arrête sur les conséquences d'un pareil système.

Ce jugement-là, le Dr Fonssagrives le portait sur les programmes d'enseignement pour les garçons (1). S'il s'était agi de filles et s'il avait connu les programmes de 1880, il n'eût pas manqué d'y voir un champ de culture admirablement préparé pour l'éclosion de la névrose !

En ceci, comme en tout le reste, le grand coupable, c'est le brevet. Si ce malheureux diplôme n'était pas au bout de la carrière, rien ne justifierait le surmenage que les maîtresses de nos établissements libres imposent souvent à leurs élèves, rien n'expliquerait la transformation radicale qu'elles ont parfois fait subir à leurs méthodes d'éducation. Les universitaires les plus éminents, M. Lavisse, M. Jules Simon (2), commençaient à reconnaître l'erreur commise par l'Université.

Et le distingué rapporteur de signaler un article de M. Lavisse, publié dans la *Revue de Paris* du 1er novembre 1895, intitulé : *Brevets et jeunes filles,* qui constitue un réquisitoire écrasant contre l'instruction des filles, telle qu'elle est pratiquée par la loi du 20 décembre 1880. L'auteur de l'article, après avoir constaté l'importance excessive de l'examen dans notre société moderne, ajoutait que l'inévitable effet de cette importance de l'examen est qu'il devient le maître et le régulateur des études et des intelligences.

Mgr Dupanloup ne parle pas autrement que M. Lavisse :

(1) *L'éducation physique des garçons,* Paris, 1870.
(2) Jules Simon : *La femme au XX° siècle; les programmes,* p. 230.

On fait trop uniquement travailler la mémoire des jeunes filles, quand il s'agit d'études (1). On leur enseigne trop de choses. Je me plains des programmes « trop chargés. On apprend un peu de tout et on ne sait rien comme il faut; on n'a pas acquis un seul talent développé, une seule faculté vive, ni même un goût sérieux pour quoi que ce soit. »

Dans l'éducation intellectuelle que notre société donne aux femmes de ce temps, on fait appel à toutes leurs facultés, excepté à celles qui auraient le plus besoin d'être développées et raffermies, la *raison* et le *jugement*. En un mot, on les fait beaucoup étudier dans leur première jeunesse, étudier beaucoup de choses et apprendre beaucoup par cœur, et l'on oublie de leur enseigner à penser et à penser juste... Habitués ainsi à ne rien approfondir et à tout effleurer, à savoir vaguement quantité de choses et à ne se rendre compte sérieusement d'aucune, ces pauvres esprits trouvent cependant matière à s'enfler et à se prévaloir, jusqu'au moment où il leur est prouvé qu'à l'usage cette belle instruction est sans application utile et que, n'ayant pas été mûrie par le travail suivi ni assimilée par la réflexion, elle s'évanouit *dès qu'on l'éloigne des formules dans lesquelles elle avait été donnée* (2).

De son côté, M. Lavisse préconise « la culture de l'imagination et de la raison, l'équilibre de l'un et de l'autre, le respect de la jeune personnalité, l'avant-goût donné de la vie et des raisons de vivre ». Écoutez le mot de la fin, qui porte un jugement décisif sur l'utilité des brevets :

Je dirai à ceux qui ont des filles et qui *ne les destinent pas aux professions pour lesquelles le brevet est obligatoire : Ne préparez pas vos filles à l'examen du brevet.* Elles s'instruiront, non pour être brevetées, mais pour s'instruire, et elles apprendront ce que doit savoir une jeune fille française de notre temps (3).

C'est à bon droit, on en conviendra, que le rapporteur estimait intéressant de rapprocher ces deux témoins qui, partis de pôles opposés, arrivent cependant à se rencontrer sur les points essentiels.

Le mal est connu. Voici les remèdes que propose le rapporteur.

La première chose à faire, selon lui, est de reprendre

(1) *Lettres sur l'éducation des filles,* I, p. 217.
(2) *Lettres,* I, p. 183.
(3) E. LAVISSE. Article déjà cité.

la campagne contre le brevet, si vigoureusement menée
par M. l'abbé Salembier en 1880, lorsqu'il était aumônier du monastère d'Esquermes, à Lille, dans une série
de lettres pleines de verve qui eurent le plus grand succès,
aux conclusions desquelles la *Société d'Education*
s'était pleinement associée à l'époque (1).

Ici, tout est à citer.

Nous ne pouvons espérer, malheureusement, qu'il soit de sitôt
supprimé, malgré qu'un mouvement dans l'Université se dessine
en ce sens ; mais nous pouvons user de notre influence, comme
pères de famille, pour qu'il soit discrédité. Il faut en finir, une fois
pour toutes, avec le préjugé qui consiste à considérer l'examen
passé devant les messieurs de l'Hôtel de Ville comme le couronnement nécessaire d'une éducation complète, comme la marque à
quoi l'on reconnaît qu'une jeune fille a fait « de bonnes études ».

Quand les supérieures des couvents et des pensionnats s'aper-
cevront que les parents ne tiennent plus au brevet pour leurs
filles, elles n'auront plus aucun prétexte pour maintenir un état
de choses dont on n'aperçoit pas dès à présent tous les dangers,
mais qui ne peut manquer d'avoir, à la longue, des conséquences
funestes.

L'enseignement libre et chrétien a mieux à faire que de se
mettre servilement à la remorque de l'Université officielle. Il a à
revendiquer fièrement vis-à-vis d'elle la liberté de ses méthodes
et de ses programmes (2).

Ils ont été tracés ces programmes par la main de deux évêques
illustres, qui ont été et demeureront la gloire de l'Eglise et de la
France. Quoi qu'on fasse, on ne fera rien de mieux que ce que
conseillent Fénelon, dans son *Traité de l'éducation des filles*, et
Mgr Dupanloup, dans ses *Lettres* sur le même sujet. Ces deux
ouvrages, que tous ceux qui s'occupent de l'éducation des jeunes
personnes devraient sans cesse relire et méditer, sont les véri-
tables codes de la matière. Il y a bien peu à faire pour les moder-
niser, pour les mettre en rapport avec le progrès général des
connaissances et les besoins de notre société nouvelle. Au surplus,
n'exagérons pas ces besoins. Le terme d'une éducation bien comprise sera toujours de développer dans une âme l'équilibre harmonieux des facultés. En ce sens, la psychologie est le fond de la
pédagogie, et la psychologie a fait peu de progrès depuis le

(1) Voy. *Bulletin de la Société d'Education*, 15 décembre 1883.

(2) Qui est maître des examens et des programmes est maître de
l'enseignement. Nous l'avons trop oublié. Voilà pourquoi Mgr Dupanloup demandait, avec tant d'insistance, que l'institution d'un jury spécial, fût-ce d'un jury mixte, couronnât la liberté nouvellement conquise
de l'enseignement supérieur.

xviiᵉ siècle. Quel siècle a mieux pensé et mieux raisonné que celui-là? Où trouve-t-on des âmes plus vaillantes et plus fières, plus noblement éprises de leur devoir, surtout après qu'elles ont été touchées par la grâce du christianisme? Quand Louis XIV, s'adressant à Mᵐᵉ de Maintenon, lui disait : « Votre solidité », il résumait d'un mot le trait distinctif de l'éducation que cette femme éminente s'efforçait d'inculquer aux demoiselles de Saint-Cyr et qui consistait à faire prédominer chez ses élèves la raison, le jugement, le sens pratique de la vie, le goût, et je dirai même l'appétit du devoir, sur les désordres de la sensibilité et de l'imagination auxquels les femmes sont trop souvent sujettes. Si cette méthode devait être remise en vigueur, il me semble que les maris ne seraient pas pour s'en plaindre.

Dans ses *Lettres sur l'éducation des jeunes filles*, Mgr Dupanloup fait toucher du doigt la différence des deux méthodes, celle du xviiᵉ siècle et la nôtre (1) :

« L'instruction des femmes, telle qu'elle est donnée de nos jours, ne leur apprend pas assez ce qui leur serait le plus utile, réfléchir, comparer, juger, raisonner juste. L'éducation du xviiᵉ siècle avait sur la nôtre un avantage considérable, sous ce rapport ; elle était moins étendue et moins variée, mais plus forte et plus solide. On apprenait moins de choses, mais on les savait mieux. Cette éducation cherchait, plus que la nôtre, le but de toute éducation, qui est de former l'esprit, le jugement et la raison ; elle s'appliquait à donner des moyens d'apprendre, plutôt qu'à multiplier des connaissances; à fortifier les facultés plutôt qu'à surcharger l'esprit. »

Si l'on voulait tracer un nouveau plan d'études pour nos maisons chrétiennes d'éducation, c'est à ce point de vue qu'il faudrait se placer.

Il ne s'agit pas, qu'on m'entende bien, de ramener les femmes à l'ignorance. Nul, plus énergiquement que Mgr Dupanloup, n'a prêché la nécessité du travail intellectuel pour les femmes (2). Il y voyait, non seulement un moyen pour elles d'orner leur esprit et de les rendre par là même plus capables de tenir leur rang dans le monde et dans la conversation, mais encore un puissant moyen

(1) Quand je dis la nôtre, je veux parler de la méthode universitaire, car je suis persuadé que, dans un grand nombre de nos maisons religieuses, les saines traditions en matière d'éducation n'ont pas cessé d'être en vigueur. Seulement, les directeurs ou directrices de ces maisons subissent, sans en avoir conscience, le despotisme d'un programme qui, malgré tout, doit nuire au succès de leurs méthodes. C'est à signaler ce péril que je me suis appliqué dans la présente étude. Aux autorités compétentes d'aviser !

(2) Le Dʳ Foussagrives n'est pas moins affirmatif : « Vouloir cantonner la femme dans une instruction élémentaire, quelque solide qu'on la suppose, est une grave injustice et une non moins grave imprudence. Il faut lui donner les *appétits distingués* de l'intelligence pour qu'elle les transmette et les développe chez ses enfants. »

de les préserver de ce qu'il nomme avec une grande pénétration
« le danger de la personnalité oisive (1) ». Il conseille donc fortement aux mères d'inculquer à leurs filles le goût de l'étude et
de les amener progressivement à s'adonner aux *grandes lectures*
où elles trouveront à la fois un préservatif et un aliment pour leur
vie morale. Mais pour atteindre ce but, il est nécessaire qu'elles
n'aient pas contracté le dégoût du savoir, et c'est à quoi tendent,
on ne saurait trop le répéter, les programmes trop chargés.

Il faudrait, en outre, *spécialiser* ces mêmes programmes dans le
sens des facultés féminines, en éliminer, par conséquent, ce qui est
trop exclusivement scientifique. En effet, « la différence des
emplois doit faire celle des études ». C'est le bon sens qui parle
ainsi, par la bouche de Fénelon (2).

... Enfin, nous devrions nous efforcer d'intéresser à notre cause
les Evêques. De tout temps, l'épiscopat s'est fait gloire de s'intéresser aux choses de l'éducation. L'Eglise n'est-elle pas la puissance éducatrice par excellence?

Cet appel à l'Episcopat, par lequel M. Mascarel concluait la belle étude que nous avons analysée et dont
nous venons de reproduire à peu près textuellement la
dernière partie, et qui constituait un vœu en 1896, est
devenu une réalité. Comme on l'observait sous le chap. III,
§ Ier, le concours de l'Episcopat, représenté par les
directeurs diocésains qui se réunissent régulièrement
chaque année en congrès depuis sept ans, est entièrement
acquis au mouvement de rénovation imprimé par le
Comité de l'enseignement secondaire et supérieur des
jeunes filles.

**

Les déclarations de M. Lavisse, dans la *Revue de
Paris*, eurent un grand retentissement. Les programmes
qui avaient été tracés par le Conseil supérieur en 1882
étaient entachés d'une exagération manifeste : la simple
énumération des matières annonçait une encyclopédie
embrassant, à peu de choses près, l'ensemble des con-

____

(1) « La frivolité, la paresse, la personnalité oisive, trois ruines de
tout idéal, de tout amour sérieux, de toute vertu. » *Lettres sur l'éducation des filles*, p. 12.

(2) *De l'éducation des filles*, chap. XI.

naissances humaines. Parlant de la réforme à opérer dans les programmes, M. Lavisse avait excellemment dit :

Il faudrait déterminer en quoi consiste une culture intellectuelle très simple, ou, pour mieux dire, une première culture à donner à des intelligences à peine entr'ouvertes, régler l'examen sur ces données et dresser un programme pour examinateurs, où ne figureraient pas neuf sur dix des questions qui sont posées aujourd'hui.

Les plaintes des familles furent nombreuses. Les hygiénistes (1), les professeurs, l'administration, réclamèrent. On jugea, en haut lieu, qu'il n'était plus possible de rester inactif.

Dans sa session du mois de juillet 1897, le Conseil supérieur fut saisi d'une pétition tendant à la revision des programmes de l'enseignement secondaire des jeunes filles. Un arrêté ministériel du 27 juillet de cette même année, visant une délibération récente du Conseil supérieur de l'Instruction publique, a substitué un nouveau plan d'études à celui qui avait été établi en exécution de la loi de 1880 : acte d'une portée considérable, qui équivaut à la reconnaissance formelle de la justesse de la plupart des critiques dirigées contre le nouvel enseignement.

Un rapport très bien fait de M. Henri Bernès, membre du Conseil supérieur, inséré au *Bulletin des actes du Ministère* du 7 août 1897, donne d'intéressants détails sur la façon dont les diverses questions se rattachant au projet de réforme furent discutées et résolues : l'exposé qui va suivre en présente le résumé.

Les signataires du vœu demandaient trois choses : la réduction du nombre des heures de classe affectées chaque semaine à chaque enseignement, l'augmentation du nombre des heures d'étude passées dans la famille, l'allégement des programmes.

(1) En 1887, l'Académie de Médecine, appelée à délibérer sur la question, avait formulé, à propos *du surmenage intellectuel et de la sédentarité dans les écoles*, le plus sombre diagnostic sur l'avenir physiologique de notre race. (Mémoire du Dr Lagnan. *Bulletin de l'Académie de Médecine*, 51e année, 3e série, t. XVIII.

Sur le premier point, ils obtinrent gain de cause, comme on peut s'en convaincre d'après le tableau suivant qui met l'ancien horaire en regard du nouveau (1) :

PREMIÈRE PÉRIODE

Nombre des heures de classe.

	1re ANNÉE	2e ANNÉE	3e ANNÉE
	heures	heures	heures
Anciens programmes :	24 1/2	24 1/2	24 1/2
Nouveaux programmes :	20 1/2	20 1/2	21 1/2

DEUXIÈME PÉRIODE

	4e ANNÉE		5e ANNÉE	
	Cours obligatoires	Cours facultatifs	Cours obligatoires	Cours facultatifs
	heures	heures	heures	heures
Anciens prog. :	17 1/2 de	2 à 11	10 1/2 de	2 à 12
Nouveaux prog. :	13 1/2 de 2 1/2 à 10 1/2		13 1/2 de 2 1/2 à 10 1/2	

Soit une moyenne de vingt heures environ supprimées dans les trois premières années, et de seize à dix-sept heures dans les deux années suivantes.

Sur le second point, on fit observer que le règlement du 28 juillet 1884 permettait déjà aux autorités collégiales et académiques d'adapter le régime intérieur des lycées et collèges à la diversité des convenances locales. Il était donc loisible à ces autorités, sans qu'il fût nécessaire d'édicter un règlement nouveau, d'accorder aux familles la liberté de garder leurs enfants auprès d'elles une partie de l'après-midi. L'horaire général des classes étant fixé, le Conseil n'avait plus à délibérer que sur la question de l'allégement des programmes.

Comment il s'est acquitté de cette tâche, la principale qui lui était proposée, c'est ce qui a été établi par la comparaison des nouveaux programmes avec les anciens,

(1) *Revue internationale de l'Enseignement* du 15 octobre 1897. Article signé : Louise Lantoine, professeur au lycée Racine.

pour la langue, la littérature française, les exercices de composition, les langues vivantes, les littératures étrangères, l'histoire et la géographie, la physique et la chimie, l'histoire naturelle, l'hygiène et l'économie domestique, la morale et la psychologie, les arts d'agrément et le droit usuel. On comprendra que nous renvoyions le lecteur à l'article, déjà cité, de Mme Lantoine. Le cadre de ce travail ne comporte qu'une appréciation d'ensemble, que nous empruntons à notre ami M. Mascarel, le rapporteur dont le lecteur a déjà apprécié la compétence :

Assurément, dit-il, il faut savoir gré au Conseil supérieur du plan de réformes qu'il a arrêté. La manifestation qu'il vient de faire est caractéristique, en ce qu'elle témoigne qu'un grand nombre de membres éminents de l'Université commencent à se rendre compte du danger des nouvelles méthodes inaugurées en 1882. Danger, du côté de l'esprit, qui ne peut être que paralysé, dans son développement normal, par un amas de notions indigestes l'astreignant à un stérile et gigantesque effort de mémoire; danger également du côté du corps, fatigué par un fonctionnement excessif du cerveau et une sédentarité prolongée, qui le prédisposent à recevoir les atteintes de la funeste maladie qu'on dirait spéciale à notre fin de siècle : la névrose.

Donc, le Conseil supérieur a compris la nécessité de réagir, et nous l'en félicitons. Mais combien sa réforme est incomplète et, même en tenant compte des progrès réalisés sur l'ancien état de choses, que de *desiderata* restent à formuler! Sans doute, la grammaire historique a été retranchée, la composition littéraire ramenée à une forme plus simple, l'abus des nomenclatures en histoire et en géographie condamné (1). Mais le programme des sciences, mathématiques, physique, chimie, histoire naturelle, subsiste presque en entier, avec quelques retranchements compensés par des additions nouvelles; et, si l'on réfléchit que l'étude des sciences est précisément celle qui exige la plus grande contention d'esprit de la part des élèves, on conviendra que la réforme, de ce chef, se trouve fortement compromise. L'auteur de l'article que nous avons cité et qui n'est certes pas hostile au nouvel enseignement, Mme Lantoine, en convient :

« Les sciences naturelles, qu'on aurait pu sans inconvénient, dans un enseignement destiné aux jeunes filles, borner aux notions

(1) On remarquera que toutes ces réformes avaient été réclamées dans le rapport au Congrès des Propriétaires chrétiens, publié dans le *Bulletin de la Société d'Education* du mois de juillet 1896, et dont il vient d'être rendu compte.

élémentaires de zoologie, de botanique et de géologie inscrites au
programme de la première et de la deuxième année, se développent, comme par le passé, en un cours d'anatomie et de physiologie, tout au moins superflu en quatrième année, et, chose plus
fâcheuse encore, le cours d'anatomie et de physiologie animale
et végétale, de facultatif qu'il était, devient obligatoire en cinquième
année.

« Franchement, était-il bien indispensable d'imposer à des
jeunes filles ce travail qui n'exerce que leur mémoire, et, au lieu
de ces notions d'anatomie et de physiologie, n'aurait-on pu se
contenter, pour elles, des 12 conférences d'économie domestique
et d'hygiène inscrites au plan d'études de la troisième année (1)? »

Le projet de réforme a donc eu le sort de la plupart des projets
soumis aux assemblées parlementaires ; il n'a été voté que grâce
à un certain nombre de transactions. En effet, depuis qu'il a été
réorganisé sous le ministère Ferry, le Conseil supérieur de
l'Instruction publique est un véritable Parlement au petit pied.
Les membres qui le composent sont tous nommés à l'élection.
Ils se recrutent, non plus comme autrefois, parmi les autorités
sociales, les représentants de l'armée, de la magistrature, du
clergé, mais uniquement dans le corps enseignant. Ce sont tous
gens de métier. Or, le propre du métier est d'exciter l'enthousiasme. Dès lors, il est aisé de prévoir comment les choses ont
dû se passer lorsqu'il fut question, pour la première fois, d'organiser les programmes du nouvel enseignement. Chacun a dû plai-
der sa cause, chacun a dû s'efforcer de se tailler la part du lion.
Le professeur de grammaire était pénétré de la haute importance
de son enseignement ; le professeur d'histoire ne voyait rien de
comparable à l'histoire ; le professeur de philosophie mettait au-
dessus de tout la philosophie. Et ainsi des autres (2). — De là,
l'extension démesurée des programmes, qui a donné lieu à de si
justes réclamations. Si la réforme, assez heureusement commencée
dans le domaine des lettres, n'a pas abouti à un meilleur résultat,
la faute en est surtout aux professeurs de sciences qui ont visi-
blement cherché à reprendre une partie de ce que leurs collègues
des lettres avaient généreusement abandonné.

En fait, les programmes ont été allégés, mais pas autant qu'ils
auraient pu et qu'ils auraient dû l'être. Les auteurs de la réforme

(1) *Revue internationale de l'enseignement*, 15 octobre 1897, p. 323.
(2) M. Faguet a dit, sur ce sujet, de bien jolies choses dans un discours
prononcé à la distribution des prix du collège Charlemagne : « Ne fît-
on que des épingles, il faut être enthousiaste de son métier, a dit un
moraliste anglais. Il a raison, Molière a une scène comique qui est la
plus touchante du monde . c'est celle où le maître à danser, le maître de
musique et le maître d'armes vantent à l'envi leur profession respective
et n'en voient aucune au monde qui puisse lui être comparée. Ils sont
dans le vrai. Ils sont profondément vénérables. Ils nous donnent
leçon. » (*Revue internationale de l'enseignement*, 15 octobre 1897,
p. 357.)

n'ont pas évité un autre écueil : la prématuration dans les études. Il suffit de jeter les yeux sur les matières du cours supérieur, 3e et 4e années, pour se convaincre que l'effort demandé dépasse de beaucoup ce qu'on peut attendre d'intelligences de jeunes filles n'ayant pas atteint leur complète maturité.

A la suite de cette vue d'ensemble sur l'allégement des programmes, le rapporteur, se tournant vers nos établissements libres, déclarait leur devoir tout tracé. Il convient qu'ils procèdent, eux aussi, à un sérieux examen de conscience et qu'ils se demandent si, dans leur désir de ne pas paraître inférieurs à leurs rivaux de l'enseignement officiel, ils n'ont pas trop concédé, dans les plans d'études, « à l'excessif et au prématuré ». Rappelant le concert de plaintes et de récriminations des familles sollicitant des réformes à opérer sous ce rapport, il montrait les doléances des mères, peu écoutées par les directrices de ces établissements ; on dit que leur tendresse s'exagère les inconvénients des « fortes études » auxquelles leurs filles sont astreintes, qu'il faut bien se tenir au courant du « progrès » moderne dans les choses de l'éducation. — Ce n'est pas le mot de progrès qu'il y a lieu de prononcer, en pareil cas, mais celui de déviation. Le progrès ici consiste à rebrousser chemin et à chercher la vraie direction. Nous verrons prochainement comment notre enseignement a trouvé cette vraie direction et comment nos adversaires eux-mêmes en font l'aveu.

Mais revenons aux conclusions de notre rapporteur de 1898. Nous nous y ralliions sans réserve, parce que nous en appréciions la haute portée pédagogique pour la période, déjà éloignée de nous, à laquelle elles s'appliquaient, et le véritable esprit de foi :

Prenons-y garde, en effet, ce dont quelques-unes d'entre nous tirent peut-être une petite fierté : l'originalité de leur maison, qui a ses programmes, ses méthodes, sa marque propre, pourrait bien devenir, pour toutes, un péril.

Nos programmes, dont on peut dire qu'il y en a autant que d'institutions, offrent quelque chose d'assez déconcertant et d'assez incommode, si on les compare à l'uniformité des programmes officiels. Lorsqu'une famille se déplace, change de ville, ou même de quartier à Paris, une jeune fille, qui suivait la deuxième ou la troisième année d'un lycée, est assurée de retrouver le même objet d'études dans la classe de deuxième ou de troisième année du nouveau lycée où elle entre. Pas de saut brusque d'un programme à un autre, donc pas de lacune, pas d'inutiles retours en arrière. D'ailleurs, dans nos collèges libres de garçons, les programmes sont unifiés. Il serait bien désirable qu'il en fût de même pour les institutions de jeunes filles ; que, partout, la même classe correspondît au même objet, que partout aussi on adoptât des noms identiques pour les désigner. Notre enseignement posséderait alors cette unité qui explique, en partie, la préférence accordée par certaines familles, même catholiques, à l'enseignement officiel.

Voici l'esprit dans lequel le comité s'est efforcé de réaliser ce plan d'études modèle, susceptible d'être proposé à l'ensemble des maisons chrétiennes d'éducation. Il a voulu tracer des cadres — plutôt qu'un plan détaillé — afin que chaque maison puisse les remplir, suivant son initiative propre : cadres assez souples pour qu'ils puissent être utilisés par des établissements de nature et de clientèle assez diverses, cadres assez larges toutefois pour que les éléments d'une culture complète, telle qu'il convient de la donner aujourd'hui aux jeunes filles de la bourgeoisie, puissent y trouver place.

A cet enseignement unifié dont il avait à tracer les cadres, il n'a pas craint de donner le titre de secondaire. Nous citons les raisons à l'appui, données par le rapporteur :

...On peut croire, en effet, que le moment approche où l'enseignement des jeunes filles (je ne parle pas, bien entendu, de l'enseignement populaire), où *l'enseignement des jeunes filles sera secondaire ou ne sera pas*. Si, comme le prévoit le projet Briand, la distinction du *secondaire* et du *primaire* est fondée sur la nature des matières enseignées, nos maisons, où l'on donne déjà une culture générale bien au-dessus de l'enseignement populaire, se verraient obligées, soit de redescendre au niveau de l'école communale, c'est-à-dire à celui d'une instruction trop évidemment insuffisante, soit de monter décidément au niveau de l'enseignement secondaire, tel qu'il plaira à l'État d'en tracer le programme.

En attendant, l'indétermination où se trouve notre enseignement peut nous permettre, si nous savons en profiter, de progresser et de préparer l'avenir. Mais nous avons des raisons plus hautes et d'un tout autre ordre à faire valoir en faveur de la culture secondaire des jeunes filles, et c'est d'abord un motif de noble, de légitime émulation. Nous devons tenir à honneur, nous catholiques, de donner à nos filles un enseignement égal en valeur à celui que leur offre l'Université.

Hé quoi, leur dirons-nous, vous étiez ou vous vous croyiez en possession des vraies traditions en matière d'éducation féminine! Vous les avez abandonnées, au moins en partie, il y a tantôt quinze ans, pour vous mettre à la remorque de l'Université et pour vous engager, à sa suite, dans une voie semée d'embûches et de périls. Aujourd'hui, l'Université reconnaît qu'elle fait fausse route ; elle revient en arrière.

Persisterez-vous dans votre erreur? Ce serait vous faire injure que de le supposer un seul instant. Donc, à l'œuvre, et sans retard. Ne faites plus du brevet officiel le régulateur des études. Vous recouvrerez ainsi la liberté de vos méthodes et de vos programmes, liberté précieuse entre toutes, dont vous n'auriez jamais dû vous dessaisir. Usez-en pour ramener à des proportions raisonnables la somme d'efforts qu'on est en droit de demander à des enfants, à des jeunes filles, qui traversent la crise, si souvent périlleuse, de leur formation physique.

Moins de leçons apprises par cœur, de ces leçons qui roulent sur des énumérations fastidieuses, lesquelles ne sont bonnes qu'à surcharger la mémoire, sans être d'aucune utilité pour le développement de l'intelligence. En revanche, plus d'explications verbales en classe, plus d'interrogations destinées à tenir le sens critique en éveil et à cultiver, chez les enfants, l'art qui leur sera le plus nécessaire, celui de penser et de raisonner juste. Dans le cours de littérature, tout ramener à la lecture, à haute voix, des bons auteurs, au commentaire et à l'explication des textes. Dans le cours d'histoire, dicter un résumé de quelques lignes à la fin de la leçon ramenée à une lecture et à une explication orale. Ce résumé sera la part de la mémoire, et l'on ne verra plus, comme cela s'est vu trop souvent, de pauvres enfants condamnées à apprendre une page d'histoire en deux minutes.

Vous n'aurez plus ainsi des dictionnaires vivants, les perroquets bien stylés, mais vous aurez chance de former de la sorte des femmes qui auront l'esprit curieux, ouvert sur les grands horizons intellectuels, des femmes qui auront, suivant le mot du docteur Fonssagrives, « les appétits distingués de l'intelligence ».

Surtout, cessez de poursuivre la chimère de l'instruction scientifique intégrale de la femme. Là est la grande et capitale erreur. Sans doute, elle a le droit de ne pas rester étrangère aux sciences, mais il suffira qu'elle les connaisse par leurs résultats. Quant à s'assimiler les méthodes qui conduisent aux grandes découvertes scientifiques, cela dépasse manifestement sa compétence, et cela est tout à fait en dehors du rôle qu'elle doit remplir dans la famille et dans la société. Car sa vocation essentielle est d'être épouse et mère, ne l'oublions pas. Tout système d'éducation pèche par la base, qui s'écarte de cette donnée-là.

... Au fond, ce que nous demandons, c'est le retour au vieux procédé de l'enseignement classique, lequel se proposait, comme on sait, moins l'acquisition de la science que la formation des facultés. Ce pauvre enseignement est bien malade, et c'est à peine si l'on peut en reconnaître quelques débris au milieu de la complication créée par tant d'examens nouveaux. Puisque le malheur du temps le veut ainsi, et que nos fils sont condamnés à se frayer une route vers les écoles spéciales en s'assujétissant à la loi des concours, reconnaissons du moins que nos filles sont plus libres et sachons profiter de cette liberté en leur donnant une culture appropriée à leurs vrais besoins intellectuels et moraux, une culture qui, sans hâte et sans excès, s'appliquera à orner leur esprit, à façonner leur jugement, à développer en elles le goût, le tact, l'imagination, la sensibilité, en un mot, tout ce qui est susceptible de donner de l'attrait, du relief et de la valeur à leur personnalité.

Nous ne parlons ici, bien entendu, que de leur éducation intellectuelle, étant sous-entendu que rien ne sera négligé d'autre part pour faire fructifier dans leurs âmes les semences d'une vraie et solide piété, sans laquelle il ne saurait y avoir de bonne formation morale. En marchant dans cette voie, nos maisons d'éducation religieuse sont assurées de la reconnaissance des familles. Elles resteront dans la grande tradition pédagogique dont Mgr Dupanloup, après Fénelon, a été l'éloquent interprète. De quel accent l'évêque d'Orléans, s'il vivait encore, ne flétrirait-il pas cet engouement pour les savantes russes, anglaises, américaines, qu'on propose à notre admiration ! Il nous semble l'entendre dire : « Regardez donc autour de vous et dans votre histoire. — Vous avez un type admirable, celui de la femme chrétienne et française. Ce type, gardez-le dans son intégrité, dans sa pureté, et n'allez pas chercher des exemples au-delà de nos frontières. Il y va de la conservation du génie même de notre race. »

En fait, nos établissements libres d'enseignement secondaire suivent actuellement, soit les programmes des lycées de garçons, soit les programmes des lycées de filles. Ils puisent leurs directoires d'études dans les revues pédagogiques, notamment dans l'*Enseignement chrétien* et dans la partie secondaire du journal *L'École*.

§ II. — Le plan d'études élaboré en 1911-1912 par le comité de l'enseignement secondaire et supérieur des jeunes filles.

On se propose, dans le présent paragraphe, d'exposer, appuyés sur des considérations qui les motivent, d'abord, le rapport présenté par M. l'abbé Prunel, président du comité, sur les principes généraux qui doivent régir le cours d'instruction religieuse dans les établissements libres d'enseignement secondaire des jeunes filles, puis, lui faisant naturellement suite, le projet de programme pour l'enseignement secondaire, présenté en 1912 par Mlle Teillard-Chambon, vice-présidente, au nom du comité d'enseignement féminin institué par la *Société générale d'Éducation et d'Enseignement.* A la suite de ce plan d'études, on examinera le rapport de Mlle Liégeois, membre du même comité, sur les examens les plus utiles à subir dans l'intérêt de l'enseignement libre. Des constatations de la supériorité de notre enseignement, relevées par des adversaires déclarés qui s'en font les apologistes involontaires, en attesteront, enfin, la supériorité.

Il y a là, croit-on, un solide faisceau de preuves de la vitalité et de la prospérité de l'enseignement secondaire libre des jeunes filles, en même temps que de solides raisons d'espérer cette marche en avant, à la conquête des intelligences et des âmes, pour laquelle les bons soldats du Christ reçoivent les bénédictions du Dieu des armées.

Sans insister sur l'importance capitale du cours d'instruction religieuse dans nos établissements, importance sur laquelle l'auditoire était pleinement d'accord, le rapporteur, entrant de suite dans son sujet, posa les questions suivantes :

1° Combien de temps convient-il de donner à l'enseignement religieux ?

2° Qui doit donner cet enseignement ?

3° Quelle méthode faut-il employer?

4° Quelle doit être la matière de cet enseignement?

Il est bien difficile de suivre en détail M. l'abbé Prunel dans l'exposé d'une matière à la fois aussi élevée et aussi peu accessible aux profanes. Le mieux nous paraît être d'en présenter au lecteur la physionomie d'ensemble, sauf à le renvoyer au texte même (1).

1° et 2° *Le temps à consacrer à l'instruction religieuse? — Qui devra faire ce cours? —* Réponses. L'instruction devra être donnée pendant toute la durée des études ; si donc la jeune fille reste en pension de douze à dix-huit ans, elle devra étudier la religion pendant ces six années, et le niveau de cette étude devra s'élever progressivement. Deux heures par semaine devront être consacrées à l'enseignement religieux ; ces deux heures d'enseignement oral devront être données par le prêtre ou, si son ministère trop chargé ne le permet pas, une heure par le prêtre, et une heure par les maîtresses de classe.

3° *La méthode.* — Le cours d'instruction religieuse devra être fait sous forme de classe ; un plan détaillé et uniforme, si possible, sera dressé pour les six années qui suivent la Première Communion solennelle. Ce plan comprendra tout l'enseignement religieux, et l'on veillera à éviter les lacunes importantes. Dans chaque diocèse, l'autorité épiscopale ou les directeurs diocésains de l'enseignement pourraient intervenir pour la rédaction du plan proposé.

4° *La matière de cet enseignement.* — Ce cours sera, avant tout, un exposé solide de la doctrine de l'Eglise et des différentes sciences qui s'y rattachent ; il devra être rendu attrayant et utile par les réponses données aux objections contemporaines, de façon à fournir aux jeunes filles, qui seront les femmes de demain, une arme bien trempée pour défendre la foi catholique.

---

(1) *Des principes généraux qui doiven   ir le cours d'instruction religieuse dans les établissements lib. s de jeunes filles.* Ce rapport a été publié *in extenso* dans le *Bulletin de la Société d'Education* du 1er-15 juillet 1913.

Suivent quelques applications pratiques, succinctement proposées par le rapporteur :

Une foule de bons ouvrages de vulgarisation ont paru récemment, et peut-être pourrait-on en mettre quelques-uns entre les mains des jeunes filles, sinon à titre de manuels, du moins à titre d'ouvrages à consulter. Pourquoi n'y aurait-il pas, dans la bibliothèque de chaque maison, quelques exemplaires de chacun de ces ouvrages qui leur serviraient à faire des devoirs personnels, des dissertations historiques, par exemple? Le manuel de M. Guiraud, *Histoire partiale, histoire vraie,* avec quelques autres, remplirait ce but ; et ces travaux contribueraient à leur formation littéraire, aussi bien qu'à leur formation religieuse.

J'ai parlé de manuels. N'y aurait il pas lieu d'adopter un manuel d'instruction religieuse dans chaque maison ? De l'enquête sommaire à laquelle je me suis livré, il résulte que, parmi les maisons d'éducation, les unes adoptent un manuel, les autres n'en adoptent pas. Il y a, sans doute, de bonnes raisons pour et contre. Je verrais à l'adoption d'un manuel cet avantage, que la jeune fille pourrait toujours s'y reporter comme à un ouvrage de fond, pour compléter le cours et y trouver la suite et l'enchaînement des questions.

Voilà, condensés en quelques propositions et débarrassés des objections auxquelles M. l'abbé Prunel fit une vigoureuse réfutation, les points principaux de ce rapport magistral qui méritait d'être présenté comme la lumineuse préface du projet de programme dont on va aborder l'analyse.

.
. .

Et d'abord, ce plan d'études, résultat des travaux du comité pendant l'année 1911-1912, répond à un véritable besoin de notre enseignement. Il nous faut un programme : une répartition raisonnée des matières d'enseignement entre les années d'études qui doivent parcourir le cycle, un plan qui ne néglige rien d'essentiel, qui donne à chacune des matières sa juste part, qui les distribue suivant une gradation conforme au développement de l'intelligence des enfants.

Or, ce plan manque encore à certains établissements d'éducation ; faute d'un programme bien défini, le zèle et le savoir d'excellentes maîtresses ne produisent pas

leur maximum d'effet, les efforts de chacune n'étant pas
coordonnés par une direction d'ensemble imprimée aux
études de la maison.

Que chaque maison ait donc un plan d'études raisonné,
ce serait déjà un grand bien, mais que toutes, ou presque
toutes, voulussent s'accorder pour adopter le même, au
moins dans ses grandes lignes, ce serait là l'idéal.

Mlle Teillard, qui fait des vœux pour l'unification des
programmes, l'observe avec délicatesse, dès le début de
son rapport au Congrès de l'enseignement libre (1) :
« Heureusement, la présence ici d'un grand nombre de
directrices et de professeurs de nos institutions de Paris
et de province, qui ont bien voulu répondre à notre
appel, nous présage que le temps de l'individualisme
sera bientôt passé, et que celui du groupement pour le
bien de la cause commune est commencé. »

Le danger de l'*inorganisation*, de l'absence de lien
entre les œuvres d'éducation qui concourent pourtant à
un même but, est utilement dénoncé :

Il est une autre raison pressante de donner à nos
programmes un caractère nettement secondaire : c'est la
supériorité du secondaire sur le primaire, comme valeur
éducative. Sans insister sur la différence des deux ordres
d'enseignement, rappelons la caractéristique de l'enseignement secondaire, énoncée par le rapport, et signa-
lons, à sa suite, le bienfait des humanités pour la culture des jeunes filles :

Il vise à former l'intelligence plutôt qu'à meubler la mémoire,
à donner au jeune homme, à la jeune fille, des connaissances plus
étendues, sans doute, mais surtout de bonnes habitudes d'esprit.
Le cycle des études constitue, avant tout, une *discipline intellectuelle*. Qu'il s'agisse de français, ou de latin, de littérature, d'histoire ou de sciences, ce sont toutes les facultés : sens de l'observation, attention, jugement, imagination et goût, qui se développent,
se fortifient, par le moyen de ces études, et la tâche du maître est
moins de charger ses élèves d'une érudition indigeste que de leur
fournir des cadres, où viendront se placer les idées et les faits que

(1) *Projet de programme pour l'enseignement secondaire des
jeunes filles*. Ce rapport a été publié *in-extenso* dans le *Bulletin de
la Société d'éducation* du 1er-15 juillet 1912.

la lecture et l'expérience de la vie leur donneront par la suite. Faire gagner leur intelligence en force, en souplesse, en étendue, en un mot, leur apprendre à penser, tel est proprement son objet.

Et c'est, tout à la fois, parce que son programme s'étend à toutes les connaissances auxquelles l'esprit d'un homme ou d'une femme cultivé ne peut rester étranger, et aussi parce qu'il est destiné à former en nous l'être pensant, et ce qu'il y a, par conséquent, de plus proprement humain, que l'on donne à cet enseignement le beau nom d'*humanités !*

Eh bien ! pourquoi ne pas faire participer nos jeunes filles au bienfait de cette éducation vraiment humaine ? Est-ce que déjà elles n'ont pas marqué leur désir de n'être pas tenues à l'écart de cette culture classique dont on vante plus que jamais la vertu, lorsqu'il s'agit de la formation des jeunes gens ? Oui, c'est un fait qu'aujourd'hui elles veulent aussi cette forte éducation intellectuelle, dont elles furent trop longtemps privées. Vous avez, toutes, pu constater, Mesdames, qu'un mouvement se dessine depuis quelques années parmi la jeunesse féminine, en faveur de ces études secondaires, et ce n'est pas pour une autre cause qu'elle se porte de préférence vers le baccalauréat, abandonnant de plus en plus l'indigeste brevet supérieur, qui était naguère le bâton de maréchal pour les meilleures élèves de nos pensionnats.

Reconnaissons que l'occasion est belle, il nous la faut saisir, et donner aux jeunes filles la culture qu'elles demandent, *qu'elles iraient chercher ailleurs que chez nous, si elles ne la trouvaient pas dans nos institutions libres.*

Le Comité a franchement déterminé son option pour les programmes de l'enseignement secondaire, on l'a vu. Dès lors, il se trouvait en présence du programme des lycées de jeunes filles et de celui des lycées de garçons ; il lui fallait choisir, et il n'a choisi... ni l'un ni l'autre. Le rapporteur rappelle nettement les raisons, pour l'enseignement libre, d'user de sa liberté ; il met en relief l'enseignement hybride sans latin, sans logique, sans rhétorique, distribué dans les lycées de filles qui ne reçoivent le latin, à titre facultatif, que dans leurs deux dernières classes, et il justifie très victorieusement le Comité d'avoir introduit des cours de latin dans ses programmes (1) :

(1) Le rapporteur observera avec intérêt la fermeté avec laquelle le Comité donne la main — en temps de guerre, il convient de dire : assure sa liaison — avec les vues si justes, avec les desiderata formulés par M. Mascarel en si parfaite connaissance de cause, dans les études analysées sous le paragraphe précédent.

Qui nous oblige, en effet, à faire un pâle décalque des programmes officiels ? Si notre enseignement s'intitule libre, usons de cette relative liberté, préservons notre originalité, en restant indépendants, dans une certaine mesure, de la pédagogie universitaire. De la sorte, nous pourrons mieux approprier notre enseignement à notre but. Or, les programmes des lycées de jeunes filles ont été dénommés secondaires, parce que l'État a voulu établir un pendant aux lycées de garçons ; mais leur contenu, en réalité, est tout différent. De l'aveu même des professeurs des lycées de jeunes filles, cet enseignement n'est pas nettement un enseignement secondaire, mais plutôt un compromis entre le secondaire et le primaire supérieur. On y enseigne un peu de tout, il est vrai : langue et littérature françaises, langues vivantes, sciences physiques et naturelles, mais il lui manque ce qui est à la base des études classiques des garçons, à savoir : les langues anciennes, le latin et le grec. Il est vrai qu'après coup, et depuis quelques années, le latin a été introduit, à titre facultatif, dans les deux dernières classes des lycées, et que bon nombre de jeunes filles s'y préparent au baccalauréat ; mais, loin de tenir une place d'honneur, le latin figure, pour ainsi dire, en marge des programmes.

Le latin ! s'il n'a pas déjà reçu droit de cité dans notre enseignement libre des filles, il y est au moins en grande faveur. L'on sait les plaisanteries faciles qu'a provoquées ce beau zèle féminin pour les aridités du thème et les pièges subtils de la version, surtout à l'heure où les jeunes gens délaissent si volontiers la langue de Virgile et de Cicéron.

Qu'importe, si par ailleurs les meilleurs esprits de notre temps, des hommes de toutes carrières et de tous partis ont reconnu le danger que court notre jeunesse masculine à négliger les fortes études latines ! Qu'importe, si aujourd'hui de toutes parts on réclame un retour à la vraie culture classique (1), *avec* et *par le latin*, « sans laquelle, a-t-on dit, c'en est fait de la beauté du génie français ! » Cette langue, mère de la nôtre, clef de toute une littérature, dont la nôtre est issue, constitue pour l'esprit une dis-

(1) D'autre part, nous relevons, dans une conférence, déjà citée, de Mᵐᵉ Daniélou, des critiques contre le programme des lycées de filles et un plaidoyer en faveur de la culture classique, intéressants à rapprocher, parce qu'ils font remarquablement écho aux idées du Comité. L'intelligence y est prodigieusement excitée, mais on ne lui fournit ni principes, ni méthodes sûres. Deux mondes sont fermés à la lycéenne : l'antiquité classique (qu'elle ne connaît qu'indirectement, donc superficiellement) et le domaine infiniment riche de la pensée catholique, sur lequel un immense silence est fait. A quoi se prend son jeune enthousiasme ? Aux étrangers, aux modernes, à Emerson, à William James, Renan, Maupassant même, récemment mis au programme de Sèvres. Nourriture peu substantielle et peu saine pour de petites Françaises demeurées avides d'une vérité solide et d'un idéal clair.

On le sent, d'ailleurs, dans les milieux universitaires où règne un véritable malaise. Les professeurs des lycées de filles réclament, en

cipline incomparable ! L'étudier, c'est apprendre, à cause de sa souveraine clarté, l'art de conduire et d'exprimer sa pensée, et c'est aussi pouvoir s'abreuver aux pures sources de la beauté antique.

L'étude du latin donnerait donc à l'esprit féminin un peu de la vigueur, de la précision qui lui manquent, et le fortifierait en le nourrissant d'une forte substance.

D'ailleurs, on l'a fait remarquer, ce ne serait qu'un retour aux meilleures traditions d'autrefois, du temps où Mme de Sévigné lisait Tacite « dans la majesté du texte », où plus d'une femme s'est révélée, lorsqu'elle s'est avisée d'écrire, presque l'égale des maîtres de notre langue, parce qu'elle avait puisé dans les lettres latines la grâce aisée, l'élégante fermeté de son style.

Une raison encore milite pour l'introduction du latin dans les études des jeunes filles catholiques, c'est qu'il est la langue de l'Eglise. Quels profits les femmes chrétiennes ne trouveraient-elles pas pour leur foi, quel aliment pour leur piété, à posséder l'intelligence de notre liturgie, à s'associer d'esprit, autant que de cœur, aux offices de l'Eglise !

Enfin, futures mères de famille, elles pourraient suivre de plus près, et plus longtemps, les études de leurs fils. Le charmant tableau que celui d'une jeune mère penchée sur l'épaule du garçonnet qui revient du collège et qui affronte pour la première fois les difficultés de l'*Epitome* ou du *De Viris !* Bravement, elle s'essaye la courageuse petite maman qui vient d'apprendre ses décli-

grand nombre, l'orientation des études vers le baccalauréat, l'unification du programme des lycées de filles et de celui des lycées de garçons.

Ce qui est à craindre est bien plutôt cet enseignement primaire, tout de faits et de formules, dans lequel nous maintenons nos filles jusqu'à dix-huit ans, en leur faisant préparer, par exemple, le brevet supérieur, destiné primitivement aux seules institutrices d'écoles communales, et devenu la sanction des éducations les plus distinguées. Cela est vraiment peu rationnel, et, si l'on s'accorde à définir l'enseignement secondaire classique par sa valeur éducative, on ne peut refuser aux jeunes filles le bénéfice de cette formation. Pensez-vous qu'il soit un ordre quelconque d'activité dans lequel cela puisse nuire d'avoir de la méthode, de la justesse de vue, de la finesse de pénétration ?

Seule, la culture classique nous défendra contre l'envahissement des imaginations étrangères, de la folie de Nietzsche ou d'Ibsen. Seule, elle conservera ce type de femme à l'intelligence claire et droite, capable de s'intéresser aux idées les plus élevées, de goûter les formes d'art les plus complexes, qui a longtemps été celui de la femme française. Nous ne sommes pas d'un pays où la femme se confine au boudoir ou à l'office, mais où sa douce influence rayonne dans la vie sociale et dans le monde des idées ; on peut le déclarer sans ombre de féminisme. C'est la vraie tradition française.

L'Ecole Normale libre et l'Enseignement des jeunes filles. (Conférence faite par Mme Daniélou à l'Assemblée générale des amis de l'Ecole Normale libre, le 29 juin 1912).

naisons pour les faire réciter à son fils, elle s'essaye à le tirer d'un passage obscur, mais bientôt elle doit l'abandonner à ses propres forces, en face de ces terribles textes dont elle n'a pas la clef. Tandis que celle qui aura fait ses classes de latin reprendra pour son fils ses versions de jadis, et dans ce travail à deux qui ôtera pour l'écolier presque toute son aridité à la tâche, elle gardera pour elle, avec l'esprit confiant, l'âme tout entière de son fils.

Voilà, Mesdames et Messieurs, pourquoi nous avons cru devoir introduire des cours de latin dans nos programmes.

Le rapporteur s'attache ensuite à réfuter plusieurs objections qui peuvent être ramenées à ces termes :

1° Mais alors, vous adoptez les programmes des lycées de garçons !

2° Mais cet enseignement, que vous voulez très désintéressé et vraiment féminin, dépourvu désormais de sanction, ne mènera plus à rien, puisque vous abandonnez les programmes et les examens officiels ! Vous allez perdre la clientèle des familles, attachées à ce brevet élémentaire qui est la conclusion des études de leurs filles.

3° Et le danger du pédantisme, qu'en faites-vous ?

La réfutation, faite par le rapporteur, est tellement alerte et précise que nous la reproduisons *in extenso*, assuré que personne ne nous reprochera, ici, l'abus des citations.

Première objection. — R. Pas tout à fait. Nous tenons à rester libres à l'égard de ces programmes et à conserver un caractère *féminin* à notre enseignement. Ce n'est pas à l'heure où les programmes des garçons vont être mis à la refonte qu'il serait opportun de les adopter intégralement ; on leur reproche, avec assez de raison à ce qu'il paraît, d'être surchargés, de spécialiser trop tôt les é... es. On dénonce l'empiètement prématuré des sciences sur les lettres.

Or, la surcharge des programmes serait encore plus à craindre pour les filles que pour les garçons, car le surmenage en résulterait encore plus certainement. Nous n'avons que faire, d'autre part, de la spécialisation, et les quatre cycles compliqueraient inutilement nos programmes.

Si les jeunes filles doivent se spécialiser, hors les cas exceptionnels, c'est dans la culture littéraire, plus en rapport avec la nature de leur esprit et leur destinée sociale. Les lettres, outre qu'elles sont pour tous l'instrument par excellence de la culture générale, sont si convenables au génie féminin ! Elles développeront sa finesse et son goût, son sens de l'observation morale, nourriront son imagination sans l'exalter, satisferont son besoin d'art et, par là, lui prépareront pour toute la vie ces jouissances que la lecture, les voyages, la conversation, donnent aux intelligences cultivées.

Et, puisque la destinée normale de la jeune fille, c'est le mariage, la vie de famille et de société, elles prépareront en elle la vraie compagne de l'homme, capable de s'associer à sa vie intellectuelle, la femme qui saura mettre un intérêt élevé dans les relations sociales.

A notre époque utilitaire, où les hommes sont obligés de se spécialiser chacun dans son métier, ou dans son département de la science, le goût des idées générales se perd, a-t-on dit. Quel beau rôle serait départi aux femmes, si elles pouvaient être, dans les temps qui s'annoncent, les « conservatrices des idées générales », selon l'expression d'un de nos contemporains ; si elles étaient les gardiennes de cette petite flamme inextinguible : le culte du beau, qui empêcherait les hommes de s'absorber dans l'unique préoccupation de l'utile !

Loin de nous pourtant la pensée de négliger la culture scientifique : elle doit avoir sa place, surtout de nos jours, dans toute instruction complète. Les mathématiques, maîtresses de logique et de probité d'esprit, les sciences physiques et naturelles, qui nous assujettissent aux faits, nous donnent le sens du réel, ont aussi leur valeur éducative, et permettent aux jeunes filles de suivre, au moins dans ses grandes lignes, le progrès des découvertes de notre époque, leurs multiples applications à l'industrie.

Ajoutons seulement que, voulant un programme très féminin, nous faisons une large place à ce qu'on appelait jadis les ouvrages de la main, et à toutes les notions qui serviraient de base à un enseignement ménager post-scolaire, l'enseignement ménager comprenant toute une formation spéciale qui ne peut être donnée au cours même des études, mais devrait les compléter nécessairement. Enfin, il faut prévoir et réserver le temps qui revient à la culture des arts.

Deuxième objection. — Il nous est facile de répondre : n'excluez pas le brevet élémentaire, mais renoncez à modeler tout votre plan d'études sur son programme. Rien n'empêchera vos élèves ayant fait de bonnes études secondaires — qui peut le plus peut le moins — de faire, pendant leur seizième année, une revision des matières du brevet et de passer leur examen ; voilà pour les moins ambitieuses. Les autres, qui voudront acquérir un diplôme de plus haute valeur, soit en vue d'une carrière : droit, médecine, enseignement, soit pour donner un couronnement à leurs études, feront beaucoup mieux, au lieu de se préparer au brevet supérieur, de se diriger vers le baccalauréat : ce qu'elles pourront faire aisément, car nos programmes sont modelés, pour les deux dernières années d'études, sur le programme du baccalauréat latin-langues.

Enfin (et je parle ici, non plus des enfants de la petite bourgeoisie qui n'est que prévoyante en voulant munir ses enfants d'un
diplôme utilisable un jour, mais des classes plus riches de la
société où souvent le brevet ne représentait qu'un luxe assez vain),
un bon nombre de jeunes filles n'ont pas besoin de diplôme; c'est
à elles qu'il faudrait proposer cet enseignement désintéressé, sans
hâte, ni préoccupation de but à atteindre. Dès lors, cesserait cette
course aux parchemins (brevets ou bachots, peu importe) qui
enfièvre nos classes et ne permet plus aux élèves, ni aux maîtresses, de jouir de ce qu'elles apprennent ou de ce qu'elles enseignent. Pour qui seraient donc faites « les routes ombragées et
doux fleurantes » de la pédagogie idéale, telle que la concevait
Montaigne, si ce n'est pour des jeunes filles ?

C'est affaire, je le sais, de mesure et de tact. Telles d'entre vous,
Mesdames, nous diront que les élèves ne travaillent pas, si elles
ne sont pas stimulées par un but à atteindre, et cela est vrai fort
souvent. Il semble, pourtant, qu'on puisse faire prévaloir chez les
parents et chez les enfants des vues plus larges, et peut-être aussi
ces dernières trouveront-elles, dans un enseignement plus vivant
et plus intéressant à tous les degrés, un attrait supérieur à celui
du brevet, cette gloriole qui couronne leur seizième année.

Troisième objection. — Non, de grâce, ne faisons pas place à ce
spectre dans une discussion sérieuse. Le baccalauréat, les études
classiques, sont-ce là de tels sommets qu'une tête féminine puisse
être prise de vertige ? Et puis, nous nous refusons à admettre que
le savoir engendre la vanité, plus que ne l'ont fait de tout temps
l'ignorance et la sottise. S'il fallait nous rassurer, songeons que la
plus haute autorité que nous reconnaissons est pour nous : de
grands évêques, Fénelon tout le premier, Mgr Dupanloup,
Mgr d'Hulst et tant d'autres, qui continuent leurs traditions, ont
exorcisé le fantôme ; et que d'hommes ou de femmes d'esprit ont
achevé de le mettre en déroute par des traits aussi justes que
malicieux ! Aujourd'hui, ce n'est pas en imaginant de nouvelles
réponses à Chrysale que nous vaincrons les attardés, ce sera *en
agissant*, je veux dire en formant des femmes qui recommandent
le savoir, par la bonne grâce et le tact dont il s'embellira chez elles.

Après la réfutation de ces objections, le rapporteur
conclut, comme on doit s'y attendre, en donnant la note
chrétienne.

Il ne suffirait pas que notre enseignement fût secondaire, libre et féminin, s'il n'était, par-dessus tout,
chrétien. Nous en sommes toutes convaincues. Il faut
placer très haut notre idéal en fait d'instruction chrétienne,

d'autant plus haut que nous prétendons relever le niveau des études. S'il en était autrement, il y aurait rupture d'équilibre entre les connaissances religieuses et les connaissances profanes, au désavantage des premières. Quel péril alors pour la foi de cette jeunesse !

La crainte de voir les femmes plus instruites délaisser leurs croyances a fait bien des ennemis à la cause du savoir féminin. Or, c'est dans nos programmes, d'abord, que nous marquerons l'importance que nous attachons à l'instruction religieuse, en lui faisant une place d'honneur. Nous témoignerons ainsi que nous voulons, avant tout, servir le Christ dans les âmes, et, tandis que d'autres prétendent faire l'œuvre de « l'esprit laïque », nous ferons, nous, l'œuvre de l'Eglise, en faisant circuler une sève chrétienne dans tout notre enseignement.

Mais ce serait peu que de tracer des programmes d'instruction religieuse, et même de les remplir. L'instruction religieuse, ce n'est pas une classe comme les autres, une leçon seulement à apprendre. Il ne faudrait pas que nos élèves, se rappelant l'éducation reçue dans nos pensionnats, fassent un jour cette réflexion mélancolique que M. René Bazin prête à l'un de ses héros, évoquant ses souvenirs d'adolescent : « Oui, dit-il, j'ai été préparé chrétiennement à mon baccalauréat. » Ce n'est pas de faire des bachelières, ou même des femmes instruites, qu'il s'agit pour nous, mais des *chrétiennes* d'une foi vivace et rayonnante. C'est toute une formation religieuse, lente et suivie, qui est nécessaire, fallût-il pour cela alléger les programmes, réduire les heures de classe, car il servirait de peu que nos élèves aient une connaissance exacte de la religion, qu'elles aient même suivi un cours d'apologétique, si ce qu'on leur fait connaître, on ne leur fait pas goûter, si ce qu'on leur enseigne à croire, on ne leur fait pas aimer. Et le mot admirable de Bossuet, si applicable à toute science : « Malheur à la connaissance stérile qui ne se tourne pas à aimer », peut être médité avec profit, lorsqu'il s'agit de la science par excellence : la science religieuse.

Tout ce qui précède est le préambule du projet de programme que M⁣ˡˡᵉ Teillard propose aux maîtresses, aux *animatrices*, à celles qui, dit-elle avec une éloquence toute chrétienne, « mettent leur âme dans leur parole pour en faire vivre d'autres âmes ».

En raison de son étendue, nous renvoyons à la fin de cet ouvrage — Annexe A — le projet de programme, accompagné d'observations qui font corps avec lui, et qui portent sur l'étendue des programmes et le surmenage qui pourrait en résulter.

Voici les vœux qui terminent le rapport :

1° Que les institutions libres de jeunes filles tendent à adopter un plan d'études uniforme.

2° Qu'elles cherchent à faire prévaloir la *culture secondaire* sur l'instruction strictement primaire, particulièrement par :

L'introduction du latin, au moins à titre facultatif;

Des langues vivantes, au moins une obligatoire, dans toutes les classes ;

De l'histoire et de la géographie générales, de la littérature française, dans toutes les classes, à partir de l'âge de 12 ans.

3° Que, dans les grandes villes, s'organisent des maisons donnant la culture secondaire intégrale, avec ou sans préparation au baccalauréat, en vue de former une élite intellectuelle féminine dont notre société catholique reconnaît le besoin.

***

Dans la même séance, Mlle Liégeois, agrégée de l'Université, à cette époque directrice des études de l'*Ecole Normale libre*, présenta un rapport (1) sur les conditions de préparation aux divers grades supérieurs qui peuvent être exigés, par la suite, des professeurs de l'enseignement libre féminin : professorat des Ecoles Normales pour l'enseignement primaire supérieur; certificat d'aptitude à l'enseignement secondaire des jeunes filles ; licences de Sorbonne pour l'enseignement secondaire.

Elle rappela que l'enseignement féminin est, depuis quelques années, menacé par les projets Briand-Massé, Doumergue, Steeg et Guist'hau. Aucun d'eux ne s'est encore transformé en loi, mais il y a tout à craindre pour l'avenir. Que faut-il faire, dit-elle, pour éviter de voir nos maisons désertées? — Nous préparer à toute éventualité.

Le caractère strictement pédagogique de ce rapport, qui met exactement au point un sujet aussi important,

(1) *La détermination des examens susceptibles d'être le plus utiles pour l'enseignement des jeunes filles.* Ce rapport a été publié in extenso dans le *Bulletin de la Société d'Education* du 1er-15 juillet 1912. Nous renvoyons souvent le lecteur à son texte.

non mpose le devoir de renvoyer souvent le lecteur au texte même. Nous n'en pouvons donc exposer ici que le mouvement général.

Les enfants de la bourgeoisie, dont on s'occupe ici, voulant pousser leurs études jusqu'à la conquête du brevet supérieur, la mode du baccalauréat n'ayant pas encore gagné toutes nos provinces françaises, la conquête du brevet supérieur devient essentielle, dans nos maisons qui ne seraient pas déclarées d'enseignement secondaire, mais qui devraient l'être d'enseignement primaire supérieur, pour les professeurs des classes élémentaires, lesquels font la force et la tradition de ces établissements. En conséquence, le rapporteur conseille très judicieusement aux directrices de donner quelques heures de liberté par semaine à leurs jeunes maîtresses, afin que celles-ci puissent se préparer de loin à l'acquisition du brevet supérieur et se réserver une dernière année de préparation spéciale. Elles éviteraient ainsi des échecs répétés, qui ne pourraient que les décourager.

Le rapport aborde ensuite la question des examens plus élevés.

Le *professorat des Ecoles Normales,* dit de sortie de Fontenay, est un concours, sinon en droit, du moins en fait. Pour s'y présenter, il faut avoir soit le brevet supérieur, soit le baccalauréat, soit le diplôme de fin d'études. Le programme, tant littéraire que scientifique, est des plus vastes et ne peut être préparé par un travail exclusivement personnel : il ne faut pas perdre de vue que les Fontenaisiennes passent trois ans à l'école et ont les meilleurs professeurs. La formation générale que suppose un tel programme ne peut avoir été donnée par le brevet supérieur. Les baccalauréats latin-langues, philosophie ou mathématiques, y orientent plus directement.

Le rapport insiste un peu longuement sur le professorat des Ecoles Normales (1), parce que, par son

---

(1) Il convient de consigner ici cette observation, énoncée dans la conférence, déjà citée, p. 70, de Mᵐᵉ Daniélou, sur la haute importance de ce diplôme :

« Si l'on veut, dans une région, dans un diocèse, s'organiser *pour*

caractère d'examen et son programme, il semble des plus faciles à préparer, et qu'il induit ainsi les jeunes personnes en tentation de s'y engager sans se rendre suffisamment compte du travail préalable qu'il exige.

Le *certificat d'aptitude à l'enseignement secondaire*, appelé encore licence des femmes, a été l'objet, en 1911, d'un remaniement complet qui semble laisser place à l'arbitraire. Il faut l'avoir vu fonctionner, avant de pouvoir donner des renseignements rigoureusement exacts. Ce certificat — nouveau régime — aurait l'avantage de ne pas mettre des jeunes filles n'ayant que le brevet supérieur, directement aux prises avec les difficultés d'un examen d'enseignement supérieur. Il leur impose une sorte d'initiation à la méthode secondaire par l'obligation de préparer le concours d'admission à l'Ecole Normale supérieure de Sèvres. Ce premier concours porte sur un programme annuel, assez limité pour être l'objet d'une préparation sérieuse, assez d'ensemble cependant pour que la candidate puisse être appréciée plus par ses qualités d'esprit et de méthode que par son érudition. Seulement, il semble renfermer un arbitraire qui pourrait en rendre l'accès impossible à nos élèves de l'enseignement libre, puisqu'aux formalités habituelles s'ajoutent : 1° Une déclaration avant le concours, indiquant si l'aspirante se destine à l'Ecole Normale de Sèvres ou à l'enseignement libre ; 2° la nécessité d'une autorisation ministérielle pour être admise à prendre part au concours.

La voie la plus sûre pour le recrutement de l'enseignement secondaire libre serait, dès lors, la voie des

l'avenir, une seule chose est pratique : choisir un ou plusieurs sujets d'élite et leur faciliter quelques années d'études ; puis, faire une école normale primaire qui soit une pépinière d'institutrices pour la région. Ne laissez pas fonder ces écoles normales primaires sans avoir une ou deux maîtresses munies du Professorat des Ecoles Normales. Vous ne ferez pas sans cela une œuvre durable, à cause des exigences du Gouvernement ; surtout, vous ne ferez pas une œuvre sincère, car on n'improvise pas un tel rôle. Vous ferez des façades d'écoles normales, des écoles normales sur le papier, non des œuvres de qualité vrais dans les moindres détails, comme il est le seul digne de nous, catholiques, d'en promouvoir. »

licences de Sorbonne. Inférieures peut-être au certificat pour la formation pédagogique des futurs professeurs, ces licences offrent l'avantage d'être vraiment des examens et d'avoir deux sessions annuelles. Le rapport signale les licences d'enseignement, les seules qui puissent permettre de diriger une maison d'éducation ou d'y professer (1).

La condition préalable à la préparation de ces licences d'enseignement, c'est la possession d'un des baccalauréats de l'enseignement secondaire — mention mathématique ou philosophie — baccalauréat qui ne peut pas, jusqu'ici, être remplacé par une des équivalences admises.

Le rapporteur, qui a dénoncé l'individualisme un peu craintif, peut-être même un peu ombrageux parfois, de l'enseignement libre féminin, insiste, en terminant, sur la nécessité absolue de préparer d'avance un personnel d'élite, capable de lutter contre la concurrence officielle. Si les lois ne sont pas votées, elles ne sont pas rapportées. Il ne faut pas s'endormir dans une fâcheuse sécurité. Il importe de sauver l'enseignement féminin du dédain de ses adversaires.

Cette partie de la conclusion du solide rapport de Mlle Liégeois mérite d'être intégralement reproduite :

Il faut que les maîtresses de vos classes primaires, non pourvues du brevet supérieur, songent à le préparer dès maintenant ; et que les maîtresses plus jeunes ou plus entraînées s'apprêtent à courir à nouveau la carrière des études et des examens.

Pour ces dernières, la question n'est même pas tant, à l'heure présente, de faire un choix entre les divers grades supérieurs que nous étudierons tout à l'heure, que de décider fermement si elles veulent, ou non, acquérir un grade supérieur. La question est vraiment là, parce que, pour l'acquisition de ces grades, il ne s'agit pas de poursuivre ses études, il faut les *recommencer*.

Le brevet supérieur, il ne faut pas craindre de le dire hardiment, ne peut être considéré comme une préparation même lointaine à ces grades d'ordre supérieur.

(1) Ces licences sont de deux sortes : les licences de lettres et les certificats de sciences. La disproportion exorbitante entre le nombre des candidates à concourir et le nombre des admissions a découragé plus d'un sujet d'élite, et, dans ces dernières années, on a constaté un mouvement très accentué des femmes vers les licences masculines.

.C'est le baccalauréat seul, comme nous avons eu l'occasion de le marquer à deux reprises, en parlant du professorat des lettres et du professorat des sciences, qui, par ses méthodes d'enseignement et les matières de son programme, en est la préparation rationnelle.

C'est donc lui qu'il faudrait d'abord conseiller de préparer — et je parle d'une préparation sérieuse et complète — aux jeunes professeurs que l'on veut former pour nos maisons. Outre qu'il assurera à celles que des raisons personnelles empêcheraient d'aller jusqu'au bout, une sanction des études déjà entreprises, le baccalauréat a l'avantage d'être le Sésame qui ouvre indifféremment toutes les portes de l'enseignement supérieur ; et cela a une valeur particulière, quand on a affaire à la fois à des examens et à des concours. Bachelières, nos jeunes filles pourront aborder avec une même assurance de succès, selon les maisons auxquelles elles se destineront, le professorat des Ecoles Normales ou les licences de Sorbonne, et même le certificat de Sèvres, si une application libérale du décret du 3 août nous permettait de l'affronter, à armes égales, avec des concurrentes universitaires.

Mais qu'en abordant ces études, elles ne se leurrent pas de vains espoirs. — Pour réussir, il ne faut pas seulement de l'intelligence et du courage, il faut aussi *du temps :* trois ans pour le baccalauréat, deux ou trois ans pour le professorat ou la licence sont à prévoir, dans des conditions normales. En cela, ne vous croyez pas plus mal partagées que vos collègues de l'enseignement public. Après le brevet supérieur, passé en 2e année des Ecoles Normales primaires, elles font une 3e année d'Ecole Normale · une ou deux années de sections hors cadre (années spéciales des Ecoles Normales primaires préparatoires à Fontenay) ; — deux ans à Fontenay. Ce qui fait un total minimum de cinq années, et l'on connaît des Fontenaisiennes, qui ont passé trois ou quatre fois le professorat avant de réussir.

Même si l'avenir devait donner raison aux optimistes, si la menace gouvernementale s'évanouissait et qu'on ne nous demandât plus rien, ce gros effet ne serait pas, pour cela, à redouter ; bien au contraire. Si le Gouvernement renonce à ses projets sur l'enseignement libre, croyez bien que ce sera dans la seule crainte que nous valions plus. Une réflexion d'aspirante officielle, entendue, il y a deux ans, rue Gay-Lussac, m'a éclairé à ce sujet : « Des membres de l'enseignement libre passant le professorat, s'écriait cette maîtresse d'école primaire supérieure de province, le Gouvernement devrait le leur interdire ; si elles ont les mêmes grades que nous, nous n'aurons plus d'élèves. » Quand il n'y en aurait pas d'autres, voilà, pour nous, une excellente raison de le rechercher. Et puis, entre nous, l'enseignement libre des jeunes filles souffre encore parfois du souvenir des lettres d'obédience ; ces grades officiels, sans rien lui faire perdre de ses traditions chrétiennes et de sa valeur éducative, lui assureraient une supériorité intellectuelle qui le délivrerait enfin du dédain facile de ses adversaires.

s ec ipser.

La *Revue Universitaire* — un sage ennemi, qu'il fait bon consulter — se livre à des aveux, tantôt dépouillés d'artifice, tantôt où perce le dépit, qui sont, tous, assez réjouissants et très instructifs. Qu'on en juge par ceux que nous relevons ci-dessous, dans de récentes livraisons.

Nous trouvons la première manière, le franc aveu, dans un compendieux article suscité par l'enquête sur les conditions dans lesquelles la morale était enseignée dans les classes de quatrième et de troisième et sur les résultats obtenus. L'article est présenté par un témoin qui se déclare à décharge (1).

Devant la Commission d'enquête qui élabora les principes essentiels des réformes de 1902, M. Payot disait (t. II, p. 639) : « Une des raisons de la crise incontestable chez la jeunesse actuelle, qui manque évidemment de direction, c'est que les enfants ne reçoivent pas, dès le lycée, les grandes idées directrices qui devraient les dominer. Cela tient à ce que trop de professeurs n'ont pas eux-mêmes des idées très nettes à ce sujet ; ils n'ont pas aussi reçu l'enseignement pédagogique et civique qui leur dirait quel est le rôle de l'Université dans la France républicaine d'aujourd'hui. »

Et M. Péquignat disait, d'autre part (*Ibid.*, p. 419) : « *Les maisons religieuses ont sur nous l'avantage d'enseigner au moins la morale d'une religion* (2) ; nous, nous n'enseignons même pas

(1) *Pour le maintien du cours de morale sociale.* Article de M. J. Vaillant, professeur au lycée d'Amiens, publié par la *Revue Universitaire* du 15 avril 1914.

(2) Dans la Conférence, plusieurs fois citée au cours de cet ouvrage, Mme Daniélou présente ces considérations, extrêmement justes, sur la stérilité de l'idéal proposé, pour remplacer la morale catholique, aux maîtresses des lycées de filles :

« A la place de la morale catholique, que propose-t-on ? M. Ernest Lavisse, s'adressant aux professeurs-femmes des lycées de filles, leur disait : « Vous savez bien dans quel sens va le monde. Votre devoir est d'orienter les jeunes âmes vers cet *ordre nouveau des choses*, qu'aucune puissance du monde ne saurait arrêter... La France (pour

La seconde manière, entortillée, mais toute fielleuse et dépitée, s'accuse dans un article sur le diplôme de fin d'études pour les cours secondaires (1) :

trouver les lois de la société démocratique) a besoin du travail de tous ses enfants. Le temps est passé, où nous pouvions nous donner le luxe de dédaigner l'aide d'une moitié de la France. » Le voilà, dans tou son vague grandiose, l'idéal proposé. On veut faire de ces jeunes filles, élite intellectuelle, les apôtres de la cité moderne, de cette cité qui, tout en inscrivant sur ses murailles la fraternité et la solidarité, est bie., dans son fond, une cité individualiste. Le christianisme (il y a long temps que Brunetière l'a remarqué) travaille, par l'individu, au bien de l'ensemble ; il vise à la réalisation d'un ordre beaucoup plus grand que chacun d'entre nous. Le Bien, c'est de rentrer dans cet ordre : « J'ai choisi d'être petit, mais dans la maison de mon Dieu. » Le socialisme, lui, travaille, par l'organisation de la société, au bien-être de l'individu, pris comme fin. Être soi-même, vivre sa vie, voilà la formule égoïste en quoi se précisent tous ses rêves ; et c'est un mot qui vient souvent sur les lèvres de jeunes filles qui, si elles descendaient au fond de leur conscience de chrétienne, ou même, simplement, de leur cœur de femme, n'y trouveraient que la loi du renoncement et la grandeur du service. Devant ces enfants, qui entrent au lycée ou à Sèvres avec des âmes encore droites et qu'on dépouille si violemment de leurs croyances et de leurs traditions, pour leur enseigner à la place de si misérables doctrines, je ne puis m'empêcher de penser à ceux que condamne l'Evangile, parce qu'ils ont donné des pierres aux petits enfants qui demandaient du pain. »

(1) *Le diplôme de fin d'études.* Article de Mme J. Anglès, professeur aux cours secondaires de Rodez, publié par la *Revue Universitaire* du 15 mai 1914.

dont l'éducation a été pour la plupart conventuelle, révèrent cette science qui ne leur fut point donnée. Ce sont elles, surtout, qui ont le respect profond des brevets, qui pour elles sont tous supérieurs, du diplôme de fin d'études, du baccalauréat surtout. C'est un panache ajouté à la grâce et à la dot de leur fille. Ce sont des triomphes dont se pare leur nullité ou leur futilité. Cette clientèle « arriviste » par accident, — mais qui tend à le devenir de plus en plus, et qui s'accroît chaque jour — n'en est pas moins une clientèle assurée.

... Quant aux cours secondaires, il y en a qui ont jusqu'à vingt-cinq ans d'existence et qui ont eu jusqu'à deux cents élèves ; de quoi vivent-ils ? — Ils vivent d'une clientèle de hasard. Placés ordinairement dans de petites préfectures, ou dans de grosses sous-préfectures, il y a une chose certaine, c'est qu'ils n'ont pas la clientèle qu'ils devraient avoir. Ce sont les « Pensionnats » qui ont la bourgeoisie — toute la bourgeoisie, et les filles de fonctionnaires qui se piquent de distinction.

Enfin, la même livraison, dans son *Bulletin de l'enseignement secondaire des jeunes filles* (1), signale l'adaptation d'un programme féminin adapté à la vie moderne, sans négliger le classique, et la présente comme un exemple donné par l'enseignement libre à l'enseignement public, qui réclame vainement, depuis des années, au Ministère de l'Instruction publique, cette adaptation. Sous la rubrique : *Enseignement privé et enseignement public*, elle en prend occasion pour citer l'*École Normale catholique de la rue de Sèvres*, l'*Université libre des jeunes filles*, l'*Enseignement chrétien* et jusqu'à la *Société générale d'éducation et d'enseignement* elle-même :

Nous avons, ici même, souvent rapporté et donné à méditer quelques exemples donnés par l'enseignement privé à l'enseignement public, surtout en matière d'éducation féminine. Nous trouvons avec plaisir aujourd'hui la plupart de ces exemples et quelques autres rassemblés par l'*Enseignement secondaire*, en son numéro du 15 avril 1914, et cela dans le même esprit que par nous-même. Après avoir rappelé la vieille *Association pour l'enseignement secondaire des jeunes filles*, M. H. Bernès cite ce groupement d'hier, *Association pour la préparation des jeunes filles aux études supérieures*, puis l'*École Normale catholique de la rue de Sèvres* et l'*Université libre des jeunes filles*, dont nous

<hr>

avons déjà parlé. Enfin, il nous montre que ce que l'on demande depuis des années au Ministère de l'Instruction publique, à savoir un programme féminin adapté à la vie moderne, sans négliger le classique, a été réalisé par... l'importante association catholique : la *Société générale d'éducation et d'enseignement*... Il y a même une Revue : l'*Enseignement chrétien*, qui consacre depuis deux ans ses efforts à donner des directions pour l'application de ce programme.

Il nous est particulièrement agréable que M. H. Bernès, dont on connaît à la fois l'autorité et la modération, dise très nettement : « L'enseignement secondaire public des jeunes filles, malgré les vœux exprimés par un certain nombre de ses professeurs, met, il faut bien en convenir, peu de hâte et peu de décision dans l'effort devenu nécessaire pour élargir son champ d'action. Qu'il s'agisse d'assurer aux aspirantes du baccalauréat une préparation non hâtive, mais solide, approfondie, une vraie culture classique ou scientifique ; d'organiser pour d'autres, après les cinq années qui aboutissent au diplôme, un complément d'éducation dans une ou deux années d'études secondaire supérieures ; de fournir, en dehors du groupe restreint des Sévriennes, à celles qui veulent aller plus loin encore, une direction et des moyens de travail pour se préparer, par exemple, au certificat ou à la licence, rien n'a guère encore été fait que d'incomplet, de timide, ou d'étroitement limité. L'enseignement privé, en ce domaine, a l'honneur des initiatives. »

Qu'on ajoute à cette raison le désir des familles, et on comprendra la nécessité de faire quelque chose. Sans doute, l'enseignement féminin est de plus en plus prospère ; sans doute, a-t-on dit au récent congrès que, pour la première fois depuis sa fondation, l'enseignement secondaire féminin avait fait, cette année, un boni de 80.000 francs ; on compte, et nous comptons complaisamment le nombre d'élèves que gagnent, chaque année, les lycées de jeunes filles ; *mais, qui a jamais compté les élèves qu'ils perdent, au bénéfice de concurrents mieux avisés, pour ne pas encore satisfaire à tous les besoins de leur temps ?*

Vous avez bien entendu : « L'enseignement libre a l'honneur des initiatives... La *Société générale d'Education et d'Enseignement* a réalisé cette réforme des programmes que, depuis longtemps, l'enseignement officiel féminin réclame au ministère de l'Instruction publique ! »

Voilà des aveux qui, certes, ne sont pas faits pour nous déplaire, mais ils sont également loin de nous égarer sur notre véritable situation. Sans doute, ils stimulent et encouragent les catholiques ; mais nous avons trop conscience de nos lacunes, de tous les progrès qu'il nous reste à accomplir avant d'assurer à nos établissements secondaires libres leur entier épanouissement. Il y faut encore de longs, de généreux efforts. Mais nous gardons la confiance que, Dieu aidant et « en concurrents mieux avisés » — ce sont les propres termes de la *Revue Universitaire* — nous parviendrons à reprendre à l'enseignement neutre ou athée les élèves qu'il nous a ravis. Cela, nous le ferons, parce que, comme l'insinue la *Revue Universitaire* déjà nommée, nous aspirons à « satisfaire à tous les besoins de notre temps ».

CHAPITRE V

La question est bien posée par M. du Magny, professeur de droit à la Faculté catholique de Lyon, membre du comité, lorsqu'il écrivait (1), à propos des projets de réforme de l'enseignement des filles et de la situation à prendre par les catholiques sur ce terrain :

Quand bien même la menace de ces réformes ne devrait pas se réaliser si tôt, nous aurions encore le plus grand tort, nous ferions à notre cause le plus grand mal, en acceptant pour nos filles cette situation. Légalement, officiellement, elles n'ont que l'instruction primaire, tandis que les intellectuelles de la libre pensée reçoivent au lycée l'enseignement secondaire, avant d'aller recevoir à la Faculté l'enseignement supérieur ! Je me place tout simplement sur le terrain des faits : les élèves des institutions libres se rencontrent dans le monde avec les élèves des lycées, dont le nombre va sans cesse croissant, et qui se recrutent déjà, grâce à la peur, à l'insouciance, à la légèreté de quelques parents, dans un milieu presque analogue.

Voulons-nous permettre à nos adversaires de dire, même avec une simple apparence de vérité, que la femme chrétienne est celle qui n'a pas cultivé son intelligence assez pour l'affranchir, et que la femme libre penseuse est celle dont la raison s'est mûrie par le cycle normal des études ?

Certes non, nous ne le voudrons pas, mais nous dirons, au contraire, avec M. Étienne Lamy : « Il n'y a pas de raison pour que l'enseignement chrétien soit inférieur à l'autre, s'il est l'objet de soins égaux, et il y a une raison, pour qu'il soit, au profit de la femme, plus hardi, plus complet, plus libérateur, car le christianisme a pour la

(1) *Bulletin de la Société d'Éducation et d'Enseignement*, 15 mars 1911.

11

femme des ambitions et des espoirs inconnus à la libre
pensée (1). »

La question de savoir dans quelles conditions l'enseignement secondaire peut être légalement donné aux
jeunes filles, a été traitée avec grande compétence par
M. Joseph Laurentie, jurisconsulte, qui se fait une spécialité des questions d'enseignement, membre du comité.
Bien que fort complexe, elle lui a semblé de nature à
être résolue, à l'aide des quelques propositions fort simples que voici :

I. L'enseignement de tout ordre peut être donné aux jeunes
filles, séparément et individuellement, en tout lieu et par toute
personne, sans condition aucune de sexe, d'âge, de brevet ou de
diplôme.

II. La loi ne définit pas l'enseignement secondaire, elle ne
détermine ni son but, ni son objet : l'enseignement secondaire ne
saurait donc prétendre au monopole d'aucun article inscrit aux
programmes des maisons d'éducation où il est donné, au monopole du grec et du latin notamment.

III. L'enseignement secondaire, c'est-à-dire celui qui est donné
dans les établissements dits d'enseignement secondaire, l'enseignement du grec et du latin notamment, peut être donné aux
jeunes filles dans des maisons déclarées comme écoles primaires
libres, et par des maîtresses remplissant simplement les conditions requises pour professer dans ces sortes d'écoles.

IV. L'enseignement secondaire peut aussi être donné aux jeunes
filles dans des établissements libres ou dans des cours libres
d'enseignement supérieur, l'enseignement supérieur libre n'étant,
lui non plus, défini par la loi ni quant à son but, ni quant à son
objet.

V. L'enseignement secondaire peut être donné aux jeunes filles
dans les établissements libres, créés et dirigés en conformité des
dispositions de la loi de 1850, relatives à cet ordre d'enseignement.

VI. L'enseignement secondaire peut être donné aux jeunes filles
dans des établissements libres, créés et dirigés en conformité des
lois du 21 décembre 1880 et du 26 juillet 1881 (2).

(1) *La femme de demain*.
(2) *De la légalité de l'enseignement secondaire féminin*. Ce rapport, présenté le 21 mai 1913, a été publié *in extenso* dans le *Bulletin
de la Société d'Education* du 1er-15 juillet 1913.

I. — La première proposition ne faisant de doute pour personne, quelques remarques suffisent. Pour pouvoir jouir du caractère de liberté plénière dépeint tout à l'heure, l'enseignement doit être strictement individuel, il ne peut être collectif que s'il s'adresse à des enfants qui soient ensemble frères ou sœurs ; en pareil cas d'ailleurs, on peut instruire simultanément ou des frères ou des sœurs, ou des frères et des sœurs. Les leçons peuvent être données, soit au domicile de l'élève, soit au domicile du maître ou de la maîtresse, mais, dans ce dernier cas, il faut s'y prendre de telle sorte que deux élèves (s'ils ne sont pas frères ou sœurs) ne se rencontrent jamais chez le maître ou la maîtresse. Lorsque les parents veulent ainsi faire instruire leurs enfants uniquement au moyen de leçons particulières, et sans leur laisser fréquenter aucun établissement scolaire, il est toujours plus prudent qu'ils fassent à la mairie de leur domicile la déclaration prescrite par la loi de 1882. Un semblable mode d'éducation n'est, d'ailleurs, à la portée que d'un petit nombre de familles, et son organisation n'intéresse l'enseignement secondaire libre féminin que d'une façon tout à fait relative.

II. — La seconde proposition se heurte à des opinions répandues et enracinées ; toutefois, un examen un peu attentif de notre législation permet assez aisément au rapporteur d'en démontrer la vérité, comme il suit :

Les lois françaises nomment trois ordres d'enseignement : l'enseignement primaire, l'enseignement secondaire et l'enseignement supérieur, mais sans définir aucun de ces trois ordres (1). Nous ne faisons pas difficulté de reconnaître que, suivant le système traditionnel de l'Administration, la différence entre l'enseignement secondaire et l'enseignement primaire réside dans le droit qui appartient à celui-là, à l'exclusion de celui-ci, d'enseigner le latin et le grec ; mais nous prétendons que cette distinction, même en ce qui concerne l'enseignement public, ne repose sur aucun texte actuellement en vigueur.

Le décret impérial du 17 mars 1808, qui organisa l'instruction publique en conformité de la loi du 20 mai 1806, décida (art. 5)

____

(1) « L'enseignement secondaire n'est pas défini par la loi » : Barthélemy. *Droit administratif*, p. 715.

écoles secondaires communales, pour les éléments des langues anciennes et les premiers principes de l'histoire et des sciences ; ces dispositions, n'étant pas incompatibles avec le texte de la loi du 15 mars 1850, pouvaient être considérées comme ayant survécu à cette loi ; mais toutes les dispositions du même décret concernant l'enseignement secondaire libre et l'enseignement primaire, public ou privé, celles notamment contenues dans le reste de cet article 5 dont nous venons de citer le commencement, tombèrent certainement sous le coup de l'article 82 de cette même loi, qui déclarait abrogées toutes les dispositions des lois, décrets ou ordonnances, contraires à ses propres dispositions. Ainsi donc, après la promulgation de la loi de 1850, si les Facultés subsistaient, si l'enseignement du latin et du grec pouvait être regardé comme demeurant obligatoire dans les lycées et les collèges, un régime de liberté était créé pour les établissements libres d'enseignement secondaire ; les termes d'enseignement secondaire étaient conservés, mais précisément et uniquement (il faut l'ajouter) afin d'affirmer la liberté d'un enseignement correspondant à celui des lycées et des collèges ; quoi que ce fût n'était dit, qui eût trait aux programmes de ces établissements libres, l'enseignement du latin et du grec ne leur était nullement imposé ; d'autre part, aucune défense n'était faite aux établissements primaires, publics ou privés, d'enseigner le latin ou le grec, et enfin, il ne résultait absolument d'aucun passage de la loi ni de son contexte que c'était l'enseignement du latin et du grec qui caractérisait l'enseignement secondaire. En fait, si les nombreux établissements d'enseignement secondaire libre qui se fondèrent alors, enseignèrent, on peut dire : tous, le latin et le grec, ce fut parce que le latin et le grec étaient alors obligatoires pour le baccalauréat.

La loi du 21 juin 1865 créa un enseignement secondaire spécial, d'où le latin et le grec étaient bannis, et qui devint, en vertu d'un décret du 4 juin 1891, l'enseignement secondaire moderne ; mais l'enseignement moderne lui-même n'existe plus, depuis que le décret du 31 mai 1902 a supprimé les anciens baccalauréats classiques et modernes et les a remplacés par quatre baccalauréats nouveaux, désormais offerts au choix des candidats : latin-grec, latin-langues vivantes, latin-sciences, sciences-langues vivantes. Il est donc aujourd'hui impossible à l'Administration elle-même de dire que l'enseignement des langues anciennes est de l'essence de l'enseignement secondaire public, et le droit, qu'elle s'est reconnu, de rendre, par un simple décret, l'enseignement du latin et du grec facultatif dans tous les établissements publics d'enseignement secondaire, montre bien qu'à ses propres yeux le second et le troisième paragraphes de l'article 5 du décret de 1808, qui créaient les lycées et les collèges en premier lieu pour l'enseigne-

tion de cette loi a interdit l'enseignement du latin et du grec aux
établissements dits d'enseignement primaire ; sur ce dernier point,
sans doute, il faut observer qu'elle édicte (art. 23) un programme
pour l'enseignement primaire et que le latin et le grec n'y figurent
pas, mais, d'une part, tout ce qui, dans le texte de cette loi, concernait l'enseignement primaire a été expressément abrogé par
l'article 61 de la loi du 30 octobre 1886 ; d'autre part, l'on peut,
en toute sécurité, soutenir que le programme qu'elle édictait
n'était point limitatif ; bien au contraire, le législateur tenait
essentiellement au développement de l'enseignement primaire
quant à son objet : la preuve, c'est qu'il augmentait sensiblement
le programme de la loi de 1833, dans laquelle on trouvait déjà
ces mots (art 1er *in fine*) : « Selon les besoins et les ressources
des localités, l'instruction primaire pourra recevoir les développements qui seront jugés convénables. »

Puis, le rapporteur s'attache à démontrer que les lois
actuellement en vigueur sur l'enseignement primaire
maintiennent cette situation, et il établit le régime sous
lequel vivent, à l'heure présente, principalement à Paris
et dans les grandes villes, bon nombre de maisons d'éducation, et des plus justement réputées. Le cadre de cette
étude ne nous astreignant pas à le suivre dans une
démonstration qui intéresse spécialement les écoles primaires, nous n'en retiendrons que ces dernières lignes,
destinées à les rassurer :

Nous savons que cette organisation, depuis quelques mois,
semble préoccuper l'attention des inspecteurs, mais nous estimons
que les directrices de ces établissements n'ont pas lieu de s'inquiéter des enquêtes dont elles ont pu être l'objet : elles ont pour
elles la légalité, elles auraient aussi pour elles l'opinion publique,
qui n'admettrait pas que des maisons d'éducation, fréquentées par
l'élite des jeunes filles à cause de l'excellence de l'enseignement
qui y est départi, fussent l'objet de mesures de rigueur, précisément en raison des rares qualités de cet enseignement. Nous
devons seulement observer que, dans les établissements de jeunes
filles, déclarés comme écoles primaires, l'enseignement ne doit
pas être donné par des hommes, et, si la pratique contraire est
souvent tolérée, cette tolérance ne saurait créer un droit.

Les trois dernières propositions envisagées par le rapporteur nous paraissant se refuser à toute analyse, en raison de l'enchaînement de toutes leurs parties, nous demandons au lecteur la permission de les reproduire. L'importance de ces considérations en justifie amplement, d'ailleurs, la reproduction intégrale :

IV. — L'enseignement supérieur n'est pas défini par la loi, il est libre depuis la loi du 27 juillet 1875; les jeunes filles peuvent donc recevoir l'enseignement secondaire, l'enseignement du grec et du latin notamment, dans des établissements libres ou dans des cours libres d'enseignement supérieur, déclarés comme tels. Aucune condition de sexe, de brevet ou de diplôme n'est requise de la part de ceux qui s'adonnent à l'enseignement supérieur libre ; l'âge de vingt-cinq ans constitue la seule exigence de la loi. Nul texte juridique ne met obstacle à ce que les élèves d'une maison d'éducation de jeunes filles, déclarée comme école primaire, suivent les cours d'un établissement supérieur ; nous ne voyons pas non plus aucune difficulté légale à ce qu'un établissement déclaré d'enseignement supérieur fonctionne dans l'immeuble où se trouve installée une école primaire libre de jeunes filles, même si les cours de cet établissement sont suivis par d'autres jeunes filles que les élèves de l'école; toutefois, nous ne devons pas dissimuler que la jurisprudence du Conseil supérieur se montre de plus en plus sévère, en ce qui concerne la nécessité et les conditions de l'isolement des écoles primaires; peut-être quelque jour finira-t-il par voir une faute grave dans la coexistence d'une école primaire de jeunes filles et d'un établissement d'enseignement supérieur, surtout si dans cet établissement l'enseignement est donné par des professeurs masculins; mais il n'est pas nécessaire, croyons-nous, de devancer de semblables rigueurs, et il sera toujours temps de les subir.

On peut se demander s'il est légal d'ouvrir un établissement d'enseignement supérieur libre qui reçoive des élèves internes : la loi est muette, sur ce point; ce silence est interprété dans le sens de l'affirmative par les directeurs des grands séminaires et des hautes études ecclésiastiques, sans qu'aucune objection jusqu'ici soit émanée des autorités académiques; dans le cas peu probable où une difficulté de cette nature viendrait à être opposée aux chefs de ces établissements, ceux-ci pourraient répondre en invoquant, outre l'absence de toute prohibition légale, le texte de la loi de Séparation qui assure le libre exercice de la religion catholique : mais un pensionnat d'enseignement supérieur libre ouvert aux jeunes filles ne pourrait défendre son droit à l'existence qu'en s'appuyant sur la maxime juridique : Ce qui n'est pas défendu est permis. Il est évident, au surplus, qu'un pensionnat libre d'enseignement supérieur n'est astreint à aucune déclaration, puisque la loi ne le dit pas.

V. — Le bénéfice de la loi de 1850 peut incontestablement être invoqué par les femmes ; l'article 60 de cette loi dit que tout Français, âgé de vingt-cinq ans au moins et n'ayant encouru aucune des incapacités comprises dans l'art. 26 de ladite loi, peut former un établissement d'enseignement secondaire, à la condition d'être bachelier ou pourvu du diplôme déterminé par l'art. 62 de la même loi, et en outre, de produire un certificat constatant qu'il a accompli un stage de cinq ans, comme professeur ou surveillant, dans un établissement secondaire, public ou libre. Quand une loi dit : tout Français, cela veut dire : tout Français de l'un ou l'autre sexe, à moins que cette loi n'indique le contraire ; ainsi, par exemple, quand l'art. 8 du Code civil dit que tout Français jouira des droits civils, cela doit s'entendre des Françaises aussi bien que des Français. Il n'est donc pas douteux qu'une Française, si elle remplit les conditions exigées par la loi de 1850, puisse ouvrir un établissement libre d'enseignement secondaire pour les jeunes filles.

La seule question qui puisse faire l'objet d'un doute est celle de savoir si, dans des maisons d'éducation de jeunes filles organisées conformément à la loi de 1850, il peut y avoir des professeurs masculins ; nous croyons devoir nous prononcer pour l'affirmative, par application de l'art. 9 de la loi du 21 décembre 1880, dont nous parlerons dans un instant.

VI. — Il nous reste à examiner si une Française peut également ouvrir un établissement libre d'enseignement secondaire pour les jeunes filles, lorsqu'elle remplit les conditions qui permettent d'être nommée directrice d'un des établissements d'enseignement secondaire public des jeunes filles, créés en conformité de la loi du 21 décembre 1880. Cette loi, que l'on appelle habituellement loi Camille Sée, du nom de son principal auteur, est intitulée : Loi sur l'enseignement secondaire des jeunes filles, mais, en réalité, elle se borne à déclarer qu'il sera fondé par l'État, avec le concours des départements et des communes, des établissements destinés à l'enseignement secondaire des jeunes filles, et à édicter (art. 4) le programme de ces établissements ; remarquons, en passant, que le latin et le grec n'y figurent pas, ce qui ne veut pas dire que l'enseignement en soit prohibé, ni en fait qu'il n'en soit pas donné dans les établissements publics qui ont été créés en vertu de la loi de 1880, mais ce qui montre, une fois de plus, que l'enseignement du latin et du grec n'est pas de l'essence de l'enseignement secondaire et que, dès lors, il ne peut être son monopole. En ce qui concerne la conduite des établissements prévus par la loi dont il s'agit, celle-ci est singulièrement laconique ; elle se contente de dire (art. 9) que chaque établissement est placé sous l'autorité d'une directrice, et que l'enseignement est donné par des professeurs, hommes ou femmes, munis de diplômes réguliers. Comment seraient nommées les directrices ? Quels diplômes seraient considérés comme réguliers ? La loi était muette : grave lacune, qui ne fut comblée qu'imparfaitement par une autre loi, celle du

26 juillet 1881, intitulée : Loi concernant la création par l'Etat d'une école normale destinée à préparer des professeurs-femmes pour les écoles secondaires de jeunes filles ; l'art. 1er édictait, en effet, cette création, et la fondation de l'Ecole normale de Sèvres a été l'application de cet article. Il importe d'observer que la loi dit que l'Ecole normale qui sera créée préparera des professeurs-femmes pour les *écoles secondaires* de jeunes filles, sans ajouter que ce sera pour les écoles publiques seulement ; il n'importe pas moins de noter que la loi se sert du mot : *école*, qui est, en soi, un terme générique, s'appliquant aux maisons d'éducation privée aussi bien qu'aux maisons d'éducation publique (1). Quant à la nomination des directrices des établissements prévus par la loi de 1880, un décret du 28 juillet 1881, intitulé : Décret relatif à l'organisation des établissements publics d'instruction secondaire pour les jeunes filles décida (art. 16) que les directrices de lycées et collèges de jeunes filles seraient nommées par le ministre, sur la proposition des recteurs, après entente avec l'administration locale. Rien de spécial, évidemment, n'était dit en ce qui pourrait concerner l'enseignement secondaire libre des jeunes filles, et le système de l'administration, nous l'avons déjà fait voir tout à l'heure, est que cet enseignement n'est pas organisé et qu'il n'a pas, dès lors, d'existence légale ; entendons : n'est pas organisé par la loi de 1880, car la loi de 1850, ainsi qu'il a été expliqué plus haut, est applicable aux femmes comme aux hommes.

Nous le reconnaissons sans peine : la loi de 1880 ne parle pas d'enseignement secondaire libre pour les jeunes filles, mais son titre même (loi sur l'enseignement secondaire — tout court — des jeunes filles), comme aussi les travaux qui l'ont préparée, démontrent que le législateur avait le dessein bien arrêté de susciter en grand nombre la création d'établissements d'enseignement secondaire pour les jeunes filles, et qu'il n'entendait nullement prohiber l'enseignement libre qui leur serait donné ; il ne l'aurait pu, au surplus, sans se contredire lui-même ; ajoutons que l'enseignement secondaire, sans distinction de sexe (il convient d'insister sur ce point), était libre depuis 1850, et que l'on ne pouvait lui enlever cette liberté, en ce qui concernait les jeunes filles, par une simple prétérition : il eût fallu un texte formel ; or ce texte, le législateur ne l'a point édicté, il n'a même point songé à l'édicter. La question de savoir si les établissements libres pouvaient bénéficier de la loi de 1880 serait toutefois restée douteuse, si la loi de 1881 n'avait pas été conçue, ainsi que nous l'avons montré tout à l'heure, en des termes généraux, si cette loi n'était pas venue dire que l'Ecole Normale qui serait créée préparerait des professeurs-femmes pour les écoles secondaires, sans distinction

_____

(1) Chacun sait même que l'Administration n'admet pas qu'un établissement secondaire libre prenne un autre titre que celui d'*école secondaire* ou d'*école* tout court.

aucune, de jeunes filles, s'il n'avait pas été créé un certificat spécial d'aptitude à l'enseignement secondaire des jeunes filles. Nous
estimons donc, en définitive, que toute femme pourvue de ce certificat peut ouvrir un établissement libre d'enseignement secondaire pour les jeunes filles, et que l'on peut enseigner dans cet
établissement le latin et le grec, puisque l'enseignement du latin
et du grec, s'il n'est pas le monopole de l'enseignement secondaire, en est, par sa nature, un des objets les plus indiqués.

Cette opinion, au surplus, l'administration elle-même la par-
tage quelquefois : n'a-t-elle pas, dès 1880, et avant le vote de la
loi du 11 décembre, laissé s'ouvrir à Paris le collège Sévigné, dont
la directrice, Mlle Mathilde Salomon, n'était pas, croyons-nous,
bachelière, et où l'on donnait cependant l'enseignement secondaire,
y compris celui du latin, bien plus : où cet enseignement était
donné par des hommes. Le collège Sévigné existe toujours, il est
organisé selon les données de la loi de 1880, et cependant, c'est un
établissement libre : Mlle Salomon a même longtemps représenté
l'enseignement libre au Conseil supérieur de l'Instruction publique.
Récemment, il s'est ouvert à Paris, rue Bonchut, n° 2, un
« cours secondaire de jeunes filles, subventionné par l'État et la
Ville de Paris » ; lui aussi, il est organisé selon les données de la
loi de 1880 : c'est un établissement libre, et pourtant l'État ne le
regarde pas comme illégal, puisqu'il le subventionne ! Les maisons chrétiennes d'éducation pour les jeunes filles ne demandent
pas, elles, de subvention à l'État, mais elles lui demandent,
parce qu'elles sont en droit de le lui demander, s'il leur plaît de
se constituer selon les données des lois de 1880 et de 1881, de
reconnaître que cela n'a rien que de légal ; il ne doit pas y avoir
deux poids et deux mesures : les établissements libres d'enseignement secondaire pour les jeunes filles ne peuvent pas être réputés
légaux, s'ils sont neutres, et illégaux, s'ils sont chrétiens. Mais la
vérité est que tous sont légaux.

Nous arrivons à la conclusion générale de cette forte
étude juridique :

En résumé, l'enseignement secondaire libre des jeunes filles,
s'il n'a pas de statut légal, n'en a pas moins légalement droit à
l'existence et peut être donné légalement de différentes manières.
Nous ne disons pas qu'il n'ait rien à craindre de la part d'une
Administration toujours disposée à restreindre des libertés qui
lui portent ombrage ; mais nous disons qu'il est pourvu d'armes
pour se défendre, et d'armes d'autant plus solides et d'autant plus
variées peut-être, que précisément il manque d'un statut particulier.

Il se peut que cet état de choses ne dure pas indéfi-
niment. On parle depuis quelque temps, sous le couvert,

d'une législation nouvelle à établir pour réglementer l'enseignement secondaire des filles : le définir d'abord, puis exiger du personnel enseignant des diplômes plus élevés. Voilà pourquoi il importe de nous tenir prêts à parer, du jour au lendemain, aux nouvelles rigueurs de la loi, qui peuvent se produire.

Ces rigueurs demeurent suspendues sur la tête des catholiques, jusqu'au jour où seront intervenues, non des paroles de paix, mais des actes, les grandes mesures réparatrices et vraiment pacificatrices qu'impose la justice.

Jusque-là, souvenons-nous, sortant, au besoin, de la légalité pour rentrer dans le droit, que la liberté ne se demande pas : elle se prend.

ANNEXE A

PROJET DE PROGRAMME

POUR

L'ENSEIGNEMENT SECONDAIRE DES JEUNES FILLES

DURÉE DE L'ENSEIGNEMENT.

Les années d'enseignement comprendraient deux périodes bien distinctes : une période d'enseignement primaire d'une durée normale de 4 à 5 ans qui commencerait à 6 ans pour se terminer à 11 ans. Une période d'enseignement secondaire commençant à 11 ans pour se terminer à 17 ans. *L'enseignement primaire* comprendrait deux classes enfantines pour les enfants de 6 à 8 ans et 3 classes primaires proprement dites : Une 1re pour les enfants de 8 à 9 ans ; une 2e pour les enfants de 9 à 10 ans ; une 3e pour les enfants de 10 à 11 ans.

Les classes secondaires seraient groupées en deux cycles formant ensemble une période de 6 années au moins, une 7e année étant facultative :

Un premier cycle de 3 années : 1re année, de 11 à 12 ans. 2e année, de 12 à 13 ans ; 3e année, de 13 à 14 ans.

Un deuxième cycle d'une durée égale de 3 années : 4e année, de 14 à 15 ans ; 5e année, de 15 à 16 ans.

Une classe de philosophie, de 16 à 17 ans.

Les programmes ont prévu une 2e année de philosophie pour les élèves qui auraient le temps et le désir de s'assurer une culture philosophique et scientifique plus approfondie.

En général, les jeunes gens pressés par la nécessité de se préparer à une carrière s'assimilent mal, parce qu'ils étudient trop hâtivement, les matières de ce baccalauréat. Les jeunes filles qui le pourraient retireraient, au contraire, un grand bénéfice d'une préparation plus lente.

DURÉE DES CLASSES.

Nous avons fixé uniformément la durée des classes à 20 heures par semaine. Ce chiffre est inférieur à celui des lycées de garçons, et même des lycées de filles. Nous croyons préférable de ne pas

le dépasser ; d'abord, afin d'écarter tout danger possible de surmenage. Et aussi, parce que nous n'avons compris dans ce chiffre,
ni l'ouvrage à l'aiguille pour lequel il faudra trouver du temps, ni
les arts facultatifs : piano, chant, etc.

Nous avons laissé également, en dehors de ce temps de classe, le
cours d'instruction religieuse pour lequel il faudra ajouter deux
heures par semaine. Une heure, pour le cours d'instruction religieuse donné soit par le clergé de la paroisse, soit par l'aumônier.
Une heure de préparation et de répétition du cours, par les maîtresses
de l'institution.

CLASSES PRIMAIRES.

Répartition hebdomadaire des matières d'enseignement.

Nous tenons à faire remarquer, ici, que nous consacrons un
temps considérable à deux enseignements fondamentaux, et particulièrement éducatifs dans les classes primaires, à savoir : le
français et l'arithmétique.

Nous avons donc porté à 10 heures par semaine, au lieu de
9 heures prévues dans les lycées de garçons pour les classes enfantines, la durée des classes de français, et nous avons maintenu
7 heures dans toutes les classes primaires, alors que le lycée donne
bien ces 7 heures en 7e et 8e, mais, dès la 6e, ne lui en consacre
plus que 3, pour en donner 7 au latin. Le commencement des
études de latin étant retardé chez les filles, le français fut ainsi un
gain considérable. Au moins, l'on ne nous accusera pas de faire
la part trop maigre à l'étude de la langue et de la grammaire et
d'être cause de la crise du français, dont les programmes, du reste,
ne sont pas seuls responsables.

Quant à l'arithmétique, nous lui consacrons 4 heures dans toutes
les classes primaires, ce qui n'est pas trop si l'on sait varier l'enseignement, le rendre intéressant, concret et pratique, comme il
convient au jeune âge des enfants.

Voici, maintenant, pour chaque matière, le programme des
classes :

INSTRUCTION RELIGIEUSE.

Nous ne pouvons donner ici un programme complet d'instruction religieuse. Pour l'établir, il nous a manqué, en effet,
le concours et la haute compétence de M. le vice-recteur de
l'Institut catholique, notre président, et de M. l'abbé Guibert,
membre si actif et si dévoué de notre comité. Tous deux ont été
empêchés par leur santé, gravement éprouvée, d'assister à nos
séances et notre commission ne pouvait pas, pour procéder à ce
travail, se priver des directions et des conseils qu'ils pouvaient
seuls lui donner. Nous espérons pouvoir achever avec eux cette

partie de notre tâche et nous exprimons ici le profond regret de ne pas les voir présents aujourd'hui parmi nous. Nous suggérons, toutefois, l'idée de modeler nos programmes sur ceux que nos Évêques et Archevêques, dans différents diocèses, ont déjà tracés, et qui ont pour sanction des brevets d'instruction religieuse. A Paris, nous possédons ainsi un programme très sagement conçu par notre direction diocésaine de l'enseignement. Il constitue un plan complet d'études religieuses, et nous ne saurions mieux faire que de l'adopter, en donnant toutefois plus de développement à certaines parties, surtout pour les grandes élèves de nos pensionnats. Ces programmes sont édités par la Société parisienne de livres et fournitures classiques, 76, rue des Saints-Pères.

LANGUE FRANÇAISE.

Une première étude complète, mais sommaire, de la grammaire doit être faite dans les classes primaires.

Etude du *vocabulaire* au moyen de la lecture expliquée, de l'orthographe au moyen de la dictée courte et préalablement expliquée.

Etude de la *grammaire*, débutant par de simples notions sur les différentes espèces de mots ; étude des principaux verbes réguliers, analyse réduite à ses formes les plus simples, pour donner, à partir de la première classe primaire, des connaissances plus complètes des différentes parties du discours, des conjugaisons, de la syntaxe et même de l'analyse logique, indispensable pour l'étude du latin, mais réduite à ce qu'elle a d'essentiel.

La *lecture* devra se faire dans les livres de morceaux choisis offrant de bonne heure à nos enfants des pages de nos grands poètes et de nos grands prosateurs les plus accessibles à leur esprit.

HISTOIRE (2 heures par semaine).

Dans les classes enfantines, l'enseignement de l'histoire consistera surtout en récits et portraits d'Histoire de France destinés à familiariser l'enfant avec les grands faits, les grandes figures de notre histoire nationale. On ne saurait attendre, par exemple, pour placer sous leurs yeux le portrait de nos saintes héroïnes, leur raconter la vie merveilleuse de sainte Geneviève, de Jeanne d'Arc. Mais, afin de préparer l'étude plus méthodique des années suivantes, on groupera les scènes par ordre chronologique.

L'*Histoire sainte* sera enseignée selon la même méthode simple et imagée. A partir de la première primaire, l'étude de l'histoire proprement dite peut commencer.

Histoire de France divisée en trois périodes et notions très sommaires d'histoire de l'Europe correspondantes :

En 1re année ; des origines de l'histoire de France et de l'Europe à 1492.

En 2e année, de 1492 à 1789.

En 3e année, de 1789 à nos jours.

A côté de l'histoire de France, il a paru nécessaire de faire place à l'*histoire ancienne*, car il est bon qu'elle ait été vue deux fois dans le cours des études. D'ailleurs, il faut que les enfants connaissent d'assez bonne heure l'histoire de la Grèce et de Rome, du moins dans ses grands faits, ses héros, ses grandes institutions, sa mythologie, pour qu'elles aient l'intelligence des premiers textes latins qu'elles auront à traduire et à expliquer, dès le début de leurs classes secondaires.

Cette étude serait donc ainsi répartie :

2e année : notions sur l'histoire des peuples d'Orient et de Grèce.

3e année : notions d'histoire romaine.

GÉOGRAPHIE (1 heure par semaine).

Dans les classes enfantines, cette étude se bornera à l'explication des termes de la géographie. On familiarisera l'enfant avec l'usage de la carte, on lui donnera quelques notions sur la terre, sa forme, ses dimensions.

En 1re année, on fera la description élémentaire des cinq parties du monde, des principaux Etats de l'Europe avec leurs capitales.

En 2e année : Etude de la France et de ses colonies.

En 3e année : Les parties du monde.

ARITHMÉTIQUE.

Classes enfantines. Etude de la numération, lecture et écriture des nombres, calcul mental.

1re primaire : Opérations sur les nombres entiers, sur les nombres décimaux, nombreux exercices de calcul mental et de calcul rapide.

2e et 3e primaires : Etude sommaire du système métrique, problèmes usuels et exercices d'application.

A ces matières s'ajoutent les leçons de choses, qui auront pour but de familiariser l'enfant avec les objets usuels, d'éveiller son esprit d'observation. Cet enseignement devra être donné sous la forme la plus concrète possible.

LE DESSIN (1 heure par semaine) aura sa place, dès les classes enfantines et non à titre facultatif. Il consistera dans la copie d'objets usuels, dans des arrangements décoratifs aux crayons de couleur, devoirs illustrés, crayonnages libres.

L'OUVRAGE A L'AIGUILLE consistera en de simples exercices que préconise la méthode Frœbel et qui sont à la fois distrayants et instructifs : pliage, tissage, trossage. Etude des principaux points de couture, confection d'objets faciles, exercices de crochet, point de marque et tous les exercices sur canevas.

Une part est faite obligatoirement au CHANT et au SOLFÈGE, mais la durée de ces différents exercices n'a pas été fixée.

LANGUES VIVANTES (1 heure par semaine au minimum).

L'étude des langues vivantes (au moins une, anglais ou allemand) fait également partie de nos programmes pour les classes primaires à partir de la première, c'est-à-dire de l'âge de huit ans.

Elle se fera sous forme d'étude pratique : exercices de prononciation, conversation, lecture, récitation et chant.

CLASSES SECONDAIRES.

Avec le premier cycle commence l'étude du LATIN. Si l'on veut obtenir, sur ce point, une formation solide et non toute superficielle, on ne doit pas attendre plus tard que la 12e année, car toute étude trop hâtive du latin cesserait d'être ce que nous lui demandons avant tout : une discipline pour l'esprit. D'ailleurs, en vue de la préparation au baccalauréat, cinq années de latin ne sont pas superflues. Nous n'avons pas jugé cependant possible, ni d'ailleurs nécessaire, de consacrer au latin, dans nos classes, le même temps que dans les collèges de garçons. Voici donc comment nous comprendrions cet enseignement :

Un premier cours préparatoire en 1re année secondaire (classe de onze à douze ans). Ce cours serait d'une heure par semaine. Il ne s'agirait là que d'apprendre aux élèves les déclinaisons et les conjugaisons, de leur faire acquérir un vocabulaire suffisant pour qu'elles puissent faire de petits exercices oraux et écrits, quelques traductions faciles.

Avec la 2e secondaire, commencerait la vraie classe de latin, avec un minimum de 2 heures par semaine en 2e, 3e et 4e années et de 3 heures en 5e année, qui serait la dernière année préparatoire au baccalauréat.

LANGUE FRANÇAISE.

A partir des classes secondaires, l'étude de la langue doit être faite, concurremment avec celle de la littérature. Ce n'est pas que la grammaire ne doive pas faire l'objet d'une étude spéciale et même de plus en plus approfondie, mais désormais l'étude des textes, la lecture expliquée doit venir vivifier, éclairer l'étude du vocabulaire et de la syntaxe.

1re année (4 heures par semaine). Revision des éléments de la grammaire, exercices oraux et écrits de langue et d'orthographe, dictées courtes et toujours préalablement expliquées au point de vue du sens et de la grammaire; exercices de vocabulaire, formation des mots : préfixes et suffixes, dérivés et composés. Exercices de composition : narrations et descriptions d'après une lecture faite en classe et sur une matière très simple.

2e année (3 heures par semaine). Revision de la première partie de la grammaire jusqu'au verbe exclusivement.

Etude de la syntaxe correspondante, exercices oraux de langue et d'orthographe.

Etude des propositions, vocabulaire, les synonymes. Mêmes exercices de composition que dans la classe précédente.

3e année (3 heures par semaine). Revision de la 2e partie de la grammaire à partir du verbe, syntaxe correspondante, dictées expliquées.

Exercices de composition : narration et descriptions, lettres, développement d'une maxime ou d'une pensée morale très simple.

Dans le 2e cycle, aucune heure spéciale n'est consacrée à l'étude de la langue, mais des remarques grammaticales seront faites à propos de l'étude des textes.

LITTÉRATURE FRANÇAISE (2 heures par semaine).

L'étude de la littérature consistera dans la lecture et la récitation de textes expliqués, bien appropriés à l'âge des enfants et particulièrement éducatifs.

Voici la liste des auteurs parmi lesquels on choisira de préférence les morceaux à expliquer :

La Fontaine : choix de fables.

Corneille : *le Cid.*

Racine : *Esther.*

Fénelon : fragments de *Télémaque.*

Extraits des poètes et des prosateurs des XVIIe, XVIIIe et XIXe siècles.

En 2e année, l'étude des textes sera faite suivant l'ordre chronologique et accompagnée de leçons d'histoire littéraire depuis les origines jusqu'au XVIe siècle exclusivement.

Morceaux choisis des auteurs du moyen âge.

En même temps, commencerait l'étude des LITTÉRATURES ANCIENNES.

Il nous a paru nécessaire d'initier dès ce moment les enfants, en même temps qu'à l'histoire de la Grèce et de Rome, aux chefs-d'œuvre de l'antiquité. De bonnes traductions, des morceaux choisis les mettent aujourd'hui à leur portée, en attendant que l'étude du latin leur permette un contact direct avec quelques-unes des plus belles pages des auteurs anciens.

En 3e année se ferait l'étude de la littérature grecque :
Poésie épique : *Iliade, Odyssée.*
Poésie lyrique : Elégie, Ode, Solon et Pindare.
Tragédie attique : Eschyle, Sophocle, Euripide.
Comédie : Aristophane, Ménandre.
Histoire : Hérodote, Thucydide, Xénophon.
Eloquence : Démosthène.
Philosophie : notions sur la vie et l'enseignement de Socrate,
Platon, Aristote.
3e secondaire : littérature française.
Explication des principaux auteurs et notions d'histoire litté-
raire du xvie et du xviie siècles jusqu'en 1660.

LITTÉRATURE LATINE.

Les auteurs latins sous la République :
La comédie : Plaute et Térence.
Lucrèce, Cicéron.
L'histoire : César, Salluste.
Poésie : Horace, Virgile.
Les auteurs latins sous l'empire :
Histoire : Tite-Live, Tacite.
Philosophie : Sénèque, Pline le Jeune.
Littérature chrétienne.
4e année (4 heures au minimum). 5e année (5 heures).
Le cours de littérature consistera . 1° dans l'étude des principaux auteurs de 1660 à la fin du xixe siècle, et sera répartie en
deux années. On choisira les auteurs et les œuvres qui figurent au
programme du baccalauréat.
2° Dans un cours d'histoire littéraire qui sera fait en vue de
relier les uns aux autres les grands auteurs, les grandes œuvres
d'un siècle, de les expliquer par l'étude du milieu où ils ont paru,
les influences subies, les grands mouvements d'idées qui se sont
produits dans chaque période.

HISTOIRE (3 heures par semaine).

Le programme d'histoire a été distribué ainsi : *Histoire de
France et d'Europe :*
1re année, des origines à 1270.
2e année, de 1270 à 1598.
3e année, de 1598 à 1715.
Histoire de l'Eglise correspondant aux mêmes périodes.
Avec la 3e année commence l'étude de l'*histoire ancienne :*
Egypte, Assyrie, Phénicie.
2e cycle, 4e année. *Histoire générale* (1 h. 1/2), de 1715 à 1783.
Histoire de l'Eglise (1 heure). *Histoire grecque* (2 heures).

5e année. *Histoire générale* (1 h. 1/2) de 1783 à 1815.
Histoire romaine (2 heures). *Histoire de l'Église* (1 h. 1/2).
En 6e année : programme de la classe de philosophie : de 1815
à nos jours, avec la même répartition du temps que dans les classes
précédentes.

GÉOGRAPHIE (1 h. 1/2 par semaine).

Le programme a été distribué de manière à permettre aux
élèves de revoir, deux fois, chaque question. L'expérience a
démontré, que la part de la mémoire étant très importante dans
cette étude, on ne saurait trop s'attacher à faire bien posséder
d'abord la nomenclature, sans laquelle de savants développements
sur les phénomènes de géographie physique ne reposeraient sur
aucune donnée précise.

1re année : Notions générales sur le globe.
Répartition des terres et des mers.
Les quatre parties du monde.
2e année : L'Europe.
3e année : La France et ses colonies.
2e cycle, 4e année : Les grandes puissances du globe.
5e année : Étude détaillée de la France et de ses colonies.
6e année : Notions de géographie physique générale. Géographie
humaine.

PROGRAMME DE SCIENCES. MATHÉMATIQUES.

1re année (3 heures par semaine). Revision du système métrique,
fractions, règle de trois.
2e année (2 h. 1/2 par semaine) Géométrie : le 1er livre.
Arithmétique : Règles d'intérêt, d'escompte, d'alliage.
3e année (2 h. 1/2 par semaine). Géométrie. 2e livre, Arithmétique : Propriétés des nombres. Divisibilité.
2e cycle. 4e et 5e années (1 heure par semaine pour chaque
matière) : Algèbre et géométrie : programme du baccalauréat latin-
langues.

SCIENCES PHYSIQUES ET NATURELLES.

1re année (2 heures par semaine). *Sciences naturelles :* zoologie
et botanique.
2e année. *Physique* (1 heure par semaine) : Pesanteur, Hydrosta-
tique, Chaleur.
Chimie (1 heure pendant les deux premiers trimestres) : Notions
générales, principaux métalloïdes.
Géologie (1 heure pendant le 3e trimestre) : Étude des phénomènes actuels.

3e année. *Physique* (1 heure par semaine) : Acoustique, optique, électricité.

Chimie (1 heure par semaine pendant les deux premiers trimestres) : Métaux, Chimie organique.

Géologie (1 heure par semaine pendant le 3e trimestre) : Classification des terrains.

Nous n'avons pas cru nécessaire d'établir un programme détaillé, pour la dernière classe que nous appelons classe de philosophie. Pour les élèves qui se préparent à la deuxième partie du baccalauréat, le programme officiel s'impose; mais, pour les autres, qui seront sans doute le plus grand nombre, il y aura lieu d'organiser des cours complémentaires de littérature, d'histoire de la civilisation, d'histoire de l'art, de littérature étrangère. Nous ne donnerons pas non plus de programme détaillé pour l'ouvrage à l'aiguille ni pour le dessin; il serait bien entendu, toutefois, que la *composition décorative*, à cause de son caractère pratique et agréable tout ensemble, tiendrait une large place à côté de l'enseignement de la perspective et du dessin de relief.

LANGUES VIVANTES.

On consacrera à l'étude d'une langue vivante, au moins deux heures par semaine, dans toutes les classes secondaires.

A partir de la 3e année, une heure supplémentaire serait donnée à un second cours de langue facultatif destiné aux élèves qui se prépareraient au baccalauréat latin-langues.

ANNEXE B

I. — TRAITEMENTS.

Par an :

Directrices	Minimum : 4.000 fr. Maximum : 6.000 fr.	logem¹, chauffage et éclairage compris.
Professeurs agrégées	400 fr. pour une heure de cours par semaine.	
Professeurs licenciées	300 fr. pour une heure de cours par semaine.	
Professeurs pourvues du baccalauréat et du brevet supérieur	150 fr. pour une heure de cours par semaine, ou pour 2 heures avec l'externat.	

Une augmentation est généralement accordée, si le nombre des élèves d'une classe dépasse 15, et si le cours nécessite un grand travail de préparation et surtout de corrections.

Par mois :

Professeurs pourvues du brevet supérieur } 100 fr. pour 2 heures de cours par jour } ni logée, ni nourrie.

Avec l'Internat } 100 fr. pour 16 à 18 heures d'enseignement ou de surveillance par semaine.

Par semaine :

Licenciées faisant une classe, soit 16 à 18 h. } Internat : Minimum : 1.500 fr.
Externat : — 2.000 fr.

A Paris, les cours sont calculés sur une moyenne de 30 à 32 heures par semaine.

II. — MUTUALITÉS ET CAISSES DE RETRAITES.

En dehors des *Mutualités* et *Caisses diocésaines* ou *régionales* qui, en général, accueillent aussi bien le personnel secondaire des établissements libres particuliers que les maîtresses de l'enseignement primaire paroissial, et les font bénéficier des dons des membres fondateurs au même titre que le personnel nommé par l'Inspection diocésaine, deux organisations sont constituées particulièrement pour les maîtresses de l'enseignement secondaire libre.

D'une part, la création, par le syndicat des professeurs de l'enseignement libre supérieur et secondaire, d'une *Caisse mutuelle de retraites*, dont le siège est 49, rue Madame, Paris (VIe), et qui s'offre à la fois aux professeurs voulant se constituer une retraite avec leur épargne et aux maîtres d'établissement qui veulent, dans le désir de resserrer les liens qui les unissent à leur personnel, contribuer à cette assurance de l'avenir. La Caisse mutuelle assure à ses adhérents le double avantage du taux de faveur de la Caisse nationale des retraites, et des subventions versées par l'Etat aux Sociétés de secours mutuels approuvées. Des bonifications consenties par le Syndicat ou résultant des libéralités de membres bienfaiteurs viennent encore s'ajouter aux cotisations des sociétaires, les aidant à atteindre les maximas de retraite fixés par les statuts de la Mutualité et les règlements de la Caisse nationale de la vieillesse.

D'autre part, il s'est créé, avec siège, rue d'Assas, 52, Paris (VIe), et sous le nom de *Caisse centrale autonome de retraites de l'Enseignement libre*, une Société de secours mutuels, dont le

président est M. le colonel Keller, président de la *Société générale
d'Éducation et d'Enseignement*. La Caisse autonome a été consti-
tuée surtout en vue de faciliter, dans l'enseignement libre, le fonctionnement de la loi de 1910 sur l'assurance obligatoire des
salariés. La Caisse autonome est, à elle-même, sa propre Caisse
de la vieillesse, c'est-à-dire qu'elle est autorisée à administrer
directement ses fonds. Cette autonomie lui permet d'espérer
arriver, grâce à des placements plus fructueux que le dépôt à la
Caisse des Dépôts et Consignations, et aux libéralités de ses
bienfaiteurs, à donner à ses adhérents une retraite plus forte que
la retraite légale, tout en les faisant bénéficier de la majoration
de 100 francs de rente accordée par l'Etat aux assurés obligatoires.

On a proposé une combinaison intéressante, la participation à
ces deux Caisses de retraite : la Mutualité du Syndicat, donnant
les avantages des subventions officielles et des dons des bienfaiteurs joints aux versements des mutualistes ; la Caisse autonome,
faisant profiter de la majoration de 100 francs de rente alloués
gracieusement par l'Etat aux retraites obligatoires.

ANNEXE C

Revues recommandables.

L'ÉDUCATION DES JEUNES FILLES CATHOLIQUES.

L'Enseignement chrétien, revue d'enseignement secondaire, paraissant le 1er de chaque mois, sous la direction de
M. le chanoine Mouchard, vicaire général d'Orléans, secrétaire
général de l'Alliance des Maisons d'éducation chrétienne, 39e
année, 15, rue Cassette, Paris. Prix, 10 francs par an.

L'Ecole, revue d'enseignement primaire et primaire supérieur,
avec annexe pour l'enseignement secondaire, publiée sous la
direction de M. le chanoine Audollent, vicaire général, directeur de
l'Enseignement libre dans le diocèse de Paris, 11e année, 15, rue
Cassette, Paris. Hebdomadaire avec supplément mensuel. Prix,
8 francs par an.

On nous permettra de signaler, en finissant, l'ouvrage récent,
tout à fait hors de pair : *L'Education des jeunes filles catholiques*,
par JANET ERSKINE STUART, avec une préface par A. ROSETTE, S. J.,
traduit de l'anglais. Paris, Perrin, 1914, in-12 de XI-271 pages,
3 fr. 50.

sophie, littérature, travaux manuels, caractère, politesse, etc.;
sont exposés avec une grande sûreté de doctrine, et une remarquable clarté. On y vise, surtout, à former des femmes vraiment
capables de remplir la mission qui les attend.

L'auteur, du reste, ne se perd pas dans les abstractions, et, sur
chaque point, elle trace d'une main sûre la marche à suivre.
Supérieure générale de la Congrégation du Sacré-Cœur, elle
apporte, avec son expérience personnelle de plus de trente ans,
celle d'un Institut qui, depuis un siècle, s'est dévoué avec éclat
à cette œuvre de l'éducation des jeunes filles des classes aisées.

Les théories pédagogiques de l'auteur ne s'inspirent pas seulement d'un idéal élevé, mais aussi des conditions sociales
actuelles dont aucun éducateur, soucieux de faire œuvre utile, ne
saurait faire abstraction. Après avoir exposé ses vues sur la place
et la forme à donner à l'enseignement de la religion, aux diverses
époques de l'éducation, elle passe en revue les études ou connaissances qui doivent, à son sens, concourir à la formation de la
jeune fille bien élevée. Rien n'est omis : formation du caractère,
philosophie catholique, vie pratique, leçons et jeux, mathématiques et sciences physiques, langue maternelle, langues vivantes,
histoire et art, manières et politesses, éducation supérieure.
Partout apparaissent, avec des aperçus judicieux, le sens de la
mesure, le souci de l'utilité pratique, les suggestions d'une expérience avisée, exprimés dans un style nerveux et dense, dans une
langue imagée et toute pleine d'heureuses formules, qui donne
même aux exposés pédagogiques ou techniques du charme et de
l'attrait; on ne se croirait point en face d'une traduction, mais
en présence d'un ouvrage écrit en notre langue. Par là, le
R. P. Rosette a tout fait pour mériter et réaliser le vœu que lui
a daigné exprimer Pie X, de voir son livre devenir « un trésor
spécialement entre les mains des parents et des maîtres » et les
aider « à former le cœur, la volonté et le caractère des jeunes
filles, pour l'honneur des familles et pour le bien de la société ».

Nos écoles normales de filles, nos instituts d'enseignement
chrétien, nos cours secondaires catholiques subsisteront quand
même. En ce moment, leurs directrices font tout, pour être à la
hauteur de leur délicate mission. Elles aimeront à trouver dans
l'ouvrage si suggestif, de Mme Stuart, de nouveaux motifs pour
mettre en pratique leur programme.

Livre Ier. — L'enseignement public.

Livre II. — L'enseignement libre.

Annexes.

IMPR. DE MONTLIGEON. — LA CHAPELLE-MONTLIGEON (ORNE). — 9572-1-20

www.ingramcontent.com/pod-product-compliance
Lightning Source LLC
LaVergne TN
LVHW011942180726
843502LV00005B/1312